ŒUVRES COMPLÈTES DE P.-J. PROUDHON

TOME XIII

LA GUERRE

ET

LA PAIX

RECHERCHES

SUR LE PRINCIPE ET LA CONSTITUTION
DU DROIT DES GENS

Par P.-J. PROUDHON

Devine ou je te dévore.
LE SPHINX.

NOUVELLE ÉDITION

—

TOME PREMIER

—

PARIS

LIBRAIRIE INTERNATIONALE

15, BOULEVARD MONTMARTRE

—

A LACROIX, VERBOECKHOVEN & Cᵉ, ÉDITEURS

A Bruxelles, à Leipzig et à Livourne

—

1869

LA GUERRE

ET

LA PAIX

PARIS. — IMPRIMERIE L. POUPART-DAVYL, RUE DU BAC, 30.

PRÉFACE

Je demande pardon au public français d'oser me représenter devant lui, et, ce qui est pis, avec un livre daté de l'étranger. Je supplie mes compatriotes, avant de condamner l'auteur et son œuvre, de vouloir bien entendre, sur l'un et sur l'autre, quelques mots d'explication. Il ne s'agit pas de moi seulement, mais de tous ceux qui, depuis treize ans, maltraités par les événements, demeurent invinciblement attachés à certaines idées et à certaines choses.

Et d'abord, en ce qui touche la personnalité de l'écrivain.

La France, depuis une dizaine d'années, a commencé une vie nouvelle; je n'avais pas besoin de venir en Belgique pour l'apprendre. Les idées auxquelles, jusque vers la fin de la seconde république, elle semblait attachée, aujourd'hui elle paraît ne les comprendre plus qu'à moitié, et s'en soucier de même. Les hommes qui lui servaient de guidons, qui, par leur génie et par la diversité même de leurs opinions, personnifiaient en elle le mouvement, elle les repousse ; leur parole l'importune. Ceux-là surtout qui, après la révolution de février, parurent un moment s'être imposés à la nation, les derniers en date, lui sont devenus antipathiques. Elle leur a dit : « Arrière ! »

Je conçois ce revirement, et, pour ma part, je m'y résigne. De semblables évolutions ne sont point rares dans la vie des peuples. Le vaincu peut s'inscrire en faux contre les arrêts de la Providence ; malgré lui, il est forcé de s'incliner devant la souveraineté des masses. Le temps a marché, le monde a tourné, la France a fait ce qui lui a plu : que pouvons-nous, républicains et socialistes de 1848, avoir à lui dire encore qui l'intéresse ? Suivons-nous seulement sa voie ? Nos cœurs sont restés inflexibles ; nos aspirations sont à rebours de l'époque ; nés de pères qui avaient vu 89 et 93, nous ne sentons pas de la même manière que la génération de 1830 ; malgré les plus illustres exemples, malgré les amnisties dont nous avons recueilli le bienfait, nous n'avons changé ni d'esprit ni de maximes. *Nous sommes aujourd'hui*, comme disait Sieyès, *ce que nous étions hier*. Cette constance est justement ce qui nous condamne. Après tant et de si terribles défaites, il y a contre nous chose jugée.

On nous l'a dit avec une franchise cruelle, et les plus impitoyables, comme d'habitude, ont été ceux que nous avions regardés jusque-là comme des amis, des coreligionnaires politiques : — « Les hommes de 1848 sont finis, enterrés, oubliés. Il faut que les *émigrés* le sachent (certains républicains du dedans ont donné à ceux du dehors, à la suite du coup d'État, le nom d'émigrés) : toute faveur leur est ôtée même au sein du parti. Ils ne sont pas au *niveau ;* ils ne savent pas le *courant ;* ils sont hors du *mouvement.* Ils ont perdu jusqu'au *sentiment français.* De *grandes choses* ont été faites, que leur seule ressource est de *calomnier.* Ils ont pris dans l'exil le langage et les idées de l'*étranger*, et ne peuvent plus exprimer une pensée qui ne soit une *injure* à la nation. Qu'ils se *taisent*, s'il leur reste, à défaut de bon sens, une étincelle de patriotisme. L'abstention est leur droit, à eux, et c'est plus que jamais leur devoir. »

Quant à moi, en dépit des murmures de mon cœur, je n'appelle pas de cette condamnation. Je consens à faire le mort, tant je me sens véritablement mortifié. A Dieu ne plaise que j'imite le vieux Buonarotti revenant après trente-six ans, en pleine bourgeoisie de juillet, plaider la cause de Babeuf, et livrer aux flétrissures d'une postérité sceptique les corruptions du Directoire ! La société nous évince : eh bien, je prends acte de l'éviction.

Mais voici ce qui m'a engagé, après tant de mésaventures, à reprendre la parole, et ce que je prie mes concitoyens de recevoir en bonne part. C'est chose qui les intéresse, où il ne s'agit ni de république ni de socialisme, et qui ne saurait causer le moindre déplaisir à l'Église, à l'Empereur, pas même à la propriété. Au contraire.

En 1859, la guerre éclate entre le Piémont et l'Autriche : la France prend parti pour les Piémontais. On sait quel fut le résultat de cette campagne foudroyante : les faits étaient accomplis, que l'opinion n'avait pas même eu le temps de se former sur l'entreprise. Encore aujourd'hui, après deux ans, la multitude des esprits est restée, quant à la valeur morale, politique et historique de l'événement, dans la plus complète incertitude. Bien des gens trouvent que la guerre n'est plus de notre siècle : la gloire des armes et la conquête touchent peu une société livrée au mercantilisme, qui sait ce que coûtent les batailles, et ne croit pas au profit. Quant aux questions de nationalité, d'unité, de frontières, et autres, ce n'est faire la critique de personne de dire que la contradiction est partout. La nationa-

lité paraitrait tout à fait respectable peut-être, si elle ne
rencontrait autant d'intérêts qui la nient que de préjugés
qui l'affirment; l'unité, acclamée par les uns, est réprouvée
par les autres : bref, dans ce dédale de la politique internationale, dont tout le monde raisonne avec une si haute
compétence, la seule chose positive que l'homme de bon
sens aperçoive, c'est qu'on n'y découvre ni chemin ni
issue.

Comme tout le monde, en voyant le canon remplacer la
discussion, je voulus me rendre compte de cette manière
extra-dialectique de résoudre les difficultés internationales, savoir ce qui fait agir peuples et gouvernements
lorsqu'au lieu de se convaincre ils travaillent à se détruire,
et puisque la parole était aux événements, chercher ce que
les événements signifiaient.

Je raisonnais donc, comme tant d'autres, à perte de vue
sur l'Italie, l'Autriche, leurs relations et leur histoire; sur
la France et sa légitime influence; sur les traités de 1815,
sur le principe des nationalités et celui des frontières naturelles, lorsque je m'aperçus, non sans quelque honte, que
mes conclusions étaient purement conjecturales, arbitraires, produit de mes sympathies et antipathies secrètes, et
ne reposaient sur aucun principe.

Je regarde autour de moi, je lis, j'écoute, je m'informe.
Nous faisons de la matière historique, me disais-je; quels
principes régissent cette fabrication?... Mes souvenirs se
reportant vers 1849, à l'époque de l'expédition romaine et
de la guerre de Hongrie, je voulus revoir ce que nous disions alors de ces événements. J'en demande pardon à mes
anciens collaborateurs et confrères : ils parlaient dès lors,
comme ils ont fait depuis, au gré de leur inclination démocratique, mais sans alléguer jamais le moindre lambeau
de philosophie, sans raison sérieuse, en un mot, sans principes. Et ce que je constatais dans la presse républicaine,

je le retrouvais dans la presse conservatrice : des motifs intéressés, des préjugés, toujours ; des raisons de droit, jamais.

La révolution, pensai-je, a dû nous laisser quelques éléments... Mais ici encore mes recherches furent vaines. Nos pères de 92, de même que ceux qui leur succédèrent pendant la période impériale, agissaient, mais ne philosophaient pas. Quelques mots çà et là : *Guerre aux châteaux, paix aux chaumières ;* ou bien : *Les peuples sont pour nous des frères*, etc. De science, de jurisprudence, pas vestige.

Je m'adresse aux écrivains spéciaux, qui depuis Grotius et Hobbes ont traité doctrinalement de la paix et de la guerre, de la conquête, des révolutions des États, du droit des gens, et qui par métier ont dû ramener tout à des considérations de métaphysique et de droit. Déception ! Il est certain que les auteurs ont cherché les principes ; mais il est tout aussi évident, pour qui sait lire, qu'ils ne les ont pas trouvés. Leur prétendue science du droit des gens, que dis-je ? le corps entier du droit, tel qu'ils l'ont conçu et exposé, est un échafaudage de fictions auxquelles ils n'ajoutent pas eux-mêmes créance.

Les principes existent cependant, disais-je toujours. Les principes sont l'âme de l'histoire. C'est un axiome de la philosophie moderne que toute chose a son idée, partant son principe et sa loi ; que tout fait est adéquat à une idée ; que rien ne se produit dans l'univers qui ne soit l'expression d'une idée. Le caillou qui roule a la sienne, comme la fleur et le papillon. Ce sont les idées qui agitent le chaos et qui le fécondent ; les idées mènent l'humanité à travers les révolutions et les catastrophes. Comment la guerre n'aurait-elle pas sa raison supérieure, son idée, son principe, de même que le travail et la liberté ? Il y a une loi de la tempête, il y en a une aussi du combat. Les principes seuls font la vie des peuples et la moralité des constitutions, président au mouvement des États, à la mort et à la résurrection des sociétés. Ces principes, je les cherche, et ne les trouve point. Personne ne me répond, ni de la France, ni de l'étranger.

Chose effrayante ! nous nous vantons de nos découvertes, de nos progrès. Certainement que nous avons raison de nous en vanter. Mais il n'est pas moins vrai que sur la physiologie des sociétés et la marche des États nous ne savons encore rien, nous n'en sommes pas même aux rudiments. Nous roulons sur des hypothèses : au siècle le plus civilisé qui fut jamais, les nations vivent entre elles sans garanties, sans principes, sans foi, sans droits. Et parce que nous n'avons de certitude sur rien, de foi en rien, il en résulte que, en politique comme en affaires, la confiance, pour laquelle on a tant combattu depuis 1848, est devenue une utopie.

Certes, de telles considérations sont de notre époque ; et l'on ne peut leur reprocher d'être plus révolutionnaires que conservatrices, plus républicaines que dynastiques. Elles embrassent toutes les opinions, tous les intérêts.

La campagne de Lombardie était terminée ; au traité de Villafranca avait succédé celui de Zurich, que je n'étais pas plus avancé que le premier jour, et que dans le doute je m'abstenais, en dépit de toutes les provocations, de porter un jugement. Comme Français, comme démocrate, je pouvais jusqu'à un certain point me réjouir ; comme ami de la vérité et du droit, je n'étais satisfait qu'à demi.

Enfin, décidé à avoir le mot de l'énigme, je crus saisir, à travers les broussailles des juristes, dans le fatras des histoires, au plus obscur de la conscience populaire, un fugitif rayon. Ce rayon, je l'ai fixé, multiplié, concentré ; bref, j'en ai composé cet écrit, que je présente à la bienveillance du lecteur, et dans lequel j'espère que mes concitoyens ne retrouveront pas plus la saveur socialiste que le goût du terroir belge.

Passons au livre.

C'est ici que j'ai pu juger combien est triste la position d'un homme qui, engagé au service d'une cause vaincue, s'est attiré pour elle quelque démêlé avec le pouvoir. On ne croit plus à sa parole; on n'a pas foi à ses jugements; on se méfie de ses intentions; on voit des conspirations jusque dans ses plus légitimes réserves. Admettant qu'il ait fait un ouvrage inoffensif, on prétend que cet ouvrage, sortant du caractère et des aspirations de l'écrivain, ne saurait avoir pour le public le moindre intérêt.

Je rougirais d'entretenir le public de mes tribulations d'écrivain à idées suspectes, aux prises avec la terreur des libraires, s'il ne fallait y voir un trait de notre époque, curieuse encore, mais singulièrement affaissée, et de cœur et d'intelligence. D'abord on me fit entendre, du reste avec tous les ménagements imaginables, qu'on ne se chargerait de la publication de mon manuscrit que sur l'avis d'un conseil, choisi parmi les avocats les plus distingués du barreau de Paris. Quelque pénible que fût à mon amour-propre cette condition d'une censure préalable, je m'y soumis néanmoins, m'engageant même à rectifier, corriger, amender, refaire, ajouter, supprimer, tout ce qui me serait indiqué par mon censeur.

Mais ce n'était pas à des corrections que je devais m'attendre, chose que l'inquisition ne refusa jamais à un hérétique : c'était à une condamnation absolue, sans appel. L'honorable avocat, par des motifs dont je n'ai pu qu'entrevoir la substance, conclut nettement pour le rejet.

Il faut croire, et le lecteur en jugera, que sur certains esprits l'apparition d'une idée nouvelle produit l'effet d'un spectre. Je ne sais quels monstres l'éditeur et son conseil découvrirent en mon manuscrit . toujours est-il que, d'un commun accord et d'un avis unanime, mon livre fut refusé, et comme dangereux, et comme insipide. « Cet homme creuse, creuse, disait mon Aristarque ; il soulève des questions plus grosses les unes que les autres : cela vous donne le vertige, cela vous coupe la respiration, cela vous assomme. Après avoir vingt ans durant fait la guerre à la propriété, au gouvernement, à l'Église, à la Bourse, aux économistes, le voici qui, à propos de la guerre et de la paix, s'en prend à la jurisprudence et qui tombe sur les gens de loi. C'est une charge à fond contre la politique de l'Empereur !... » Passe pour les gens de loi ; quant à la politique de l'Empereur, c'est juste le contraire qui est la vérité. J'ai expliqué plus haut que j'avais entrepris, en partie, mon ouvrage, afin de me démontrer à moi-même, au point de vue des principes, la parfaite régularité de la dernière guerre. Mais la peur, et aussi l'esprit de corps, font voir les choses à l'envers.

Je suppose que le prudent conseiller ajouta, en prenant le libraire par les sentiments : « Il ne saurait convenir à une maison qui se respecte de prêter son ministère à de pareilles diatribes. Nous ne sommes plus en 1848 : grâce au ciel, ces temps sont loin de nous. Laissons ces génies excentriques, voués à un juste oubli, et dont les noms, épouvantails usés, n'excitent plus que le dédain et l'impatience. »

Après ce rapport d'expert, il eût été peu digne à moi d'insister. Je me retirais fort perplexe, lorsque je rencontrai M. Hetzel, justement un homme de l'exil, à qui la qualité de suspect ne pouvait être une fin de non-recevoir contre un écrivain, et qui, me sachant condamné en première instance, a bien voulu se charger, vis-à-vis du public, de mon appel.

J'ai voulu citer ce fait, me dénoncer moi-même, afin d'avertir le gouvernement impérial que, s'il est des moments dans l'histoire des nations où la pensée publique rompt, comme une toile fragile, la loi qui l'enserre, il en est d'autres où c'est la loi qui étrangle la pensée publique, et que nous sommes à l'un de ces moments-là. Les uns par peur, les autres par zèle, tous par imbécillité, trahissent la liberté, même quand elle leur est offerte. Le gouvernement impérial peut se vanter d'avoir porté haut dans les esprits le culte de l'ordre ; jamais, s'il n'y prend garde, on ne le félicitera d'avoir donné l'essor aux intelligences.

Mais j'oublie qu'il ne m'appartient pas d'accuser les autres, puisque c'est moi-même, ce sont mes pareils que l'on accuse d'avoir corrompu en France la raison publique et perdu la liberté. Tout ce qui m'est permis, c'est de protester de la loyauté de ma pensée et de la modération de ma parole.

Qu'y a-t-il donc en ce livre de si exorbitant, de si antipathique à l'esprit mitoyen de notre époque, qu'un avocat homme d'esprit, sceptique, libéral, ait cru devoir se faire ainsi, par avance, l'exécuteur des jugements de l'opinion ? Lecteur, je m'en vais vous le dire.

J'ai entrepris de réhabiliter un droit honteusement méconnu par tous les juristes, sans lequel ni le droit des gens, ni le droit politique, ni le droit civil, n'ont de vraie et solide base : ce droit est le *droit de la force.* J'ai soutenu, prouvé, que ce droit de la force, ou du plus fort, dont le nom est pris chaque jour comme une ironie de la justice, est un droit réel, aussi respectable, aussi sacré que tout autre droit, et que c'est sur ce droit de la force, auquel la conscience humaine, en dépit des divagations de l'école, a cru dans tous les temps, que repose en définitive l'édifice social. Mais je n'ai pas dit pour cela que la force fît le droit, qu'elle fût tout le droit, ni qu'elle fût préférable en tout à l'intelligence. J'ai protesté, au contraire, contre de pareilles erreurs.

J'ai rendu hommage à l'esprit guerrier, calomnié par l'esprit industriel : mais je n'en ai pas moins reconnu que l'héroïsme doit désormais céder la place à l'industrie.

J'ai rétabli la guerre dans son antique prestige ; j'ai fait voir, contre l'opinion des gens de loi, qu'elle est essentiellement justicière, mais sans prétendre qu'il fallût transformer nos tribunaux en conseils de guerre : loin de là, j'ai montré que, selon toutes probabilités, nous marchons vers une époque de pacification indéfinie.

Voilà ce que j'ai dit, et que je croyais avoir rendu suffisamment intelligible pour un homme du métier. Il paraît que je me suis trompé.

Au surplus, ami lecteur, lisez cette petite narration, extraite de l'*Appendix de Diis et Heroibus poeticis* qu'on fait expliquer dans les colléges aux enfants de sixième, et vous saurez le fonds et le tréfonds de ce terrible traité. Vous pourrez même vous dispenser d'en prendre plus amplement connaissance. Quand les docteurs de la loi sont devenus incapables de comprendre la loi par raisonnements, c'est le cas de leur parler, comme faisait Jésus-Christ, par paraboles.

HERCULE

Hercule, jeune homme, illustre déjà par maint exploit, mais dont l'éducation avait été, par le malheur des temps, fort négligée, reçut de son père Amphitryon l'ordre de suivre l'école de Thèbes. Outre la musique, comme on disait alors, la religion et les lois, on enseignait l'écriture, qu'un étranger, venu d'Orient, avait apportée en Grèce. A cette époque, Orphée remplissait les montagnes de ses chants ; un autre inventait la lyre ; d'autres avaient trouvé l'art de forger le fer et d'en fabriquer toutes sortes d'instruments. C'était un siècle de renaissance, où princes et peuples rivalisaient d'émulation pour la sagesse et le progrès.

Le jeune héros obéit avec joie, ne doutant pas qu'il ne vînt à bout de toute science, divine et humaine, comme il faisait des brigands et des monstres. Il prit un style, des tablettes, se mit en devoir d'apprendre les lettres, les nombres, la gamme des sons, les figures de la géométrie, et d'écrire sous la dictée du maître, afin de les mieux loger en sa mémoire, les hymnes des poëtes et les apophthegmes des sages.

Mais ce fut en vain que le fils d'Amphitryon s'appliqua de toute la puissance de sa volonté et de son entendement à ces subtiles études. Il ne fit aucun progrès, et fut constamment noté le dernier de l'école. La moindre contention d'esprit l'étourdissait. Lorsque assis dans la salle d'étude, la tête penchée sur son banc, il s'efforçait de tracer sur le sable, en répétant leur nom, les caractères d'écriture ou les signes de numération, le feu lui montait à la face; il sentait aux tempes battre ses artères; ses yeux sortaient de leurs orbites; des gouttes sanglantes coulaient le long de son visage. Son intelligence, toute d'intuition, ne parvenait à rien saisir analytiquement. L'art d'assembler les lettres, d'en former des mots, cet art avec lequel on amuse aujourd'hui les petits enfants, était pour lui un casse-tête. Il fallait, au milieu de chaque leçon, l'envoyer respirer et se rafraîchir dans le verger. Il parvint à signer son nom, HPAKΛHΣ; encore se servait-il pour cela d'un morceau de cuir, où les sept lettres qui formaient son nom étaient gravées à l'emporte-pièce, et dans les vides duquel il passait son calame. Mais ce fut tout : jamais il ne connut les seize lettres de l'alphabet cadméen. Quant aux signes de numération, aux figures de géométrie, il ne réussit pas davan-

tage à en saisir le sens. Bien que son langage, d'une
extrême naïveté, n'eût rien d'incorrect, les règles de la
grammaire glissaient sur son cerveau, sans laisser dans sa
mémoire la moindre trace. La série si simple des nombres,
des genres et des cas dans les substantifs, celle des temps
et des personnes dans les verbes, lui semblaient un labyrinthe où sa raison ne se retrouvait plus. La nature a fait
à chacun de nous un don spécial : à l'un la promptitude de
l'esprit et l'art de bien dire, à l'autre le courage et la force
du corps. Que le savant ne méprise pas le fort, ni le fort
le savant : ils auront également besoin l'un de l'autre.

Hercule ne réussit pas davantage à monter une gamme :
sa voix, un baryton de cuivre d'un éclat prodigieux, cou-
vrait et brisait les chœurs. Aux fêtes de Bacchus, il soufflait
dans un cornet immense, à étourdir toute la ville. La flûte
et la lyre l'agaçaient. Jamais, enfin, il ne sut marcher en
rang ni danser les danses sacrées. Son incapacité d'apprendre faisait rire ses condisciples, qui l'appelaient *tête
de taureau*. Le premier il riait de la dureté de sa cervelle ;
au demeurant, le meilleur compagnon du monde.

Au bout d'un an, Hercule ne savait absolument rien. En
revanche, sa taille, qui déjà dépassait celle des plus grands
et des plus forts athlètes, s'était accrue d'une demi-tête ;
sa force était surhumaine ; son courage, son adresse à tous
les exercices, égalaient sa force. C'était un jeu pour lui
d'arrêter un char traîné par deux chevaux et lancé au
galop ; de saisir un taureau par les cornes et de le renver-
ser en lui tordant le cou. Ses mains étaient des tenailles ;
ses cuisses, longues et fortes, infatigables. Il pouvait faire
quarante-cinq lieues en dix-huit heures, et fournir sept
jours de suite la même carrière. C'est ainsi qu'il avait forcé
sur le Ménale une biche, qui passait pour avoir des pieds
d'airain. Hercule, l'ayant prise, l'avait apprivoisée. Les
animaux qu'il avait une fois domptés s'attachaient à

lui, et seraient morts plutôt que de le quitter. Il n'y a pas d'amour comme l'amour qu'inspirent les hommes forts.

Il s'était construit un arc, bardé de lames d'acier, qu'un homme de force ordinaire avait peine à soulever, et dont les flèches étaient comme des piques. C'est avec cet arc qu'il tua les Stymphalides, espèce de vautours antédiluviens, capables d'enlever dans leur aire un porc de deux ans ou une génisse. Il y avait, dans la forêt de Némée, un lion, la terreur du pays, qui, chaque année, levait sur les bouveries un tribut d'au moins cent bœufs, sans parler des vaches, veaux, poulains et autre menu gibier. Bien des fois on avait tenu conseil ; et l'on ne savait comment s'en défaire. Hercule dit qu'il le combattrait corps à corps, armé seulement de sa masse. C'était le tronc d'une yeuse, durci au feu, garni d'une large et épaisse virole et de fortes pointes de fer. Hercule entre dans le fourré où était le lion, le provoque, l'insulte à coups de pierres, et au moment où le carnassier, d'un bond gigantesque, s'élance sur Hercule, celui-ci le frappe au vol, et l'abat d'un seul coup. La tête de l'animal, large d'une coudée, avait été broyée par la terrible massue, comme si elle eût été écrasée sous un rocher tombé du haut de la montagne.

De tous les combats d'Hercule, le plus glorieux fut celui qu'il soutint, dans le marais de Lerne, contre un énorme serpent. Mainte fois on avait vu l'affreux reptile saisir un taureau, un fort cheval, l'étouffer dans ses nœuds, puis l'entraîner dans son antre où il le dévorait. Nulle force vivante ne semblait pouvoir délivrer la terre de ce monstre. Hercule avait pensé d'abord à le surprendre dans sa digestion ; mais, outre qu'un bœuf ne pesait pas plus à l'effroyable boa qu'une grenouille à une couleuvre, les mauvais propos d'un certain Lachis, envieux d'Hercule, — Hercule avait des envieux, — le firent renoncer à ce projet. Comme il se défiait, pour une semblable expédition, de sa massue, trop légère à son gré, trop courte, et pas assez dure, il fit choix d'une verge de fer, longue, grosse, flexible, du poids de deux hommes, qu'il prit soin de forger lui-même, et qu'il manœuvrait à deux mains, comme le batteur de blé manœuvre son fléau. Ainsi armé, sans autre vêtement que sa ceinture, Hercule fut attaquer dans son repaire le serpent. Au moment où celui-ci, partant comme un trait, avec un sifflement épouvantable, fond sur son ennemi, Hercule, qui avait joué avec le lion de Némée, n'éprouva pas un frisson. Se jetant de côté, il frappa, par le travers, le boa avec tant d'adresse et de force, qu'il lui brisa l'épine, et que ceux qui de loin regardaient le combat virent tomber le serpent comme s'il eût été coupé en deux. Lachis s'approchant aussitôt : « Tu n'aurais pas essayé, dit-il à Hercule, de l'étouffer entre tes bras, comme tu étouffas ce pauvre Antée, fils de la Terre. » Hercule d'un revers de ses doigts, envoya Lachis contre le rocher ; la cervelle jaillit, et le dénigreur fut enfoui, avec l'hydre, dans les boues de Lerne.

Comme tous les héros, dès qu'il se trouvait en face de l'ennemi, une sorte d'inspiration s'emparait d'Hercule. Sur-le-champ il voyait ce qu'il y avait à faire ; son intelligence alors dépassait celle des plus habiles. Le chat sauvage saisit sa proie à la gorge ; le taureau donne son coup de corne sous le ventre de son adversaire ; le cheval tourne la croupe, et lance en fuyant son double coup de sabot ; le serpent se glisse autour de sa victime et l'étouffe. Ainsi l'homme de combat, en qui se réunissent le courage, l'adresse et la force, sait en toute circonstance, d'une science immédiate et certaine, quelle tactique il lui convient d'employer. La réflexion ne lui sert qu'à expliquer aux autres ses intentions ; mais le génie de la guerre, ce que les militaires nomment simplement le coup d'œil, ne

s'enseigne point aux écoles, et l'on naît héros et capitaine
absolument comme on naît poëte.

On conçoit que les brigands, les géants, les pirates, si forts,
si bien retranchés et si nombreux qu'ils fussent, n'avaient
pas beau jeu avec Hercule. Certain chef barbare, de la race
des anciens Pélasges, d'une stature démesurée, s'était
établi dans un passage où il détroussait et scalpait les
voyageurs. Hercule, berné par lui, le défia à la lutte, lui
broya le cœur en le serrant dans ses bras, et de sa chevelure fit un chasse-mouches pour ses palefreniers. Un tyran
nourrissait ses chevaux de chair humaine : Hercule le leur
fit dévorer tout vivant.

Il eut ainsi bientôt fait la police par toute la Grèce. Tant
qu'il vécut, les routes furent sûres. De toutes parts on l'appelait : il partait seul, avec sa massue, son arc et ses flèches. Son expédition terminée, il saluait ses hôtes, se
contentant pour toute récompense du butin fait sur l'ennemi. Sa réputation s'étendait au loin, et n'était égalée
que par sa bonhomie.

Malgré ses éminents services, et bien que, parmi les
princesses de la Grèce, aucune ne lui eût certainement
tenu rigueur, Hercule vécut en aventurier ; il ne sut pas
se conquérir un trône. Pas une des villes qu'il avait sau-
vées ne lui offrit de le prendre pour prince. Invincible à la
guerre, il n'entendait rien à la politique. Si je savais
lire ! disait-il avec une touchante modestie. Si je savais
monter à cheval ! disait l'ambitieux avocat, Robespierre.

A la fin de l'année scolaire, le maître de l'école annonça
à ses élèves une distribution de prix. Le programme était
magnifique : après un sacrifice aux dieux, il devait y avoir
des danses, des chants et de la déclamation. Une tragédie,
de la composition du professeur, serait jouée par les élèves.
Le tout se terminerait par le couronnement des lauréats.

Au jour indiqué, toute la ville se rendit à la cérémonie.

Sur une estrade entourée de guirlandes de verdure et sur-
montée d'un arc de triomphe, étaient placés les magistrats ; l'orchestre à gauche, les élèves à droite. Des écus-
sons présentaient à tous les yeux les noms des vainqueurs ;
une pile de couronnes reposait sur un trépied de marbre ;
au devant de l'estrade, on avait placé un autel, où brûlaient
des parfums. Le maître avait dirigé les études avec tant
d'habileté, variant les exercices et faisant valoir les différentes aptitudes des sujets, que ces aimables jeunes gens
avaient pu tous, sans exception, obtenir chacun au moins
une récompense. Les parents, les enfants, tout le monde
était heureux.

Hercule seul n'avait point de prix. Pour toutes ses
prouesses, pour tant de services gratuits, le maître ne lui
avait pas même accordé une mention honorable. Il arrive
avec son arc, semblable à une baliste, sa massue posée sur
sa main, la peau de Némée couvrant ses larges épaules, sa
biche aux pieds d'airain, qui le suivait comme un jeune
chien. Un esclave portait la hure du sanglier d'Arcadie,
qu'il avait tué et dont les défenses étaient longues de deux
palmes. Un autre agitait la chevelure du géant qu'il avait
scalpé ; quatre traînaient la peau du boa, sept fois grande
comme Hercule.

Dès qu'il parut, le peuple se mit à crier : « Bravo ! Her-
« cule. Salut au fils Jupiter !... » Personne ne voulait
croire que le noble Amphitryon, l'un des plus braves
et des plus robustes chevaliers de la Grèce, eût été capable d'engendrer un pareil fils. Les jeunes filles lui jetaient
des bouquets, dans lesquels se trouvait plus d'une galante
devise, que le dompteur de monstres ne pouvait lire.

Il était là, avec sa taille héroïque, sa puissante mem-
brure, sa chevelure frisée comme celle du taureau de Ma-
rathon ; autour du front, une bandelette en signe de fête.

« Pourquoi, demanda-t-il au maître, ne m'as-tu pas

décerné de couronne, et m'humilies-tu devant la ville?

— Tu ne sais rien, lui répondit le pédagogue ; tu refuses de t'instruire ; tu ne suis pas même les classes. Le plus jeune de ces enfants, en trois jours, en apprend plus que tu n'en sauras de toute ta vie. Ta place est à la charrue de ton père, où tu feras bien de retourner avec tes esclaves. Apollon et les Muses te repoussent. »

Et l'assistance de rire.

Hercule, furieux, d'un coup de pied enfonce l'estrade, renverse l'arc de triomphe, culbute les bancs, les siéges, l'autel des parfums, brise le trépied, disperse les couronnes, fait de tout un monceau, et demande du feu. Ensuite il saisit le maître d'école, le fait entrer de force dans la peau du boa, la tête de l'homme sortant par la gueule du serpent, le coiffe de la hure du sanglier, et, ainsi accommodé, le suspend à l'un des peupliers sous lesquels devait se faire la distribution. Les femmes fuient épouvantées ; les écoliers s'éclipsent ; le peuple se tient à l'écart : personne n'ose affronter la colère d'Hercule.

Le tumulte arrive jusqu'au palais, où était la mère d'Hercule, la digne Alcmène. Elle avait été d'une beauté splendide ; parvenue à l'âge mûr, on l'eût prise pour la déesse de la force. Elle vient, dit un mot à son fils, dont la rage, en présence de sa mère, tombe, mais pour éclater en sanglots. Alors elle demande au maître, demi-mort, ce que signifie cet esclandre. Celui-ci s'excuse de son mieux, proteste de son respect pour la princesse, mais ne peut lui dissimuler que son fils, ce puissant, ce superbe, ce magnanime Hercule, n'est après tout qu'un *fruit sec*. Alcmène, contenant à peine un éclat de rire, tant la figure du maître lui semblait drôle, lui dit : « Sot que tu es, que n'établissais-tu aussi dans ton école un prix de gymnastique? Crois-tu que la ville n'ait besoin que de musiciens et d'avocats? Allons, mon fils, descends-moi ce pédant ; tes études sont achevées. Et c'est toi, ajouta-t-elle en parcourant les bouquets jetés au héros, qui as remporté le premier prix..., au jugement des jeunes filles de Thèbes. »

Ce fut à la suite de cette aventure qu'Hercule institua les jeux olympiques, imités plus tard dans les néméens, les pythiques, les isthmiques, et qui furent célébrés, pendant une longue suite de siècles, dans toute la Grèce. A ces jeux les historiens et les poëtes venaient faire montre de leur talent, aussi bien que les athlètes de leur vigueur. Hérodote y lut son histoire ; Pindare s'y rendit fameux par ses odes.

Deux hommes, *ex æquo*, créèrent l'idéal grec, Hercule et Homère. Le premier, bafoué dans sa force, prouva que la force peut, à l'occasion, avoir plus d'esprit que l'esprit même, et que, si elle a sa raison, elle a par conséquent aussi son droit. L'autre consacra son génie à célébrer les héros, les hommes forts, et depuis plus de vingt-cinq siècles la postérité applaudit à ses chants.

L'ouvrage qu'on va lire, et qui a scandalisé l'une des célébrités du barreau de Paris, n'est autre chose qu'un commentaire sur ce vieux mythe. L'État, individualité collective ; le peuple, multitude ignorante, bonasse, mais indomptable, c'est Hercule. D'État à État, le seul droit reconnu est le droit de la force ; dans les masses toute liberté et tout droit proviennent également de cette source. Y a-t-il là de quoi faire crier au scandale ? Et parce que c'est un révolutionnaire qui le dit, faut-il lui interdire la publicité ? Ah ! certes, il est beau à nous de vouloir, comme de purs esprits, nous régir par les seules lois de l'idée. Mais puisque la nature, en nous faisaut de chair et d'os, nous a soumis en même temps à la force, sachons, sans honte, la reconnaître, et, s'il se peut, nous en emparer. Nous n'en vaudrons pas moins parce qu'au lieu de ramper comme des Pygmées, nous saurons nous comporter généreusement, à l'occasion, comme des Hercules.

Cependant, qu'on ne s'y trompe pas: L'héroïsme fut une belle chose ; mais l'héroïsme est fini. Hercule et ses pareils sont de la mythologie. J'estime la force ; elle a glorieusement inauguré sur la terre le règne du droit : mais je n'en veux pas pour souveraine. Je ne veux pas plus de l'Hercule plébéien que de l'Hercule gouvernemental, pas plus des assises de la guerre que de celles de la Sainte-Vehme.

Voilà mon livre. Qu'on le réfute, si l'on peut ; mais qu'on n'essaye pas de l'étouffer sous des fins de non-recevoir tirées du nom de l'auteur ou des convenances gouvernementales. Ce serait aussi odieux que ridicule.

Ixelles-lez-Bruxelles, 1er mars 1861.

ESSAIS DE PHILOSOPHIE PRATIQUE

Nᵒˢ 13 ET 14

LA GUERRE ET LA PAIX

RECHERCHES

SUR LE PRINCIPE & LA CONSTITUTION

DU DROIT DES GENS

LIVRE PREMIER

PHÉNOMÉNOLOGIE DE LA GUERRE

> L'Éternel est un guerrier.
>
> Moïse.

SOMMAIRE

La guerre, de même que la religion et la justice, est, dans l'humanité, un phénomène plutôt interne qu'externe, un fait de la vie morale bien plus que de la vie physique et passionnelle. C'est pour cette raison que la guerre, toujours jugée, par le vulgaire et par les philosophes, sur les apparences, n'a jamais été comprise, si ce n'est peut-être dans les temps héroïques. Tout cependant dans notre nature la suppose, tout en implique la présence aussi bien que la notion. La guerre est divine, c'est-à-dire primordiale, essentielle à la vie, à la production même de l'homme et de la société. Elle a son foyer dans les profondeurs de la conscience, et embrasse dans son idée l'universalité des rapports humains. Par elle se révèlent et s'expriment, aux premiers jours de l'histoire, nos facultés les plus élevées : religion, justice, poésie, beaux-arts, économie sociale, politique, gouvernement, noblesse, bourgeoisie, royauté, propriété. Par elle, aux époques subséquentes, les mœurs se retrempent, les nations se régénèrent, les États s'équilibrent, le progrès se poursuit, la justice établit son empire, la liberté trouve ses garanties Supprimez, par hypothèse, l'idée de la guerre, il ne reste rien du passé ni du présent du genre humain. On ne conçoit pas ce que sans elle aurait pu être la société ; on ne devine pas ce qu'elle peut devenir. La civilisation tombe dans le vide : son mouvement antérieur est un mythe auquel ne correspond aucune réalité ; son développement ultérieur, une inconnue qu'aucune philosophie ne saurait dégager. La paix elle-même, enfin, sans la guerre, ne se comprend pas; elle n'a rien de positif et de vrai, elle est dépourvue de valeur et de signification : c'est UN NÉANT. Cependant l'humanité fait la guerre et tend de toutes ses forces à la paix. Contradiction entre les données fondamentales et les aspirations authentiques de la société. Problème qui en résulte : Objet de ces recherches.

CHAPITRE PREMIER

DE LA PHÉNOMÉNALITÉ DE LA GUERRE

Je ne pense pas qu'aucun de mes lecteurs ait besoin que je lui dise ce que c'est, physiquement ou empiriquement parlant, que la guerre. Tout le monde en possède une idée quelconque : les uns pour en avoir été témoins, d'autres pour en avoir lu mainte relation, bon nombre pour l'avoir faite. Nous partirons de là.

Ce que l'on ne connaît pas, à beaucoup près, aussi bien, et sur ce point j'ose dire que les militaires, historiens, légistes et publicistes, partagent l'ignorance commune, c'est la nature, essentiellement juridique, de la guerre ; c'est sa phénoménalité morale, son idée; c'est par conséquent le rôle, positif autant que légitime, qu'elle joue dans la constitution de l'humanité, dans ses manifestations religieuses, dans le développement de la pensée civilisatrice, dans la vertu et jusque dans la félicité des nations. Ce que nous savons de la guerre se réduit, à très-peu près, aux faits et gestes extérieurs, à la mise en scène, au bruit des batailles, à l'écrasement des victimes. Les plus diligents étudient la stratégie et la tactique; d'autres s'oc-

cupent des formalités : toutes choses qui sont à la guerre
ce que la procédure, la police, les peines, sont à la justice,
le rituel à la religion, mais qui ne sont pas plus la guerre
que les formules du droit ne sont le droit, ou les cérémonies du culte la religion. Personne encore n'a cherché à
saisir la guerre dans sa pensée intime, dans sa raison,
dans sa conscience, tranchons le mot, dans sa haute moralité. C'est là, cependant, c'est dans cette sphère de la
pure raison et de la conscience qu'il faut étudier la guerre
et en observer les péripéties, à peine de n'en savoir jamais
le premier mot.

Les auteurs parlent, en balbutiant, du droit et des lois
de la guerre. Mais qui les a lus sait que par ces mots :
droit de la guerre, lois de la guerre, il faut entendre uniquement certaines restrictions apportées aux sévices, certaines réserves conventionnelles d'humanité, nullement
un droit positif, propre à la force et émanant d'elle ; droit
qui, manifesté et consacré par la victoire, s'imposerait à
la conscience du vaincu au même titre que le jugement
du tribunal civil s'impose à la conscience du plaideur dé-
bouté. Selon les juristes, le droit de la guerre, au sens littéral du mot, est une contradiction dans les termes, une
fiction, un euphémisme, qu'il serait puéril, ridicule, absurde, de prendre au sérieux. En réalité, et d'après le témoignage de tous ceux qui en ont écrit, il n'y a pas de
droit de la guerre, pas de pensée, pas de moralité dans les
actes de la force : ce qui est évidemment réduire la guerre
à des démonstrations matérielles, par conséquent lui refuser toute phénoménalité morale, toute spiritualité. Nous
nous vantons, et à juste titre, de nos progrès : en ce qui
concerne la guerre, nous sommes cent fois plus grossiers
que ne l'étaient les barbares, pour qui du moins la guerre
était la manifestation la plus haute de la justice et de la
volonté des dieux.

Qui n'aurait vu de la religion que les cérémonies du culte, le baptême, la communion, la confirmation, la messe, les vêpres, les processions, l'eau bénite, connaitrait-il la religion? Pas le moins du monde. La religion est chose tout intérieure ; ses actes sont immatériels, visibles seulement- à l'esprit, bien que, par l'inexplicable lien qui unit le monde moral au monde physique, ils se manifestent au moyen de signes sensibles, tels que l'eau, le pain, l'huile, les chants, les génuflexions, les ornements sacerdotaux, etc. Ces *signes*, bien qu'ils fassent partie du culte, ne constituent pas la phénoménalité religieuse ; ils ne serviraient de rien pour l'intelligence de la religion ; tout au contraire, c'est l'intelligence préalable de la religion qui en rend les signes intelligibles. Or, pour comprendre la religion, il faut étudier l'âme humaine : ce qui veut dire que la phénoménalité religieuse appartient, non point à l'observation physique, mais à l'observation psychologique. Et c'est parce que notre siècle, mieux qu'aucun de ceux qui l'ont précédé, a étudié dans cet esprit la religion, c'est parce qu'il en a cherché les sources dans la conscience, qu'il l'a aussi mieux comprise, qu'il en a jugé comme il convenait l'importance et la haute signification, et que peut-être, malgré le développement du rationalisme et de l'incrédulité, il peut se dire encore le plus religieux de tous.

De même, qui n'aurait vu de la justice que l'appareil extérieur, l'audience, la toge et la toque des magistrats, la force armée, la prison, l'échafaud, etc., connaîtrait-il la justice ? Pas davantage. La justice est, comme la religion, chose intérieure. Ses actes se passent dans la conscience ; l'observation interne, par conséquent, peut seule les atteindre. Quant à l'appareil judiciaire, bien loin que par ce spectacle on puisse arriver à l'intelligence de la justice, on ne le comprend lui-même qu'à l'aide de la justice : ce qui signifie que pour celle-ci, de même que pour la religion, il faut interroger la conscience, non s'en rapporter aux solennités des tribunaux. A aucune époque plus qu'à la nôtre, la justice ne s'est dépouillée du symbolique appareil dont se plaisait à l'entourer l'esprit formaliste, ou, pour mieux dire, plastique, des anciens ; à aucune époque aussi, le droit n'a été l'objet d'études aussi approfondies. S'ensuit-il, demanderez-vous, de ce que nous connaissons mieux le droit, que nous le respections davantage? Il est permis de le croire. Notre décadence actuelle n'est relative qu'à nous-mêmes; en dernière analyse, nous sommes supérieurs à nos pères.

A ces deux exemples on pourrait ajouter celui de la parole et de l'écriture. Ce ne sont pas les sons du larynx, les articulations de la langue et des lèvres, pas plus que les caractères de l'alphabet, qui, par eux-mêmes, donnent le secret du langage, du verbe humain. Tout au contraire, c'est la pensée qui rend raison des procédés de la parole et de l'écriture : ce qui entraîne cette conséquence que la grammaire, l'art de parler et d'écrire, a ses lois dans les conceptions et opérations de l'entendement, son foyer dans la conscience, et que ce n'est pas précisément dans les écoles que se forment les grands écrivains.

Il en est ainsi de la guerre. On ne la connaît pas, tant qu'on s'arrête au matérialisme des batailles et des siéges; on ne l'a pas vue, parce qu'on a suivi sur la carte le mouvement des armées, qu'on a fait le compte des hommes, des chevaux, des canons, des gargousses, des havre-sacs, ou qu'on a rapporté les dits et contredits échangés entre les puissances belligérantes avant la déclaration. La stratégie et la tactique, la diplomatie et la chicane, ont leur place dans la guerre, comme l'eau, le pain, le vin, l'huile, dans le culte; comme le gendarme et l'huissier, le cachot et les chaînes, dans la justice ; comme les sons du larynx et les caractères d'écriture dans les manifestations de l'esprit. Mais tout cela ne révèle de soi aucune idée. En voyant deux armées qui s'entr'égorgent, on peut se demander, même après avoir lu leurs manifestes, ce que font et ce que veulent ces braves gens ; si ce qu'ils nomment bataille est une joute, un exercice, un sacrifice aux dieux, une exécution judiciaire, une expérience de physique, un acte de somnambulisme ou de démence, accompli sous l'influence de l'opium ou de l'alcool.

Non-seulement, en effet, les actes matériels de la lutte n'expriment rien par eux-mêmes, mais l'explication qu'en donnent les légistes, et, à leur suite, les historiens, les hommes d'État, les poëtes et les gens de guerre, à savoir, que l'on se fait la guerre parce qu'on est en désaccord d'intérêts, cette explication n'en est pas une : elle signifierait simplement que les hommes, de même que les chiens, poussés par la jalousie et la gourmandise, se querellent, et des injures en viennent aux coups ; qu'ils se déchirent pour une femelle, pour un os ; en un mot, que la guerre est un fait de pure bestialité. Or, c'est ce que le sentiment universel et les faits démentent, et ce qui, de la part d'un être intelligent, moral et libre, répugne. Il est impossible, de quelque misanthropie que l'on se targue, d'assimiler entièrement, sous ce rapport, l'homme et la brute ; impossible, dis-je, de rapporter purement et simplement la guerre à une passionnalité d'ordre inférieur, comme si l'humanité pouvait tout à fait se scinder, se montrer tour à tour ange ou bête féroce, selon qu'elle obéirait exclusivement à sa conscience ou à l'irascibilité de ses appétits.

Puis donc que ni le matérialisme des militaires, ni le verbiage des légistes et des diplomates, ne sauraient ici nous instruire, un seul parti nous reste : c'est de considérer la guerre, de même que le culte et la procédure,

comme la manifestation d'un acte de notre vie interne ;
par conséquent d'en demander les formes et les lois, non
plus seulement à l'expérience du dehors, aux récits de
l'historien, aux descriptions enthousiastes des poëtes, aux
factums du plénipotentiaire, aux combinaisons du stratége, mais aussi, mais surtout, aux révélations de la conscience, à l'observation psychologique.

Au premier abord, la guerre ne réveille que des idées
de malheur et de sang. Que le lecteur veuille bien, pour
quelques instants, écarter de son esprit ces images lugu-
bres : il ne sera pas peu surpris tout à l'heure de voir que
nous ne faisons ni ne pensons rien qui ne la suppose, et
que notre entendement ne forme pas de plus vaste, de plus
indispensable catégorie. La guerre, comme le temps et
l'espace, comme le beau, le juste et l'utile, est une forme
de notre raison, une loi de notre âme, une condition de
notre existence. C'est ce caractère universel, spéculatif,
esthétique et pratique de la guerre, que nous avons à
mettre en lumière, avant d'en rechercher plus à fond la
nature, la cause et les lois.

CHAPITRE II

LA GUERRE EST UN FAIT DIVIN

Chez tous les peuples, la guerre se présente à l'origine comme un fait divin.

J'appelle *divin* tout ce qui dans la nature procède immédiatement de la puissance créatrice, dans l'homme de la spontanéité de l'esprit ou de la conscience. J'appelle divin, en autres termes, tout ce qui, se produisant en dehors de la série, ou servant de terme initial à la série, n'admet de la part du philosophe ni question, ni doute. Le divin s'impose de vive force . il ne répond point aux interrogations qu'on lui adresse, et ne souffre pas de démonstrations.

L'apparition de l'homme sur le globe est un fait divin. D'où vient l'homme, en effet? Comment est-il venu? On l'ignore. La génération spontanée, à laquelle la spéculation s'accroche fatalement, n'est point précisément un fait d'expérience, et quand nous en pourrions citer des exemples, elle resterait encore pour nous inintelligible. Si jamais la science pénètre ce mystère, la divinité de notre origine sera reculée, le fait même de notre terrestre existence cessera d'être divin ; ce sera un fait scientifique. Mais la création de notre globe, celle de l'univers, n'en seront pas mieux connues : pour nous ce sera toujours du miracle. Le miracle, quoi que nous fassions, est l'involucre inévitable de notre science. Ce qui se laisse aborder par l'analyse, définir, classer, sérier, sort par là même du mystère. Il se range parmi les faits qui, se différenciant, évoluant, formant des genres et des espèces, offrant par conséquent mille prises à l'entendement, tombent sous l'empire du savoir, dès lors relèvent de la raison et du libre arbitre.

Je dis donc que la guerre est, du moins qu'elle est restée jusqu'à présent pour nous une chose divine : tour à tour célébrée et maudite, sujet inépuisable d'accusations et de panégyriques ; au fond, soustraite jusqu'ici à l'empire de notre volonté, et impénétrable à notre raison comme une théophanie.

Mais en quoi consiste cette divinité de la guerre ?

Si la guerre, ainsi que je le disais tout à l'heure, n'était que le conflit des forces, des passions, des intérêts, elle ne se distinguerait pas des combats que se livrent les bêtes ; elle rentrerait dans la catégorie des manifestations animales : ce serait, comme la colère, la haine, la luxure, un effet de l'orgasme vital, et tout serait dit. Il y a même lieu de croire que depuis bien des siècles elle aurait disparu sous l'action combinée de la raison et de la conscience. Par respect de lui-même, l'homme aurait cessé de faire la guerre à l'homme, comme il a cessé de le manger, de le faire esclave, de vivre dans la promiscuité, d'adorer des crocodiles et des serpents.

Mais il existe dans la guerre autre chose : c'est un élément moral, qui fait d'elle la manifestation la plus splendide et en même temps la plus horrible de nôtre espèce. Quel est cet élément ? La jurisprudence des trois derniers

siècles, hors d'état de le découvrir, a pris le parti de le
nier. Elle pose comme axiome, cette jurisprudence d'ailleurs si estimable, si digne de reconnaissance, que la guerre
chez l'une au moins des parties belligérantes, est nécessairement injuste, attendu, dit-elle, que le blanc et le noir ne
peuvent être justes en même temps. Puis, à la faveur de
cet axiome, elle assimile les faits de guerre, partie à des
actes de brigandage, partie aux moyens de contrainte
qu'autorise, contre le malfaiteur et le débiteur de mauvaise foi, la loi civile. En sorte que le guerrier, selon que
la cause qu'il sert est juste ou injuste, doit être logiquement
réputé un héros ou un scélérat. Or, je soutiens et je prou-
verai que c'est là une théorie gratuite, hautement démen-
tie par les faits, et dont nous démontrerons la dangereuse
et profonde immoralité. La guerre, comme on verra, la
vraie guerre, par sa nature, par son idée, par ses motifs,
par son but avoué, par la tendance éminemment juridique
de ses formes, non-seulement n'est pas plus injuste d'un
côté que de l'autre, elle est, des deux parts et nécessairement, juste, vertueuse, morale, sainte, ce qui fait d'elle
un phénomène d'ordre divin, je dirai même miraculeux,
et l'élève à la hauteur d'une religion.

« La guerre est divine en elle-même, dit de Maistre,
« parce qu'elle est une loi du monde.

« La guerre est divine dans la gloire mystérieuse qui
« l'environne, et dans l'attrait non moins inexplicable qui
« nous y porte.

« La guerre est divine dans la protection accordée aux
« grands capitaines, même aux plus hasardeux, qui sont
« rarement frappés dans les combats, et seulement lorsque
« leur renommée ne peut plus s'accroître, et que leur mis-
« sion est finie.

« La guerre est divine par la manière dont elle se dé-

« clare. Combien ceux qu'on regarde comme les auteurs de
« la guerre sont entraînés par les circonstances !

« La guerre est divine par ses résultats, qui échappent
« absolument aux spéculations des hommes. »

Ainsi parle de Maistre, le grand théosophe, plus profond
mille fois dans sa théosophie que les soi-disant rationa-
listes que sa parole scandalise. De Maistre le premier, faisant de la guerre une sorte de manifestation des volontés
du Ciel, et précisément parce qu'il avoue n'y rien comprendre, a montré qu'il y comprenait quelque chose.

La même conscience qui produit la religion et la justice
produisant aussi la guerre ; la même ferveur, la même
spontanéité d'enthousiasme qui anime les prophètes et les
justiciers, emportant les héros : voilà ce qui constitue le
caractère de divinité de la guerre.

Et maintenant ce mystère, vraiment unique, d'une conscience où le droit, la piété et le meurtre s'unissent dans
une fraternelle étreinte, pouvons-nous l'expliquer ? Si oui,
la guerre cesse d'être divine ; bien plus, en perdant sa divinité, elle touche à sa fin. Au contraire, cet effroyable
mythe en action est-il impénétrable, la guerre, je ne crains
pas de le dire, est éternelle.

Salut à la guerre ! C'est par elle que l'homme, à peine
sorti de la boue qui lui sert de matrice, se pose dans sa
majesté et dans sa vaillance ; c'est sur le corps d'un ennemi
abattu qu'il fait son premier rêve de gloire et d'immortalité. Ce sang versé à flots, ces carnages fratricides, font
horreur à notre philanthropie. J'ai peur que cette mollesse n'annonce le refroidissement de notre vertu. Soutenir une grande cause dans un combat héroïque, où l'honorabilité des combattants et la présomption du droit sont
égales, et au risque de donner ou de recevoir la mort, qu'y
a-t-il là de si terrible ? Qu'y a-t-il surtout d'immoral ? La

mort est le couronnement de la vie : comment l'homme, créature intelligente, morale et libre, pourrait-il plus noblement finir ?

Les loups, les lions, pas plus que les moutons et les castors, ne se font entre eux la guerre : il y a longtemps qu'on a fait de cette remarque une satire contre notre espèce. Comment ne voit-on pas, au contraire, que là est le signe de notre grandeur ; que si, par impossible, la nature avait fait de l'homme un animal exclusivement industrieux et sociable, et point guerrier, il serait tombé, dès le premier jour, au niveau des bêtes dont l'association forme toute la destinée ; il aurait perdu, avec l'orgueil de son héroïsme, sa faculté révolutionnaire, la plus merveilleuse de toutes et la plus féconde ? Vivant en communauté pure, notre civilisation serait une étable. Saurait-on ce que vaut l'homme, sans la guerre ? Saurait-on ce que valent les peuples et les races ? Serions-nous en progrès ? Aurions-nous seulement cette idée de *valeur*, transportée de la langue du guerrier dans celle du commerçant ?... Il n'est pas de peuple, ayant acquis dans le monde quelque renom, qui ne se glorifie avant tout de ses annales militaires : ce sont ses plus beaux titres à l'estime de la postérité. Allez-vous en faire des notes d'infamie ? Philanthrope, vous parlez d'abolir la guerre ; prenez garde de dégrader le genre humain...

Mais, dites-vous, par quel abominable sophisme la plus généreuse des créatures a-t-elle pu faire de l'assassinat de son semblable un acte de vertu ?... Eh ! c'est vous-même qui faites ici du sophisme, car vous méconnaissez, vous calomniez la conscience humaine, que vous ne comprenez pas. Elle proteste, cette conscience, contre l'assimilation que vous faites de la guerre à l'assassinat. Et c'est justement cette protestation qui constitue le mystère, et qui fait de la guerre un phénomène divin. Comment se fait-il,

c'est moi qui vous pose la question, que l'humanité s'é-
veille à la vertu, à la société, à la civilisation, précisément
par la guerre? Comment le sang humain devient-il la première onction de la royauté? Comment l'État, organisé
pour la paix, se fonde-t-il sur le carnage? Voilà, philanthrope, ce que vous avez à expliquer, sans impatience et
sans injure, à peine de mettre votre raison vacillante à la
place de la spontanéité du genre humain, et de jeter le
trouble dans cette civilisation que vous prétendez servir.
Ce n'est pas avec de l'ironie qu'on fait de la science, ni
surtout de la morale; et vos sarcasmes, renouvelés des
Grecs, sont plus que jamais impertinents et insipides.
Écoutez ce qui va suivre, et puis calomniez, si vous l'osez,
ce que vous ne comprenez pas.

CHAPITRE III

La guerre, ai-je dit, est une des catégories de notre raison. Nous allons la voir se développer en cette qualité, et marquer de son sceau tous les ordres de la pensée. Commençons par la religion.

La guerre, comme si elle était la représentation dans le monde sublunaire des mystères éternels, après avoir donné l'essor à la conscience, en a fait jaillir la religion. C'est à elle que la théologie doit ses mythes les plus brillants, ses dogmes les plus profonds. Aussi peut-on poser en aphorisme : Peuple guerrier, peuple religieux et théologique. La guerre et la religion, chez les races nobles, se donnent la main.

Chez les anciens Scythes, d'après Bergmann (1), l'idée de la Divinité est à peine conçue, au spectacle des puissances de la nature, que Dieu prend aussitôt le titre et les attributs de guerrier. *Tivus*, le dieu du ciel, le plus an-

(1) *Les Gètes, ou la filiation généalogique des Scythes aux Gètes, et des Gètes aux Germains et aux Scandinaves.* Paris, Treuttel, 1859, in-8°.

cien et le plus grand des dieux, est en même temps le dieu
des combats. Ses successeurs, Odin, Thôr, Apollon, Hercule, Mars, Pallas, Diane, etc., tiennent de lui et se partagent cet honneur.

Les descendants de Sem pensent à cet égard comme ceux
de Japhet : « Jéhovah est un homme de guerre, dit la Bible; qui est semblable à lui? » Ailleurs, elle le nomme le
Dieu des armées, dont la gloire remplit le ciel et la terre.

La guerre, en cette vie et en l'autre, est toute la religion des anciens peuples du Nord. Ils ne conçoivent pas
d'autre espérance, d'autre félicité. Quoi! cette poétique
description du Walhalla, où les héros se livrent à des combats sans fin, en récompense d'avoir bien combattu sur la
terre, ce paradis de batailles ne dit rien à votre imagination, rien à votre conscience, rien à votre cœur! Ce n'est
pour vous que rêves de lions et de tigres!

Plus ancien que Moïse, Zoroastre enseigne qu'Ormuzd
et Ahrimane, le bon et le mauvais principe, se livrent un
éternel combat : de cette lutte divine résulte la création,
ou le renouvellement perpétuel des existences. Ainsi, selon cette théologie, qu'on retrouve chez les Indiens, le
monde n'était pas créé, que déjà l'éternel Vainqueur terrassait Satan et ses anges, assurait par sa victoire l'homme
contre le péché, déterminait le plan de la Providence et
l'économie de l'univers.

Le christianisme n'a fait que développer l'idée du magisme. Qu'est-ce que le Christ? Le vainqueur des démons,
le fondateur de la monarchie élue, qui vient apporter, *non
la paix, mais le glaive.*

Sans doute le paradis chrétien est l'opposé du paradis
scandinave : là tout se passe en adorations et en cantiques.
Virgile avait préludé à cette révélation, en représentant
les héros dans les champs Élysées, non plus occupés de
combats, mais d'exercices du corps et de joutes, images de

la guerre. C'est l'idée messianique qui fait son entrée dans le monde, sous la figure d'Auguste, l'empereur pacifique. Mais qui ne prévoit déjà que le christianisme enfantera la chevalerie, et que le pape, vicaire de Jésus-Christ, fera alliance avec le prince des Paladins, avec Charlemagne? Tant l'idée de guerre et de conquête était inséparable de cette révolution divine !

Longtemps avant le Christ, longtemps avant les César, les Alexandre, les Cyrus, les Nabuchodonosor, les Sémiramis, les Sésostris, par delà toutes les annales des États, Bacchus, Osiris, avaient parcouru la terre en conquérants, Le même exemple devait être suivi par Allah.

Otez l'idée de guerre, la théologie devient impossible; les dieux n'ont pas de sens; bien plus, ils n'ont rien à faire. La terre, sans la guerre, n'aurait aucune notion du ciel. Sem et Japhet, les deux vaillants et pieux fils de Noé, sont sans religion. Or, la pensée religieuse s'arrêtant, que faites-vous de l'Asie et de l'Europe? Que devient la civilisation?

On objecte, en répétant une vieille et assez médiocre plaisanterie: Dieu a fait l'homme à son image ; l'homme le lui a rendu. Qu'importent à la religion et à la société ces imaginations de barbares acharnés à s'entre-détruire et faisant leur ciel à l'imitation de leurs hordes? La férocité des pères engage-t-elle la douceur des enfants, et, parce que les premiers furent idolâtres, les seconds ne sauraient-ils être raisonnables?

Soit : on rejette d'un seul mot toute la théologie des anciens, ce qui est grave, parce qu'y découvrant l'idée de guerre, on la regarde dès-lors comme viciée, produit mauvais d'une pensée mauvaise. A quoi cela avance-t-il? La théologie des modernes en sera-t-elle plus raisonnable, et leur morale plus épurée? Mais qui ne voit que si la guerre a servi primitivement de moule à la théologie, ce n'est pas par l'effet d'une superstition féroce, mais bien parce que la guerre a été conçue de tout temps comme la loi de l'Univers, loi qui se manifestait aux yeux des premiers humains, dans le ciel par l'orage et la foudre, sur la terre par l'antagonisme des tribus et des races? La vie de l'homme est un combat, dit Job : *Militia est vita hominis super terram.* Pourquoi ce combat? C'est là, encore une fois, qu'est le mystère, le fait divin. Tout ce que les traditions, la symbolique des peuples, la spéculation des métaphyciens et les fables épiques des poëtes nous ont appris sur ce terrible sujet, c'est que l'humanité est divisée d'avec elle-même ; qu'en elle et dans la nature le Bien et le Mal, comme deux puissances ennemies, sont en lutte ; c'est en un mot, que, jusqu'à la consommation finale, la guerre est la condition de toute créature.

De là, la religion ; de là, la théologie.

La guerre, abstraction faite même du dogme de la chute, est le fond de la religion. Elle existe entre les peuples, comme elle existe dans toute la nature et dans le cœur de l'homme. C'est l'orgasme de la vie universelle, qui agite et féconde le chaos, prélude à toutes les créations, et, comme le Christ rédempteur, triomphe de la mort par la mort même.

Otez de la pensée religieuse, ôtez du cœur humain cette idée de combat, non-seulement vous ne faites pas cesser le fléau destructeur, mais vous détruisez le système entier des religions ; vous abolissez, sans explication, sans critique, sans compensation, l'ordre d'idées dans lequel le genre humain, pendant plus de quarante siècles, a vécu, duquel il a vécu, hors duquel vous ne sauriez dire comment il aurait vécu. Vous niez, dis-je, la civilisation sous ses deux faces principales, la religion et la politique ; vous détruisez jusqu'à la possibilité de l'histoire. Quoi donc! La guerre contient tant de choses, elle répond à tant de choses, et vous n'y verrez qu'un accès de férocité bestiale, entretenu par la superstition et la barbarie ! C'est inadmissible.

Un mot encore. La guerre n'a pas seulement inspiré le dogme ; elle a déterminé la forme du culte. Considérée dans ses exécutions, la guerre, selon de Maistre, est une variété du sacrifice humain, le seul qui réponde à la grandeur de l'offense, et le seul qui eût pu nous servir d'expiation, sans la dispense que nous en avons obtenue par le sacrifice volontaire de Jésus-Christ. Le sacerdoce s'est établi sur ce principe : au commencement, le prêtre est le second du guerrier, patriarche ou chef de clan ; il est son ministre, *cohen*, chargé d'immoler pour lui et en son nom les victimes ; et quelles victimes ? Des prisonniers.

L'immolation de l'ennemi, dans les premiers temps sa manducation : tel fut d'abord le sacrifice de propitiation avant le combat, telle fut l'action de grâces après la victoire. Sous ce rapport le Druide et le Cohen fraternisent ; leurs religions sont identiques. Au fond des déserts de l'Arabie, comme dans les forêts de chênes de la Celtique, l'hymne à Dieu n'est autre qu'un chant de guerre. Mais l'idée d'une rédemption se répand de bonne heure : au sacrifice de l'homme Abraham substitue celui des animaux, Melchisédech celui du pain et du vin. L'eucharistie vient de cette source. Au risque de faire passer le Tout-Puissant de l'Évangile pour un mangeur de chair humaine, pareil au Moloch phénicien, au Bacchus Omestès grec, au Teutatès gaulois, de Maistre, d'accord avec Feuerbach, reconnaît l'origine anthropothysique du christianisme. Allez-vous maintenant supprimer le culte avec le dogme ? Allez-vous supprimer le sacerdoce ?... Supprimez donc aussi le crime et le supplice, le code pénal, la prison, l'échafaud, les bourreaux et les juges. Car votre système pénitentiaire et tout son attirail n'est qu'un démembrement de la fonction sacerdotale, une transformation du culte guerrier.

Sans doute, et c'est encore un des arguments des partisans ineptes de la paix, la religion n'est pas nécessairement une religion de terreur, elle est aussi une religion d'amour. Il n'y a pas rien que le Dieu vengeur, il y a aussi le Dieu bienveillant, le *bon Dieu*. Le culte, qui a ses expiations, a aussi ses sacrifices de louanges, *hostiam laudis*, lesquels excluent, ce semble, toute pensée de guerre et de sacrifice humain.

Mais qui ne voit encore que toutes ces idées sont corrélatives, et se supposent invinciblement? L'action de grâces est la même chose que le chant de triomphe, c'est la guerre. La grâce, ou le secours accordé d'en haut, implique la misère naturelle et sociale, la discorde des éléments, la division des consciences : toujours la guerre.

C'est ainsi que la messe, le sacrifice de l'homme-Dieu, qui commence par un acte de contrition, *Asperges me*, se termine par un acte de remerciement, *Deo gratias*. Sortez de ce cercle, vous tombez dans le vide : il n'y a point de religion, il n'y a point de civilisation, il n'y a point d'humanité.

Ainsi l'idée de guerre enveloppe, domine, régit, par la religion, l'universalité des rapports sociaux. Tout, dans l'histoire de l'humanité, la suppose. Rien ne s'explique sans elle; rien n'existe qu'avec elle : qui sait la guerre, sait le tout du genre humain. Qu'une innoncente philanthropie se demande par quels moyens la société triomphera de cette fureur parricide, elle en a le droit. La guerre est un sphinx que notre libre raison est appelée à métamorphoser sinon à détruire.

Ce qui est certain, c'est que pour en finir avec la guerre il faut d'abord l'avoir comprise; c'est qu'on peut défier la philosophie de se passer d'elle, non-seulement pour l'explication des temps antérieurs et l'intelligence de l'époque actuelle, mais pour la pronostication même de l'avenir;

c'est enfin que, la paix faite et pour toujours, l'humanité n'en suivra pas moins la route qui lui fut ouverte par la guerre, par son principe et par sa notion.

C'est ce dont le chapitre suivant va nous fournir une nouvelle preuve.

CHAPITRE IV

La guerre est le droit divin dans son expression plastique : *Dieu et mon épée.*

Or, si la religion avec ses dogmes, son culte, son sacerdoce, n'est autre chose que la représentation mystique de
notre nature guerrière et des phénomènes extérieurs qui y
correspondent, le droit divin n'est que la figure du droit
humain; pour mieux dire, il est son introducteur, son ini-
tiateur. Nous pouvons donc ici les réunir, d'autant mieux
que le droit divin, que nous nous imaginons avoir aboli,
est à peu près le seul encore qui nous gouverne.

Des fanfarons de libéralisme se croient affranchis de la
juridiction d'en haut parce que, depuis la révolution de
1789 qui a assuré l'impunité aux mécréants, ils se sentent
l'insigne courage de rester le chapeau sur la tête devant
un empereur qui passe ou un crucifix planté à la croisée de
deux chemins. C'est ainsi que le monde a vu le peuple de
93, après avoir fait le 21 janvier, applaudir tour à tour au
31 mai, au 13 vendémiaire, au 18 fructidor, au 18 brumaire,
et de coup d'État en coup d'État finir joyeusement, en 1804,

par se donner un maître plus absolu que n'avait été Louis XIV. Apprenons donc à respecter nos anciens, encore anjourd'hui nos modèles.

Qu'est-ce que le droit de conquête, si cher encore à toutes les nations modernes? Le droit divin. Devant les arrêts des batailles, le peuple s'incline avec respect. Peut-être cette adoration de la force est-elle au fond moins déraisonnable, moins inhumaine qu'on ne le suppose : mais il faut dire comment et pourquoi. Notre critique l'exige; sans cela il en sera des conquêtes accomplies au nom de la révolution, de la liberté, de la nationalité, et de tous les principes les plus sacrés, comme de celles auxquelles présidait le dieu Sabaoth; ce seront des faits de guerre, des mythes, et nous avons la prétention de n'être plus gouvernés par des mythes.

La conquête, en même temps qu'elle pose et arrondit l'État, crée le souverain. Nous en avons en ce moment sous les yeux un exemple frappant, en la personne de Victor-Emmanuel. Notre formalisme a beau faire : les conquérants sont les seuls princes que la multitude respecte; les pacifiques, les débonnaires, sont méprisés, bafoués, jetés à l'échafaud ou au couvent. Que signifie l'élévation sur le pavois, à l'image de laquelle furent faites les élections de 1804 et de 1852? La guerre et son droit, c'est-à-dire le droit divin. Clovis, fondateur de la monarchie des Francs, c'est la guerre. Sa postérité est chassée comme fainéante; c'était la paix. Lorsque Pépin consulta le pape Zacharie sur la validité de son usurpation, que répondit le pontife? Une chose bien simple, que je m'étonne de voir reprocher au pape : c'est qu'en droit naturel la royauté est au plus fort, attendu que la royauté, c'est la force, la chose divine par excellence, base nécessaire du droit divin. Les Mérovingiens, en laissant amollir leur courage, avaient perdu le domaine, l'autorité, le commandement, la richesse. Tout était passé au maire du palais ; le maire était donc roi. Le droit, en pareil cas, suit naturellement le fait : la déclaration du pape ne dit rien de plus. Si la force compte pour quelque chose dans les affaires humaines, il faut avouer que cette déclaration était juste.

Henri IV était légitime : mais de quoi lui eût servi son droit de naissance, de quoi lui eût même servi d'aller à la messe, s'il n'avait eu en même temps la force? Henri IV, le plus doux et le plus légitime des princes, régna par droit de conquête ; c'est alors qu'il fut pour tout de bon reconnu par le peuple. Le peuple, ne vous en déplaise, a la religion de la force. Peut-être se trompe-t-il ; mais je vous demande précisément comment il se fait que depuis si longtemps et avec tant d'obstination il se trompe? Chose singulière, en 1814, l'homme du droit divin, c'était Napoléon, le conquérant ; l'homme du droit humain, révolutionnaire, c'était Louis XVIII, l'auteur de la Charte. Lequel des deux, dans l'esprit des masses, passait pour légitime ?

De même qu'elle sert de base à la royauté, la guerre sert de base à la démocratie. Le champ de mai était l'assemblée des guerriers ; ce qui était vrai des Francs l'est encore des Français. En décrétant que tout citoyen est garde national, la charte de 1830 avait décidé implicitement que tout citoyen serait électeur ; ce que nous appelons droit politique n'est autre chose, dans son principe, que le droit des armes. Cela se démontre encore d'une autre manière : toute la valeur du suffrage universel, abstraction faite du service militaire, repose sur cette maxime, complaisamment répétée par nos tribuns, et qui est de pur droit divin : *Vox populi, vox Dei.* Ce qu'il convient de traduire, comme on verra : Le droit du peuple, c'est le droit de la force.

Du suffrage populaire, universel ou restreint, direct ou indirect, se déduit le principe parlementaire des majorités :

n'est-ce pas encore, et toujours, la raison de la force? Certes, la force est chose considérable de sa nature et dont il importe de faire état; mais qu'est-ce que la raison de la force? Vous n'y croyez pas, légistes et philosophes, à cette raison. Dites-moi donc comment il se fait que le consentement universel en soit si bien convaincu.

La constitution politique, essentiellement guerrière ou de droit divin, conduit à la loi civile, laquelle a pour pivot la *propriété*. Qu'est-ce que la propriété, d'après la tradition et le code? Une émanation du droit de conquête, *jus utendi et abutendi*. Car, nous avons beau ergoter, en dernière analyse il faut en revenir à la définition de Romulus. Aux distinctions anciennes de patriciens et de plébéiens, de nobles et de roturiers, de bourgeois et de compagnons, a succédé celle de propriétaires et de salariés. L'inégalité des fortunes, c'est-à-dire des forces ou facultés, neutralisant l'égalité politique, ramène à son tour les distinctions honorifiques et les titres de noblesse. La société oscille sur le principe féodal, qui n'est autre que l'idée guerrière, la religion de la force. Eh bien, allons-nous abolir la propriété, parce qu'elle est, comme la monarchie, d'origine guerrière, divine?

En rappelant ces faits, je suis loin de céder à une intention critique. Je prends la société telle qu'elle est, sans en approuver ni désapprouver les institutions; et je demande si, en présence de ces faits si généraux, si persistants, si parfaitement liés, il est raisonnable de traiter de chimère, de superstition et de fanatisme, une idée qui depuis soixante ou quatre-vingts siècles mène le monde; qui remplit la société comme la lumière du soleil remplit l'espace planétaire; qui fait parmi les peuples l'ordre, la sécurité, aussi bien qu'elle fait les dissensions et les révolutions; une idée qui comprend tout, qui gouverne tout: DIEU, la FORCE, la GUERRE; car il devient évident, à me-

sure que nous avançons dans cette revue, qu'au fond ces
trois mots, dans l'esprit des masses, sont synonymes.

Je poursuis.

C'est par les idées de souveraineté, d'autorité, de gouvernement, de prince, de hiérarchie, de classes, etc., que
s'introduit dans la multitude humaine la notion du droit.
Or, tout cela dérive de l'idée d'armée, par conséquent implique toujours l'idée de guerre. L'égalité vient à la suite :
que signifie l'égalité? Que chaque citoyen jouit, vis-à-vis
de ses semblables, du droit de guerre, en autres termes,
du droit de libre concurrence, garanti par l'abolition des
jurandes et maîtrises. L'état social est donc toujours, de
fait ou de droit, un état de guerre. En cela, je n'affirme
rien de moi-même, j'expose; et il faudrait être aveugle
volontaire pour nier l'exactitude de mon exposition.

Oui, la guerre est justicière, en dépit de ses ignorants
détracteurs. Elle a ses formes, ses lois, ses rites, qui ont
fait d'elle la première et la plus solennelle des juridictions,
et desquelles est sorti le système entier du droit : *Droit
de la guerre et de la paix*; *Droit des gens*; *Droit public*;
Droit civil; *Droit économique*; *Droit pénal*. Qu'est-ce que
le *débat* judiciaire? Le mot l'indique, une imitation de la
guerre, une guerre non sanglante, un *combat*. Pourquoi
des juges? Ah ! c'est que, dans le combat véritable à main
armée, la victoire rend témoignage du droit ; tandis que,
dans le débat oral, il faut des arbitres, de même qualité
que les plaideurs, et qui attestent et *jurent* que le droit,
autant qu'il est permis de s'en rapporter à raison, est de
ce côté-ci, qu'il n'est pas de ce côté-là.

Cette affinité de la justice et de la guerre se révèle
jusque dans les choses de l'ordre économique, qui pourtant
en semblent la négation. Est-ce que l'esclavage, sur lequel
reposait presque tout entière la production chez les anciens, n'est pas la guerre? Et le servage, qui a remplacé

l'esclavage; et le salariat, qui a remplacé le servage, n'est-ce pas toujours la guerre? La douane n'est-elle pas la guerre? L'opposition du travail et du capital, de l'offre et de la demande, du prêteur et de l'emprunteur, des priviléges d'auteurs, inventeurs, perfectionneurs, et des peines infligées aux contrefacteurs, falsificateurs et plagiaires, tout cela n'indique-t-il pas la guerre ?

Voici une nation, réputée autrefois l'une des plus braves, aujourd'hui la plus industrieuse, la plus puissante par les capitaux, qui demande le désarmement général et se prononce à chaque occasion contre la guerre.

Mais que fait-elle donc autre chose, en changeant d'armure, que d'appeler ses rivaux à un nouveau combat, où elle se croit sûre de vaincre? Comment le Portugal s'est-il trouvé, dites-moi, d'avoir accepté la *paix* des Anglais?

L'empereur Napoléon Ier avait le sentiment profond de cette vérité, pour nous éminemment paradoxale, que la guerre, j'entends la guerre telle que la conçoit et l'affirme la conscience du genre humain, et la justice, sont une seule et même chose. Un des traits de son caractère, c'est que, autant il aimait à faire montre de sa force, autant il était jaloux de faire œuvre de droit.

« Napoléon faisait la guerre pour amener les rois et les
« peuples à ses idées; il voulait les persuader; c'était son
« vœu le plus intime, son désir le plus cher. Ouvre-t-il
« une campagne, il a exposé à la puissance qu'il attaque le
« but qu'il se propose, le changement qu'il veut apporter
« dans l'économie européenne. Il prie qu'on veuille bien
« entendre raison; mais il est forcé de livrer bataille; et
« quand il l'a gagnée, que veut-il? Signer la paix dans la
« capitale étrangère, content, enchanté, croyant avoir
« persuadé ceux qu'il a vaincus (1). »

(1) LERMINIER, *Philosophie du Droit*, p. 58.

Il est certain que chez Napoléon la passion de légiférer fut égale au moins à celle de batailler : il eut cela de commun avec tous les conquérants. Il y a plus : les nations les plus belliqueuses, que nous avons signalées déjà comme les plus théologiques, sont en même temps les plus justicières. Qu'eût été la civilisation sans la conquête romaine, ce qui veut dire sans le droit romain? Que serait devenu le christianisme, sans le pacte de Charlemagne? Quel a été, depuis cette alliance célèbre du glaive et de la tiare, le plus grand acte de la société européenne? Le traité de Westphalie, qui sur l'opposition des forces, et sous la protection du dieu des armées, jeta les fondements de l'équilibre universel. Malheur aux publicistes qui ne savent comprendre ces choses! Malheur aux nations qui les méconnaissent! En ôtant au droit cette base antique de la force, il y a lieu de croire qu'on ferait du droit un pur arbitraire; au lieu de la paix, de la richesse et de la félicité, nous aurions rencontré l'atonie, l'atrophie et la dissolution.

CHAPITRE V

LA GUERRE, RÉVÉLATION DE L'IDÉAL

Point de peuple qui n'ait eu sa Bible ou son Iliade. L'é-
popée est l'idéal populaire, hors duquel il n'existe pour un
peuple ni inspiration, ni chants nationaux, ni drame,
ni éloquence, ni art. Or, l'épopée repose tout entière
sur la guerre... Eh! quoi, sages pacificateurs, allez-
vous, par excès de zèle, réduire la poésie au cadre de
Théocrite et de Florian? Mais cela même vous ne le pourriez pas. Aux tendres bergeries, il faut le contraste des
scènes guerrières. Sentez-vous maintenant combien la
guerre est essentielle à notre nature, en songeant que
sans elle, non-seulement l'homme n'eût rien conçu de la
religion et de la justice, il serait encore privé de sa faculté
esthétique, il n'aurait su produire, goûter le sublime et le
beau?

Mais je dois revenir sur une objection, à laquelle il faut
une bonne fois répondre.

« C'est toujours, me dit-on, le même sophisme : *Post
hoc, ergo propter hoc*. Parce que l'état primitif de l'homme
a été la sauvagerie et la guerre, on veut que la guerre soit

le principe, ou, tout au moins, le coefficient de tout ce que
l'homme a tiré ensuite du trésor de sa conscience et de sa
raison. Parce que la guerre a été le premier thème sur lequel s'est exercée la pensée religieuse, juridique, poétique,
et que ce thème a déteint sur les institutions et les idées,
on fera de la guerre. d'un simple accident du développement historique, le principe formateur de la civilisation,
l'essence de l'humanité! Le sophisme est trop grossier
pour séduire personne.

« Que la guerre serve de matière à la poésie, il n'y a rien
là que de très-convenable, en vertu du précepte :

> Il n'est point de serpent ni de monstre odieux
> Qui part l'art imité ne puisse plaire aux yeux.

S'ensuit-il que la guerre doive être prise pour le principe
de toute poésie, sinon pour la poésie elle-même? Non,
certes; la poésie a son existence à part ; c'est une prérogative de notre nature, comme la raison, la religion, le travail; une faculté à laquelle la guerre est livrée, comme
tout le reste, pour servir à composer des tableaux et des
chants, mais qui est indépendante de la guerre et que l'on
conçoit parfaitement en dehors de toute donnée belliqueuse.

« Pareillement, de ce que la guerre a fourni à la théologie des symboles, à la jurisprudence des formules, à l'économie politique des analogies et des métaphores, en con-
clurons-nous qu'elle les crée? Pas davantage. La religion
et la justice, comme la poésie, existent par elles-mêmes,
antérieurement à tout conflit : bien plus, c'est à l'existence
primordiale de la religion et de la justice en nous que la
guerre doit ce caractère de réserve que ne connaissent pas
les bêtes, et qui rachète, jusqu'à certain point, l'atrocité
des combats. Si, dans leur langage, la.théologie et le droit
empruntent aux pratiques guerrières quelque chose, c'est

comme moyen d'exposition, terme de comparaison, dont elles pourraient fort bien s'abstenir. A-t-on jamais ouï dire que de deux objets comparés, l'un dût être considéré, en vertu de la comparaison, comme la copie, voire même le produit de l'autre?... »

Ceux de mes lecteurs qui me feraient sérieusement cette objection ne m'auraient pas encore compris.

Je sais qu'en toute chose il faut considérer le *fond* et la *forme*, la *matière* et l'*œuvre*; c'est à cela que se réduit l'objection qui m'est faite. Mais je sais aussi qu'en dépit de leur distinction nécessaire, ces termes s'impliquent et se supposent, de manière que la forme sans le fond, ou le fond sans la forme, la matière sans l'œuvre, ou l'œuvre sans la matière, ne sont absolument rien. Ainsi, point de religion sans dogme, point de justice sans formules; pareillement, point de poésie sans idée et sans sujet, point d'art sans matière plastique.

La question est donc, en ce qui touche la RELIGION, la JUSTICE, et la *Guerre*, les deux premières considérées comme fond, la dernière comme expression, symbole ou formule; la question, dis-je, est, non pas de distinguer entre le fond et la forme, mais de savoir, d'abord, si le fond pouvait exister sans la forme; en second lieu, si, ne pouvant exister sans forme, il pouvait en revêtir une autre que celle qui lui a été donnée, ce que je nie positivement. De même, en ce qui touche la POÉSIE, considérée comme faculté de l'idéal, et la *Guerre*, considérée comme objet d'exploitation épique ou artistique, la question n'est pas non plus de distinguer, en général, entre l'*œuvre* et la matière, mais de savoir si la poésie, la faculté de créer l'idéal, ayant besoin pour cette idéalisation d'une réalité matérielle et vivante, pouvait se manifester dans sa plénitude, sans sujets guerriers; ce que je nie de nouveau de toute l'énergie de ma conviction.

Non, il n'y a pas de religion, à plus forte raison il n'y a
pas de théologie, pas de culte, pas de sacerdoce, pas d'É-
glise, sans cet antagonisme profond qui régit l'homme et
la nature, qui produit, ou, si l'on aime mieux, qui occasionne la souffrance et le péché, et se traduit, entre nous
autres mortels, par la guerre.

Non, il n'y a pas de justice, pas de juridiction, pas d'autorité, pas de législation, pas de politique, pas d'État, en
dehors de ce même antagonisme, qu'à défaut de toute autre
excitation il suffirait de vouloir détruire pour le déchaîner
à l'instant. D'où est venue, en 1848, cette horreur du
communisme, qui a précipité la société européenne dans
une rétrogradation dont on aperçoit à peine le terme?
Analysez, résumez tout ce qui s'est débité à ce sujet; au
fond, que trouvez-vous? Cette idée prodigieuse, dont personne assurément ne s'est rendu compte, savoir : que la
société, pour se conserver digne, morale, pure, généreuse,
voire même laborieuse, devait, avant tout, se tenir à l'état
antagonique, à l'état de guerre...

Eh bien, il en est ainsi de la poésie et de la littérature.
La guerre, qui fait fuir, dit-on, les Muses pacifiques, est
au contraire l'aliment qui les fait vivre, le sujet de leur
conversation éternelle. Les flots de sang que répand Bellone sont, pour Apollon et les chastes sœurs, la véritable
Hippocrène. C'est de tous les sujets dont s'inspirent les
poëtes, les historiens, les orateurs, les romanciers, le plus
inépuisable, le plus varié, le plus attachant, celui que la
multitude préfère et redemande sans cesse, sans lequel
toute poésie s'affadit et se décolore. Supprimez le rapport
secret qui fait de la guerre une condition indispensable,
de près ou de loin, aux créations de l'idéal, aussitôt vous
allez voir l'âme humaine partout abaissée, la vie individuelle et sociale frappée d'un insupportable prosaïsme. Si
la guerre n'existait pas, la poésie l'inventerait. Sans doute,

le courage guerrier et la flamme poétique ne peuvent se confondre ; la statue n'est pas le marbre dans lequel elle a été taillée. Mais si l'artiste a eu l'idée de sa statue, n'est-ce pas en partie parce que la nature lui avait fourni le marbre? Faites donc une Vénus avec des schistes ! Tout de même, si le poëte a eu l'idée de ses chants, n'est-ce pas aussi parce qu'il y avait en lui quelque chose de cet enthousiasme qui fait les héros, et en admiration duquel la guerre a été appelée divine? J'ai donc le droit de dire, et je répète, que la plus puissante révélation de l'idéal, comme de la religion et du droit, c'est la guerre.

Rien, au jugement de tous les peuples, de plus beau à voir, de plus magnifique qu'une armée. La Bible n'a pas trouvé de plus juste comparaison quand elle a voulu peindre la beauté de la Sulamite : « Tu es belle, ô ma bien-aimée, « s'écrie l'époux du Cantique des cantiques, tu es imposante comme une armée rangée en bataille. » C'est pour cela qu'en tout pays l'armée figure au premier rang dans les fêtes nationales, dans les pompes du culte et les funérailles illustres. Napoléon, qui avait assisté à tant de batailles, ne pouvait se rassasier de revues, et le peuple est comme lui. Il est positif que le sentiment du beau et de l'art se développe chez les nations avec l'esprit guerrier ; il n'est pas moins vrai que là où celui-ci s'arrête, la poésie et les arts s'éteignent. Les siècles de chefs-d'œuvre sont les siècles de victoires. Il n'y a point de poésie, point d'art pour le vaincu, pas plus que pour le boutiquier et l'esclave.

Le monde moderne a sous les yeux le spectacle d'une société qui, née d'un sang vigoureux, race intelligente et forte, placée dans des conditions exceptionnelles, se développe, depuis quatre-vingts ans, par les seuls travaux de la paix. Certes, l'Américain est un infatigable pionnier, un incomparable *producteur*. Mais, à part les produits de

son agriculture et de son industrie, qu'a donné cette soi-
disant jeune nation? Ni poëtes, ni philosophes, ni artistes,
ni politiques, ni législateurs, ni capitaines, ni théologiens :
pas une grande œuvre, pas une de ces figures qui représentent l'humanité au panthéon de l'histoire.

L'Américain sait à merveille produire du blé, du maïs,
du coton, du sucre, du tabac, des bœufs, des porcs. Il fait
de l'argent; il multiplie la richesse; il façonne la terre et
déjà l'épuise, bâtit des cités, peuple et pullule à épouvanter
l'école de Malthus. Mais où est son idée? où sa poésie, où
sa religion, où sa destinée sociale, sa fin? A-t-il appris sur
sa terre libre, à résoudre le problème du travail, de l'égalité, de l'équilibre social, de l'harmonie de l'homme et de
la nature?... Assurément, il est nécessaire que l'homme se
loge, se vête, se nourrisse, se donne du comfort; il est prudent à lui d'épargner, d'emplir ses greniers, d'assurer ses
magasins. Mais pour quoi devenir, pour où aller, grand
Dieu? L'Américain, déjà si ennuyé, saurait-il le dire? Tout
cela est le moyen, l'instrument de la vie; ce n'en est ni le
but ni la signification. De la richesse! Rien de plus aisé à
acquérir, là où la terre abonde, où l'homme, comblé par
une nature vierge, ne cherche l'homme que pour lui venir
en aide. Mais rien de plus corruptible, et qui se conserve
moins. La richesse, par elle-même, est de peu; elle reçoit
sa valeur du génie qui l'emploie, de l'héroïsme qu'elle sert,
de la poésie qui lui donne l'illustration. Une nation qui ne
saurait que produire de la richesse, on pourrait dire d'elle
qu'elle a été créée et mise au monde pour fabriquer du fu-
mier. Il existe en Amérique, depuis Washington et Franklin, une belle tradition de probité politique et domestique : mais Washington, général d'armée, est de l'ancien
monde; quant à Franklin, je n'envie pas à la république
des États-Unis ce type de la vertu utilitaire. Déjà, malgré
son incalculable richesse, les vices de la civilisation d'où la

société américaine est sortie la ressaisissent à l'envi : le prolétariat s'y développe ; le paupérisme commence à sévir ; l'esclavage ne peut pas plus s'y transformer qu'y être aboli ; l'homme de couleur, si déteint qu'il se fasse, est aussi bien proscrit par l'hypocrisie du Nord que par l'avarice du Sud. En revanche, l'Amérique a donné les tables tournantes et les Mormons : *Risum teneatis...* Mais non, ne riez pas : l'Amérique sent son mal et s'agite. Insolente, hargneuse, autant qu'insatiable, elle ne demande qu'à guerroyer ; et si l'étranger lui manque, elle guerroiera contre elle-même. Dieu veuille alors que la guerre la sauve, si elle est encore à temps de se donner par la guerre une foi, une loi, une constitution, un idéal, un caractère (1).

(1) Pendant un temps, il a été de mode de vanter outre mesure la civilisation américaine. C'était, en France, un moyen d'opposition, un argument sans réplique en faveur du suffrage universel. *Tout nouveau, tout beau*, dit le proverbe. Depuis, on en a fait un moyen de dénigrement contre la démocratie d'Europe, irréligieuse, matérialiste, incapable de se gouverner, indigne d'une constitution libre. C'est ainsi que les partis se jettent les faits à la tête, et se jouent de la vérité.

Les premiers qui de l'ancien continent furent visiter les États-Unis, éblouis, à ce qu'il paraît, de la fécondité des mariages non moins que de la fertilité des campagnes, payèrent, à leur retour, en une large admiration, l'hospitalité qu'ils avaient reçue. Jamais, à les entendre, et de fait ils ne mentaient pas, jamais, de mémoire de civilisé, on n'avait vu pareille étendue de sol encore vierge ; sur ce sol, des forêts aussi vastes et aussi giboyeuses, des prairies aussi vertes, des récoltes aussi abondantes et obtenues avec si peu de peine, la terre labourable à si bon marché, le bétail à si bas prix, une population aussi bien nourrie, des enfants si joyeux de vivre, des mamans si heureuses de les faire, des colons, enfin, établis à quelques lieues les uns des autres, aussi parfaitement libres dans un pays dont ils pouvaient littéralement se dire les rois et se vanter d'avoir eu les prémices. Tout ce que l'Américain tenait d'une situation exceptionnelle lui était imputé à vertu. On attendait de lui les plus grandes choses ; on ne songeait seulement pas que cette vertu démocratique irait en s'affaiblissant à mesure que la population deviendrait plus dense, et que le jour n'était même pas éloigné où ces parangons de la démocratie retomberaient dans la vulgarité de leurs aïeux. Aujourd'hui, l'enthousiasme commence à se refroidir, et il est permis, sans qu'il soit

Quelle parole m'est échappée! Je briserais ma plume plutôt que de souffler la discorde au sein de populations

.

besoin de faire la promenade de l'Ohio et du Niagara, de se former une idée assez juste de la société aux États-Unis, et d'en apprécier le bien et le mal.

Le peuple des États-Unis, pas plus que celui qui a remplacé les races indigènes au Mexique, dans la Bolivie et au Brésil, n'est point un peuple *jeune*, dans le sens historique et physiologique du mot; c'est une agglomération venue de tous les coins de la chrétienté, principalement d'Angleterre et d'Allemagne. Ces émigrants, en général, n'étaient pas, on s'en doute bien, sortis de l'élite de leurs nations respectives; la plupart au contraire appartenaient à l'infime plèbe. Arrivés en Amérique, que trouvèrent-ils? Partout la terre libre, ouverte au premier occupant. A l'exception des deux royaumes du Mexique et du Pérou, détruits, à l'époque de la découverte, par les Espagnols, aucun État n'avait eu le temps de se fonder sur le nouveau continent. Les indigènes vivaient de chasse et de pêche; toute la partie actuellement occupée par les États-Unis était, pour ainsi-dire, à l'état neuf. C'est dans ces conditions que s'installa la population envahissante : il est aisé de comprendre ce que, sous le double rapport de l'intelligence et des mœurs, elle pouvait d'abord donner.

Les immigrants ayant donc pour la plupart quitté leur patrie afin d'échapper à la faim et de chercher fortune, il était naturel que leur esprit s'appliquât principalement à tout ce qui devait leur donner le bien-être et la richesse. Sur toute autre question, leur initiative restait nulle; ils devaient d'autant plus dédaigner les idées qui avaient produit dans l'antique Europe tant d'agitations, tant de révolutions, qu'ils pouvaient, avec une apparence de raison, accuser ces idées de stérilité. Des idées, ils avaient assez; il était temps de s'occuper de la chose sérieuse, le vivre, et, par conséquent, le produire. C'est ce dont il est facile de s'apercevoir, en jetant un regard à vol d'oiseau sur l'Amérique et ses institutions. Là, rien qui ne soit d'origine, pour ne pas dire d'importation européenne : religion, politique, gouvernement, les préjugés et la langue, les ridicules, comme les choses de goût et de mode. Je ne saurais dire si la race transplantée d'Europe aux États-Unis présentera jamais un caractère, un génie, des facultés qui lui soient propres, comme on les trouve chez tous les naturels de l'ancien monde, et comme on peut encore les observer chez les races aux trois quarts disparues du nouveau. L'homme est au pays qu'il habite et qui l'a produit comme l'âme est au corps: ils sont faits l'un pour l'autre, expression l'un de l'autre. Ce qui semble indubitable, c'est qu'il se passera des siècles avant que l'Américain ait assimilé sa nature à celle de son sol et de son climat; avant qu'il se soit fait une âme, une pensée, un génie en rapport avec son continent; avant qu'il ait acquis cette autochthonie sans laquelle l'homme, étranger à son pro-

pacifiques, Moi, aussi, j'en préviens dès à présent mes lecteurs, je conclurai contre le *statu quo* guerrier, contre les

pre milieu, est comme l'âme d'un Platon à qui Dieu aurait ordonné, après
sa séparation d'avec le corps qu'elle animait, d'habiter le corps d'un
tyran du Soudan ou du Dahomey. Jusqu'à ce que cette naturalisation de
l'Américain se soit accomplie, il ne sera qu'un membre détaché du tronc
indo-germanique, et, pour ainsi dire, un exilé de la grande civilisation.
L'influence de l'indigénat n'agissant pas sur son être, l'esprit vivant des
traditions se perdant ou se réduisant à de vagues et lointains souvenirs,
une dégénérescence doit s'ensuivre nécessairement pour toutes les choses
qui tiennent à la vie sociale. Pour n'en citer qu'un exemple, le peuple
américain, qui a débuté par la plus absolue liberté (liberté négative, notez bien), n'a pas du tout suivi le mouvement d'où il est sorti. De même
que sa religion, au lieu d'aboutir à une philosophie pratique, est tombée
en superstition et cafarderie, de même son prétendu démocratisme s'est
arrêté au plus abject individualisme. Ce n'est pas aux États-Unis, enfin,
qu'a surgi l'idée d'un Droit économique, l'idée d'une constitution sociale
de l'humanité, d'une égalité et d'une fraternité de tous les hommes. Le
fier Yankee n'a pas le moindre soupçon de la transformation qui se pré-
pare dans la vieille chrétienté, et dont ses enfants recevront un jour le
bienfait sans en avoir eu le pressentiment.

L'appauvrissement que nous venons de relever chez l'Américain du
côté de l'esprit se fait sentir dans les mœurs. Qu'est-ce, en définitive, que
la société américaine? Une plèbe subitement enrichie. Or, la fortune, loin
d'urbaniser l'homme du peuple, ne sert le plus souvent qu'à mettre en
relief sa grossièreté. On connaît le mot de Talleyrand sur les Américaine : je ne le rapporterai pas, mais il y a incontestablement du vrai. Le
peuple américain exagère encore l'esprit utilitaire du peuple anglais, duquel il est sorti en majorité; chez lui, l'orgueil britannique est devenu
de l'insolence; la rudesse, de la brutalité. La liberté, pour l'Américain,
peut se définir : *la faculté de faire tout ce qui est désagréable à autrui.* —
DÉFENDEZ-VOUS VOUS-MÊME, c'est sa maxime. J'avoue franchement
que pour me faire raison d'un grossier personnage, je préfère le secours
d'un gendarme et, au besoin, du geôlier; c'est tout ce que mérite la
grossièreté. On vous tue, on vous vole, on vous assassine : défendez-vous
vous-même! En certains cas, il y a la loi de Lynch, je crois que c'est
ainsi qu'on la nomme. Sur la clameur publique, le coupable est arrêté,
jugé et pendu; tout cela est l'affaire de quelques minutes. C'est la justice
du peuple, dans les journées de février; c'est aussi la justice des conseils de guerre. J'aime mieux celle du jury.

La banqueroute, même frauduleuse, la plus frauduleuse qui se puisse
voir, ne déshonore pas un Américain (*Revue britannique*). Les commer-
çants européens savent ce qu'il en est des *crises* américaines.

L'Américain, arrivant en Europe et entrant dans le salon d'un hôtel, institutions du militarisme, contre sa poésie, contre ses mœurs. Mais c'est que je crois, non point à une abolition, mais à une transformation de la guerre, et par là seulement à une rénovation intégrale des conditions de l'humanité en tout ce qui touche la religion, les idées, le droit, la politique, l'art, le travail, les relations de famille et de cité. Sans cette foi intime, que je tiens de la Révolution, je m'abstiendrais, comme d'un blasphème, de toute parole contre la guerre; je regarderais les partisans de la paix perpétuelle comme les plus détestables des hypocrites, le fléau de la civilisation et la peste des sociétés.

affecte de tirer ses bottes devant le feu; il lève ses jambes contre la cheminée, empuantit ses voisins, s'empare, à table, des plats qui lui conviennent et les place devant lui, comme si c'étaient des articles de magasin, et se permet toutes sortes de vilenies pareilles. N'est-il pas libre? La table d'hôte n'est-elle pas un marché? Ne paye-t-il pas ce qu'il achète? Faites comme lui : défendez-vous vous-même. Une honorable femme de lettres anglaises les a tant bernés, qu'ils commencent, dit-on, à se polir un peu. Nombre de ces aventuriers sont redevenus sauvages, et mènent avec passion la vie des forêts. Ce sont d'héroïques assassins; je voudrais savoir s'ils tiendraient en ligne devant nos soldats civilisés.

Le vrai mérite de la société américaine est dans la vie de famille, développée au plus haut degré, entourée de toutes les garanties, et dont il sera aisé de faire un succédané de la religion, lorsque les études auront répandu davantage parmi les masses l'esprit philosophique. Joignez-y cette liberté à outrance, dont le ridicule est facile à corriger, mais qui me semble destinée à servir de contre-poids aux instincts monarchiques, communistes et gouvernementalistes de l'ancien continent, et qui, sous ce rapport, exerce déjà une influence puissante sur la civilisation générale. C'est par ces deux grandes forces, la famille et la liberté, bien plus que par son énergie politique et son opulence fabuleuse, que l'Amérique du Nord peut espérer, dans le siècle présent, de balancer l'Europe. L'avenir décidera du reste.

CHAPITRE VI

LA GUERRE, DISCIPLINE DE L'HUMANITÉ

Ce n'est plus l'instinct populaire, ce n'est plus la légende ; c'est la philosophie en personne, Hégel, qui va parler. La guerre, nous dit-il, est indispensable au développement moral de l'humanité. Elle donne le relief à notre vertu et y met le sceau ; elle retrempe les nations que la paix a amollies, consolide les États, affermit les dynasties, éprouve les races, donne l'empire aux plus dignes, communique à tout, dans la société, le mouvement, la vie, la flamme.

Il faut qu'il y ait beaucoup de vrai dans cette philosophie belliqueuse, pour qu'un homme de paix, ministre du saint Évangile, ennemi de la guerre par sa profession et par ses études, Ancillon, s'y soit associé :

« La paix, dit-il, amène l'opulence ; l'opulence multi-
« plie les plaisirs des sens, et l'habitude de ces plaisirs
« produit la mollesse et l'égoïsme. Acquérir et jouir de-
« vient la devise de tout le monde : les âmes s'énervent et

« les caractères se dégradent. La guerre et les malheurs
« qu'elle traîne à sa suite développent des vertus mâles et
« fortes : sans elle le courage, la patience, la fermeté, le
« dévouement, le mépris de la mort, disparaîtraient de
« dessus la terre. Les classes mêmes qui ne prennent au-
« cune part aux combats apprennent à s'imposer des pri-
« vations et à faire des sacrifices... Chez un peuple civilisé
« jusqu'à la corruption, il faut quelquefois que l'État en-
« tier périclite, pour que l'esprit public se réveille; et c'est
« le cas de dire ce que Thémistocle disait aux Athéniens :
« Nous périssions si nous n'eussions péri (1). »

M. le comte Portalis, dans un mémoire adressé à l'Académie de Toulouse, s'exprime dans le même sens qu'Ancillon. Son opinion mérite d'être rapportée précisément
parce que l'auteur avait eu pour but, en écrivant, de combattre la théorie de de Maistre, touchant la providentia-
lité et la divinité de la guerre :

« Résultat inévitable du jeu des passions humaines dans
« les rapports des nations entre elles, la guerre, dans les
« desseins de la Providence, est un agent puissant dont
« elle use, tantôt comme d'un instrument de dommage,
« tantôt comme d'un moyen réparateur. La guerre fonde
« successivement et renverse (comme le Jéhovah du Deu-
« téronome), détruit et reconstruit successivement les
« États. Tour à tour féconde en calamités et en améliora-
« tions, retardant, interrompant ou accélérant les progrès
« ou le déclin, elle imprime à la civilisation qui naît, s'é-
« clipse et renaît pour s'éclipser encore, ce mouvement fa-
« tidique, qui met alternativement en action toutes les
« puissances et les facultés de la nature humaine, par le-

---

(1) *Tableau des révolutions du système politique en Europe*, t. Ier, p. 35.

« quel se succèdent et se mesurent la durée des empires et
« la prospérité des nations. »

Ainsi le protestant et doctrinaire Ancillon, le mystique
et constitutionnel Portalis, l'idéaliste Hégel, donnent la
main au catholique et féodal de Maistre : chose dont nous
avons d'autant plus droit d'être surpris, que le premier,
par son système des *contre-forces*, le second par son atta-
chement aux formes représentatives, le troisième par sa
théorie *à priori* du droit, tendent également à créer,
parmi les nations civilisées, un système de compression de
la guerre. La guerre, disent à l'unisson ces auteurs, est
mauvaise de sa nature ; mais elle est providentiellement,
ou, pour mieux dire, prophylactiquement nécessaire à
l'humanité, qu'elle préserve de la corruption, comme la
discipline préserve du relâchement le religieux, comme
la férule guérit l'élève de ses mauvais penchants, comme
la médecine amère purge le malade. La guerre nous régénère par le combat, *castigat pugnando mores ;* c'est
le pendant de la comédie, qui nous châtie par le ridicule.

Mais je doute que le lecteur se contente de ces considérations quelque peu mystiques, superficielles, et même dé-
clamatoires, en dépit de la gravité des auteurs qui me les
fournissent. Argumenter des hautes vertus dont la guerre
est l'occasion, du repentir qu'elle fait naître, et de la rési-
piscence qu'elle peut amener, pour en conclure son efficacité morale et politique, ne serait-ce pas raisonner comme
le théologien qui, après avoir déduit du fait, selon lui
avéré, de notre corruption originelle, la nécessité d'une
rédemption, déduisait ensuite, et non moins logiquement,
de la mission de Jésus-Christ sur la terre et de la sublimité de son sacrifice, attesté par les Évangiles, la nécessité du péché originel? Heureux péché, s'écriait-il, qui
nous a valu la venue et la victoire du Rédempteur!... Il

faut, si nous voulons éviter le cercle vicieux, établir directement la virtualité propre de la guerre quant à la conservation et au perfectionnement des mœurs, après quoi nous serons en droit de dire que la grandeur et la défaillance des États ont leur cause dans le décret de la Providence, qui tantôt les livre aux délices de la paix, tantôt leur impose les mâles épreuves de la guerre.

La condition par excellence de la vie, de la santé et de la force, chez l'être organisé, est l'action. C'est par l'action qu'il développe ses facultés, qu'il en augmente l'énergie, et qu'il atteint la plénitude de sa destinée.

Il en est de même pour l'être intelligent, moral et libre. La condition essentielle de l'existence pour lui est aussi l'action, action intelligente et morale bien entendu, puisque c'est surtout de l'ordre intellectuel et moral qu'il s'agit.

Or, qu'est-ce qu'agir ?

Pour qu'il y ait action, exercice physique, intellectuel ou moral, il faut un milieu en rapport avec le sujet agissant, un non-moi qui se pose devant son moi comme lieu et matière d'action, qui lui résiste et le contredise. L'action sera donc une lutte : agir, c'est combattre.

Être organisé, intelligent, moral et libre, l'homme est donc en lutte, c'est-à-dire en rapport d'action et de réaction, d'abord avec la nature. Ici, déjà, plus d'une occasion s'offre à lui de montrer son courage, sa patience, son mépris de la mort, son dévouement à sa propre gloire et au bonheur de ses semblables, en un mot, sa vertu.

Mais l'homme n'a pas seulement affaire avec la nature ; il rencontre aussi l'homme sur son chemin, l'homme son égal, qui lui dispute la possession du monde et le suffrage des autres hommes, qui lui fait concurrence, qui le contredit, et, puissance souveraine et indépendante, lui oppose son *veto*. Cela est inévitable et cela est bien.

Je dis, d'un côté, que cela est inévitable. Il est impossible, en effet, que deux créatures, en qui la science et la conscience sont progressives, mais ne marchent pas du même pas ; qui, sur toutes choses, partent de points de vue différents, qui ont des intérêts opposés et travaillent à s'étendre à l'infini, soient jamais entièrement d'accord. La divergence des idées, la contradiction des principes, la polémique, le choc des opinions, sont l'effet certain de leur rapprochement.

J'ajoute, d'autre part, que cela est bien. C'est par la diversité des opinions et des sentiments, et par l'antagonisme qu'elle engendre, que se crée, au-dessus du monde organique, spéculatif et affectif, un monde nouveau, le monde des transactions sociales, monde du droit et de la liberté, monde politique, monde moral. Mais, avant la transaction, il y a nécessairement la lutte ; avant le traité de paix, le duel, la guerre, et cela toujours, à chaque instant de l'existence.

La vraie vertu humaine n'est pas purement négative. Elle ne consiste pas seulement à s'abstenir de toutes les choses qui sont réprouvées par le droit et la morale ; elle consiste aussi, et bien davantage, à faire acte d'énergie, de talent, de volonté, de caractère, contre le débordement de toutes ces personnalités qui, par le seul fait de leur vie, tendent à nous effacer. *Sustine*, dit le stoïcien, *et abstine :* soutenir, c'est-à-dire combattre, résister, faire force, vaincre, voilà le premier point et le plus essentiel de la vie, *hoc est primum et maximum mandatum :* s'abstenir, voilà le second. Jusqu'où ira ce duel? Dans certains cas, jusqu'à la mort de l'une des parties : telle est la réponse des nations. Et tout cela sans injustice, sans perfidie, sans outrage, par le seul effet de cette loi de nature qui nous fait de la lutte, même à main armée, même, dans certains cas, à outrance, une condition de vie et de vertu. Le guerrier qui insulte son ennemi, qui use avec lui d'armes illicites ou de moyens réprouvés par l'honneur, est appelé guerrier félon : c'est un assassin.

Ainsi la guerre est inhérente à l'humanité et doit durer autant qu'elle ; elle fait partie de sa morale, indépendamment même de son mode de manifestation, des règles qui président au combat, de la détermination des *droits* du vainqueur et des *obligations* du vaincu. Non-seulement elle ne diminue pas, bien que, comme tout ce qui tient à l'humanité, elle change avec le temps d'aspect et de caractère : mais, comme l'incendie, qui ne s'arrête que lorsqu'il manque de combustible ; comme la vie, qui ne s'éteint que par la privation d'aliment, la guerre se multiplie et s'aggrave parmi les peuples en proportion de leur développement religieux, philosophique, politique et industriel ; elle ne paraît pouvoir s'éteindre que par l'extinction de la vie morale elle-même. Les mêmes causes organiques et animiques qui créent entre nous la contradiction et l'antagonisme veulent que cet antagonisme soit éternel, qu'il se développe en raison des connaissances et des talents acquis, des intérêts engagés, des amours-propres en jeu, des passions en conflit.

Bien entendu, d'ailleurs, qu'à travers tout cela la vertu et l'honneur doivent rester saufs. La guerre n'a rien de commun avec les actes que la morale ordinaire réprouve ; rien de ce qui peut tomber sous le coup de la justice pénale n'est de son ressort. Il n'y a ni guerre ni duel entre le fripon et l'honnête homme ; le *jugement de Dieu*, comme on disait jadis, requiert avant tout probité, féauté et bonne conscience. C'est ce caractère vertueux et chevaleresque de la guerre que n'a point aperçu Hobbes, qui, après avoir judicieusement reconnu que la guerre est immanente à l'humanité, et pour ainsi dire son état naturel se contredit aussitôt en disant que cet état de nature est un état bestial, que la guerre est mauvaise et scélérate, et, par une nouvelle contradiction, prétend que l'État n'est institué qu'à seule fin de l'empêcher. Comme si l'étude de la politique, du droit des gens, comme si les rapports nécessaires des nations, comme si leurs annales ne témoignaient pas, au contraire, que l'État est constitué tout à la fois autant pour la guerre du dehors que pour l'ordre du dedans!

Mais, objecte-t-on, si la guerre a cessé entre les sujets d'un même État, pourquoi ne cesserait-elle pas aussi bien entre les États eux-mêmes? C'est ce qu'a voulu dire Hobbes, et sa pensée est devenue celle de tous les publicistes.

Si la guerre, toujours vivace entre les nations, éclate rarement, dans sa forme sanglante, entre les particuliers, cela tient à la fois, d'un côté, au développement du droit civil, qui n'a pas besoin de combat pour amener les transactions et régler les litiges; d'autre part, aux conditions de l'ordre politique, qui ne peut subsister et soutenir les attaques du dehors que si les citoyens renoncent à toute guerre privée et réservent à l'État, vis-à-vis des nations, le privilége de revendiquer justice les armes à la main. Or, il s'en faut de beaucoup, ainsi que nous le démontrerons par la suite, que d'État à État tous les sujets de litige puissent se régler amiablement et par un simple arbitrage; bien moins encore que lesdits États puissent se soumettre à une autorité commune, qui juge leurs différends. Pendant longtemps, du moins pendant une période dont nous n'oserions encore aujourd'hui fixer le terme, il est nécessaire que les nations vident leurs différends par les voies de la force; et ce mode de solution est pour elles le seul juge, le seul rationnel, le seul honorable. D'où il suit que la guerre, qui de citoyen à citoyen a subi et dû subir une métamorphose complète, n'a ni pu ni dû se transformer de la même manière entre les nations. Et qui oserait anticiper le jour marqué par la destinée pour cette grande réforme? Qui pourrait nous garantir que le jour où la paix aurait été, par une force arbitraire et une combinaison artificielle, signée et consolidée entre les puissances, la guerre ne ressusciterait pas plus ardente, plus acharnée, et sans doute moins chevaleresque, entre les personnes?

Concluons donc, avec les mystiques Ancillon, de Maistre, Portalis, avec le matérialiste Hobbes, mais au nom d'une raison supérieure à laquelle ni le mysticisme ni le matérialisme ne sauraient atteindre, que la guerre, sous une forme ou sous une autre, est essentielle à notre humanité; qu'elle en est une condition vitale, morale; que, sauf les modifications qu'y introduit, quant à la matière et à la forme, le progrès des sciences et des mœurs, elle appartient autant à la civilisation qu'à la barbarie, et qu'à tous ces points de vue elle est la manifestation la plus grandiose de notre vie individuelle et sociale. Force, bravoure, vertu, héroïsme, sacrifice des biens, de la liberté, de la vie, de ce qui est plus précieux même que la vie, les joies de l'amour et de la famille, le repos conquis par le travail, les honneurs du génie et de la cité, voilà ce que la guerre fait apparaître en nous, et à quelle sublimité de vertu elle nous appelle.

CHAPITRE VII

L'HOMME DE GUERRE PLUS GRAND QUE NATURE

C'est surtout par l'exaltation de la personne virile que la guerre manifeste son prestige. L'homme sous les armes paraît plus grand que nature; il se sent plus digne, plus fier. plus sensible à l'honneur, plus capable de vertu et de dévouement. Il n'a point parlé, il n'a pas fait un mouvement, et déjà la gloire semble l'entourer de son auréole. « Ceins ton épée sur ta hanche, brave des braves; marche « dans ta force et dans ta beauté. » C'est en ces termes que le barde hébreu adresse la parole au jeune roi: *Accinge gladio tuo super femur tuum, potentissime; specie tua et pulchritudine tua intende!*

Chez les anciens, le guerrier est l'ami, le protégé des puissances célestes. Son courage lui vient d'en haut; un dieu le couvre de son égide, le rend invincible, invulnérable. « Vous ne toucherez pas mes oints, » dit Jéhovah, le dieu des armées. Ses oints! vous l'entendez? L'onction ou consécration guerrière, le tatouage, toujours en honneur chez nos soldats et nos marins, est le signe de la protection divine. L'onction du guerrier a servi de modèle à celle du prêtre; c'est à son imitation encore que fut institué, comme l'a très-judicieusement observé Volney, le sacre des rois. Le guerrier est sacré pour la défense du droit, pour la punition du crime et la protection du faible : telle est la première forme de la justice dans la société. Jusqu'à ce que l'État s'organise, vous avez une chevalerie, on pourrait dire tout aussi bien une justice errante. C'est pour cela que le guerrier marche la tête haute, son casque surmonté d'une aigrette, sa cuirasse étincelante. Il ne se dissimule pas dans la foule, il ne se déguise pas sous la casaque du mercenaire. Tout son désir est d'être de loin reconnu, et de se mesurer contre un adversaire aimé des dieux, δήϊον ἄνδρα, et digne de lui, entre deux armées, sous le regard du soleil.

La gloire sied à l'homme de guerre et ne sied qu'à lui; c'est pour lui qu'ont été inventés le mot et la chose. Quand l'écrivain sacré raconte la gloire de Dieu, c'est qu'il le compare à un guerrier. Le peuple n'attend son salut que de ce prédestiné et n'a foi qu'en lui. Le philosophe intéresse le peuple, lorsque toutefois il réussit à s'en faire comprendre; le poëte le touche et l'enchante; le guerrier seul s'en fait suivre, parce que seul, aux yeux du peuple, il paraît d'une taille surhumaine. Est-ce Mazzini, un sectaire; est-ce M. de Cavour, un diplomate, qui, l'année dernière, a entraîné les Italiens? Non, c'est un héros. c'est Garibaldi. Le peuple grandit, idéalise toujours ses hommes; surtout il n'oublie pas de leur donner le casque, l'épée et le bouclier. Il les fait beaux, vaillants et victorieux. Ah! si Robespierre avait su monter à cheval! Si Jérome Savonarole, au lieu du manteau de dominicain, avait endossé la cuirasse d'un Trivulce, d'un Gonzalve ou d'un Bayard !... Ah! si la Papauté avait, comme le Califat, tenu de la même main le glaive qui verse le sang et celui qui excommunie !... Ah! si le Nazaréen, dont la parole entraînait la multitude, avait pu donner à sa religion la sanction des armes!... Tant de grandeur n'est point accordée à de simples mortels : le même sujet ne saurait réunir en sa personne les qualités du héros et du saint, de l'empereur et du pontife. Aussi, quel découragement s'empare des masses, quand l'éclat de l'action ne répond pas à son gré à celui de la parole! Quel scandale, au premier moment, lorsqu'à la place du guerrier annoncé par les sibylles, les missionnaires de l'Évangile proposèrent à l'adoration des mortels leur maître crucifié! Jésus, le Christ des esclaves, souffreteux, désarmé, cloué sur un gibet, Jésus fut traité en Anti-Christ. Le véritable Christ, pour les masses, c'est Alexandre, César, Charlemagne, Napoléon.

Le mot *héros*, que nous avons conservé du grec, est un augmentatif qui désigne l'homme fort, dévoué, sans peur ni reproche. Un dieu est avec lui, un dieu préside à toutes ses exécutions. Lui-même il est fils des dieux, il participe des deux natures. Le dogme de l'incarnation est sorti de cette notion de l'héroïsme :

Cara Deûm soboles, magnum Jovis incrementum.

Le juge naturel de l'homme est la femme. Or, qu'estime surtout la femme dans son compagnon? Le travailleur? non; l'homme de guerre. La femme peut aimer l'homme de travail et d'industrie comme un serviteur, le poëte ou l'artiste comme un bijou, le savant comme une rareté; le juste, elle le respecte : le riche obtiendra sa préférence : son cœur est au militaire. Aux yeux de la femme, le guerrier est l'idéal de la dignité virile. C'est quand elle le voit armé pour le combat qu'elle l'appelle son seigneur, son baron, son chevalier, son vainqueur. Et comme l'amour se témoigne par l'imitation, elle aussi veut devenir guer-

rière, héroïne; elle se fait amazone. Pour un dieu de la
guerre, Arès ou Mars, il y a quatre déesses, Bellone, Pallas, Diane chasseresse et Vénus, oui, Vénus elle-même la
Bellatrix.

> Mars fut toujours ami de Cythérée,

a dit Voltaire. Il ne croyait pas, le poëte frivole, exprimer
une pensée aussi sérieuse. Quelle histoire que celle d'Abi-
gaïl, femme de Nabal le riche, et de David, le guerrier
vagabond, le roi sans avoir, le conquérant sans feu ni lieu !
Toute bourgeoisie raffole de l'uniforme. Pour suivre son
héros, la femme ne connaît ni périls ni serments. O Jupiter! toi seul fus coupable des infortunes de Vulcain. De
quoi t'avisais-tu, père de famille, de donner Vénus à un
forgeron (1)?

Le peuple est de l'avis des femmes. Partout l'homme
de guerre est noble; il fait caste. L'esclave n'a pas le droit

---

(1) Entre l'homme et la femme, la guerre crée une inégalité colossale,
irréparable. Pour quiconque aura une fois compris cette grande loi de
notre nature, la guerre, le seul fait de l'incapacité militaire de la femme
en vaut des millions. La femme n'a vraiment d'existence que dans la
famille. Hors de là, toute sa valeur est d'emprunt; elle ne peut être
rien, et elle n'a le droit de rien être, pour la raison décisive qu'elle est
inhabile à combattre. Parmi les partisans de l'égalité des sexes, les uns,
prenant au pied de la lettre des fictions ingénieuses, ont prétendu que la
femme pouvait, aussi bien que l'homme, devenir garde national, cavalier
et fantassin, et n'ont pas hésité à lui donner la cape et l'épée. Mais l'habit militaire ne sera jamais pour la femme qu'un déguisement amoureux,
une fantaisie sans réalité, un véritable acte d'adoration adressé par le
sexe faible au sexe fort. Les Jeanne d'Arc se comptent dans l'histoire;
pour une héroïne il y a des millions de héros. D'autres ont cru tourner
la difficulté en niant purement et simplement la guerre et en faisant de
son abolition le signe de l'avénement des femmes à l'égalité civile et politique : ce qui est renvoyer l'époque de cet avénement aux calendes
grecques. Qu'ils fassent mieux : qu'au lieu d'ôter à l'homme ses attributs guerriers, ils lui enlèvent tout de suite le sceau de la virilité. Mais
alors les femmes n'en voudront plus; qu'aimeraient-elles, en effet, si elles
n'aimaient plus fort qu'elles ?

de toucher aux armes, il déshonorerait le combat. Que si son maître lui permet de s'armer, par cela seul il devient libre; qui plus est, il s'anoblit.

La Révolution avait aboli la noblesse : les hommes de 89 se flattaient, dans leur enthousiasme, de fermer le temple de Janus et de clore l'âge guerrier. Napoléon refit des nobles; guerrier, il suivait son principe, comme la Révolution avait dû suivre le sien. Que pouvait être la noblesse après le serment du Jeu de paume, après la nuit du 4 août, alors que le tiers état, l'ouvrier et le bourgeois étaient tout? Plus rien. Mais en 1805, dans le feu des batailles, la situation était changée. Aussi le peuple accepta le rétablissement de la noblesse et l'institution de la Légion d'honneur comme des actes de haute justice. Qui dit armée dit noblesse : seulement, tandis qu'autrefois noblesse et guerre étaient privilége de caste, grâce à la conscription elles étaient devenues, en 1805, accessibles à tous les Français. Quel triomphe pour la multitude de saluer l'os de ses os, la chair de sa chair, dans un duc de la Moskowa, dans un prince d'Essling, dans un roi de Naples!

Comment s'étonner, après tout ce que je viens de dire, que le chef de l'État doive être toujours, au jugement du peuple, un homme de guerre, le prince des héros, le fort entre les forts, le noble des nobles? La Charte de 1814, celle de 1830, de même que les Constitutions de 1791, 1799 et 1804, ont consacré ce principe :

« Le roi, ou l'empereur, commande les armées. »

« Nous allons voir maintenant, disait Napoléon peu de temps après son arrivée à Sainte-Hélène, ce que fera Wellington. » Il entendait que lord Wellington, étant le premier général de l'Angleterre et ayant vaincu pour elle, devait être le maître du gouvernement. Cet homme épique ne concevait rien au *bourgeoisisme* de la mercantile Angleterre, que la République de 1848 essaya, mais en vain, d'importer parmi nous. Il eût ri de pitié, en voyant une assemblée française, nommée par le suffrage universel, décider gravement, comme article de la Constitution, que le président de la République ne pourrait commander l'armée *en personne*. Les républicains, se croyant parvenus à l'âge d'or de la liberté, avaient prétendu faire du chef de l'État un magistrat purement civil. Ce fut un scandale énorme quand Louis-Napoléon parut aux revues de Satory sous l'uniforme de général. Mais les vrais auteurs du scandale étaient les auteurs de la Constitution, qui, par cette réserve étrange, heurtaient de front le sentiment populaire, et, j'ose le dire, la raison des choses. Un chef d'État non général, à une époque frémissante d'idées guerrières, c'était absurde. Le peuple en jugea ainsi. Il y a de ce jugement, qui fit passer Louis-Napoléon de la qualité de président en habit noir à celle d'empereur à grosses épaulettes, une raison profonde, qu'on n'a pas remarquée.

Le latin *imperator*, empereur, est le correspondant grammatical du grec *tyrannos*, ou *kyranos*, maître, patron, commandant, duquel nous avons fait *tyran*. D'où vient que le nom latin est si bien porté, tandis que le grec est si mal vu? La faute en serait-elle seulement à Platon, qui, écrivant pour le gouvernement des aristocrates, et voulant déshoner la *tyrannie* plébéienne, a fait du tyran une espèce de monstre? Il est possible que Platon y soit pour quelque chose; mais il y a une raison que Platon n'a pas dite; c'est que l'empereur est un général d'armée, tandis que l'autre est un chef d'administration et de police, un bourgmestre. Les armes relèvent le despotisme; le commandement est odieux entre égaux et hors du service. C'est pour cela que le peuple français est sans respect pour ses représentants, de même que pour ses rois constitutionnels. N'avons-nous pas entendu traiter Louis-Philippe

de tyran? Ce n'était que le roi des pékins... *Gloire à Dieu,*
Honneur aux armes! Cette devise se lisait autrefois dans
toutes les salles d'escrime. Le génie populaire est allé plus
loin; il a réuni, dans un même·emblème, la balance et
l'épée. Ne lui dites pas que l'épée du guerrier doit s'abais-
ser devant la toge du magistrat, *cedant arma togæ.* Il serait capable de vous répondre que vous ne savez pas le
latin; qu'à Rome, la justice et la guerre ne formaient pas,
comme chez nous, deux pouvoirs, et que le poëte a voulu
seulement indiquer par ces mots la succession, chez les
mêmes hommes, chez tous les citoyens, des fonctions guerrières et des fonctions pacifiques. Juge et général, au besoin pontife, comme le dictateur romain, voilà ce que le
peuple entend que soit son chef. Heureuse donc, et trois
fois heureuse, la nation dont le chef est à la fois le plus
brave et le plus juste! Cela ne s'est vu que deux fois dans
les temps modernes, en Gustave-Adolphe et en Washington.

CHAPITRE VIII

GUERRE ET PAIX, EXPRESSIONS CORRÉLATIVES

Comment les hommes ne se feraient-ils pas la guerre, quand leur pensée en est pleine; quand leur entendement, leur imagination, leur dialectique, leur industrie, leur religion, leurs arts, s'y rapportent; quand tout en eux et autour d'eux est opposition, contradiction, antagonisme?

Mais voici qu'en face de la guerre se pose une divinité non moins mystérieuse, non moins vénérée des mortels, la Paix.

L'idée d'une paix universelle, perpétuelle, est aussi vieille dans la conscience des nations, aussi catégorique que celle de la guerre. De cette conception naquit d'abord la fable d'Astrée, la vierge céleste, retournée au ciel à la fin du règne de Saturne, mais qui doit un jour revenir. Alors régnera une paix sans fin, sereine et pure, comme la lumière qui éclaire les champs Élysées. C'est l'époque fatidique, vers laquelle nous portent nos aspirations, et où nous conduit, selon quelques vaticinateurs du progrès, la pente des événements. A mesure que le temps s'écoule, que la guerre sévit plus furieuse et que redouble l'horreur du siècle de fer, *armorumque ingruit horror*, comme dit le poëte, la Paix devient la déesse préférée, tandis qu'on se met à détester la Guerre, monstre infernal. C'est à la tendance des esprit vers la paix, à cet antique espoir d'une compression des discordes, que fut dû en partie le mouvement messianique, dont Auguste fut l'acteur principal, Virgile le chantre, l'Évangile le code, et Jésus-Christ le Dieu.

Qu'y a-t-il de vrai dans cette intuition qu'à chaque grande crise de l'humanité les faiseurs de pronostics se flattent de voir réalisée ?

La guerre et la paix, que le vulgaire se figure comme deux états de choses qui s'excluent, sont les conditions alternatives de la vie des peuples. Elles s'appellent l'une l'autre, se définissent réciproquement, se complètent et se soutiennent, comme les termes inverses, mais adéquats et inséparables, d'une antinomie. La paix démontre et confirme la guerre ; la guerre à son tour est une revendication de la paix. La légende messianique le dit elle-même : le Pacificateur est un conquérant, dont le règne s'établit par le triomphe. Mais pas de victoire dernière, pas de paix définitive, jusqu'à ce que paraisse l'Anti-Messie, dont la défaite, consommant les temps, servira de signal tout à la fois à la fin des guerres et à la fin du monde. .

C'est pourquoi nous voyons, dans l'histoire, la guerre renaître sans cesse de l'idée même qui avait amené la paix. Après la bataille d'Actium, on proclame, croyant en finir, l'empire unique et universel. Auguste ferme le temple de Janus : c'est le signal des révoltes, des guerres civiles et des incursions des barbares, qui harcèlent l'empire, l'épuisent et l'abaissent pendant plus de trois cents ans.

Dioclétien, avec une grandeur d'âme digne des temps antiques, cherche de nouveau la paix dans le partage : et de son vivant les empereurs associés se font la guerre pour revenir à l'unité.

Cette unité, Constantin essaye de la refondre en embrassant le christianisme : mais alors commencent les guerres entre l'ancienne et la nouvelle religion, entre l'orthodoxie et l'hérésie. Et cela dure, et la guerre s'aggrave jusqu'à ce que l'empire, déclaré ennemi du genre humain, soit aboli, et l'unité dissoute.

Alors les nationalités, si longtemps sacrifiées, se reforment, rajeunies par la foi chrétienne et par le sang barbare : mais c'est pour recommencer le carnage et travailler à leur mutuelle extermination.

De guerre lasse, on revient à l'idée d'un empire chrétien : le pacte est scellé entre le pape et Charlemagne. Et, pendant cinq cents ans, on se bat pour l'interprétation de ce pacte. Chose effroyable ! C'est après que le souverain pontife eut été déclaré prince de la paix qu'on vit les évêques, les abbés, les religieux, saisis d'une fureur guerrière, endosser la cuirasse et ceindre l'épée, comme si la paix, prise trop au sérieux, avait été un attentat à la religion, un blasphème contre le Christ.

Pour sauver la foi, compromise dans l'hostilité universelle, et rouvrir une porte à la paix, qu'imagine alors la sagesse des nations ? De séparer les pouvoirs, si malheureusement unis. Mais la tragédie n'en devient que plus atroce. Plus que jamais la chrétienté se déchire : Pie II, Ænéas Silvius, le plus prudent, le plus saint, le plus vénéré des pontifes, ne parvient pas à réunir les princes chrétiens contre les Ottomans. Il en meurt de chagrin.

Ce ne sont pas les Turcs, s'écrie-t-on de tous côtés, qui mettent la division entre les peuples, c'est l'Église. Point de salut, point de paix pour le monde sans une réforme ! Et, sous prétexte de réforme, les guerres de religion recommencent, suivies bientôt des guerres politiques. Le seizième, le dix-septième et le dix-huitième siècle retentissent du bruit des armes. Dans le tumulte, Grotius écrit son traité *Du Droit de la Guerre et de la Paix*. Mais déjà les événements débordent : la Révolution arrive, et l'affreux concert s'élève à un diapason jusqu'alors inconnu.

Ici, arrêtons-nous un instant. Qu'était, ou que devait être la Révolution ?

Comme le christianisme, comme le pacte de Charlemagne, comme la Réforme, la Révolution devait être la fin des guerres, la fraternité des nations, préparée par trois siècles de philosophie, de littérature et d'art. La Révolution, c'était comme qui aurait dit l'insurrection de la raison contre la force, du droit contre la conquête, des travaux de la paix contre les brutalités de la guerre. Mais, à peine la Révolution s'est nommée que la guerre reprend son essor. Jamais le monde n'avait assisté à de pareilles funérailles. En moins de vingt-cinq ans, dix millions d'hosties humaines sont immolées dans ces luttes de géants.

Enfin le monde respire. Une paix solennelle est jurée, un traité de garantie mutuelle signé entre les souverains. Le génie de la guerre est cloué sur un rocher par la Sainte-Alliance. C'est le siècle des institutions représentatives et parlementaires : par une combinaison habile, la torche éteinte de la guerre est remise à la garde des intérêts qui l'exècrent. Les merveilles de l'industrie, le développement du commerce, l'étude d'une science nouvelle, science paisible, s'il en fut, l'économie politique, tout s'accorde à tourner les esprits vers les mœurs de la paix, à inspirer l'horreur du carnage, à attaquer la guerre dans son idéal. Des sociétés se forment simultanément en Angleterre et en Amérique pour le désarmement. La propagande gagne l'ancien monde ; on tient des meetings, on réunit des congrès, on publie des adresses à tous les gouvernements. Catholiques, protestants, quakers, déistes, matérialistes, rivalisent de zèle pour déclarer la guerre impie, immorale :

« La guerre, c'est le meurtre ; la guerre, c'est le vol.

« C'est le meurtre, c'est le vol, enseignés et commandés
« aux peuples par leurs gouvernements.

« C'est le meurtre, c'est le vol, acclamés, blasonnés,
« dignifiés, couronnés.

« C'est le meurtre, c'est le vol, moins le châtiment et la
« honte, plus l'impunité et la gloire.

« C'est le meurtre, c'est le vol, soustraits à l'échafaud
« par l'arc de triomphe.

« C'est l'inconséquence légale, car c'est la société ordon-
« nant ce qu'elle défend, et défendant ce qu'elle ordonne ;
« récompensant ce qu'elle punit, et punissant ce qu'elle
« récompense ; glorifiant ce qu'elle flétrit, et flétrissant ce
« qu'elle glorifie : le fait étant le même, le nom seul étant
« différent (1). »

Comme au temps de la naissance du Christ, un tiède
zéphyr court sur l'humanité, *pax hominibus.* Au congrès
de la paix tenu à Paris en 1849, MM. l'abbé Deguerry et
le pasteur A. Coquerel se donnent la main, symbole des
deux Églises, la catolique et la réformée, opérant leur ré-
conciliation dans un commun anathème à la guerre. Une
vie de richesse et de félicité sans fin semble s'ouvrir ; par
quelle fatale influence est-elle devenue une ère de trouble
et de discorde ?

Ce qui a compromis la paix de Vienne, c'est la paix elle-
même, je veux dire les idées qu'elle exprimait, et qui toutes peuvent se ramener à un terme unique, l'établissement des monarchies constitutionnelles. Comme éléments
et comme symptômes d'une conflagration future, notez
déjà, dans les quarante-cinq années depuis les traités de
Vienne, le carbonarisme italien, le libéralisme des quinze
ans, le doctrinarisme, le socialisme, sortis de la révolution

---

(1) ÉMILE DE GIRARDIN, *le Désarmement européen.*

de Juillet; la guerre d'Espagne, la guerre de Grèce, l'in-surrection de la Pologne, la séparation de la Belgique, l'occupation d'Ancône, l'ébranlement de 1840 à l'occasion des affaires d'Orient, le Sunderbund, les massacres de Gallicie, la révolution de 1848, le mouvement unitaire, en Autriche et en Allemagne, contrarié par l'insurrection hongroise et la résistance du Danemark, la guerre de Novare, l'expédition de Rome, les deux campagnes de Crimée et de Lombardie, l'échec à la papauté, l'unité de l'Italie, l'émancipation des paysans en Russie, sans compter les petites guerres d'Algérie, de Kabylie, du Maroc, du Caucase, de la Chine et de l'Inde.

Toute l'Europe, depuis quatorze ans, se tient sous les armes : bien loin que la ferveur guerrière se refroidisse, la bravoure s'est accrue dans les armées; l'enthousiasme des populations est au comble. Jamais, pourtant, il n'y eut plus de douceur dans les mœurs, plus de dédain de la gloire, moins de soif des conquêtes; jamais les militaires ne se montrèrent plus humains, animés de sentiments plus chevaleresques. Par quelle inconcevable frénésie des nations qui s'estiment, qui s'honorent, sont-elles poussées à se battre ?

On dira peut-être que, si les intérêts étaient consultés, les résolutions pacifiques l'emporteraient. L'expérience dément cette supposition. Les théoriciens du régime constitutionnel s'étaient flattés que le moyen d'écarter la guerre était de la soumettre aux délibérations des représentants. Eh bien, que voyons-nous, seulement depuis la révolution de Février? Tandis que la Bourse s'alarme, le Parlement, de plus en plus conservateur et pacifique, vote les subsides à l'unanimité, et toujours en faisant des vœux pour la paix. Une des causes qui ont perdu la dernière monarchie a été d'avoir trop résisté à l'instinct belliqueux du pays. On n'a pas encore pardonné à Louis-Philippe sa politique de *paix à tout prix*. Qu'aurait gagné, cependant, le pays à la guerre ? Rien, sinon peut-être d'assouvir l'ardeur martiale d'une génération surexcitée ; rien, dis-je, nous l'avons vu par les résultats des deux guerres de Crimée et de Lombardie ; *rien, rien*.

Ainsi, la guerre et la paix, corrélatives l'une à l'autre, affirmant également leur réalité et leur nécessité, sont deux fonctions maîtresses du genre humain. Elles s'alternent dans l'histoire, comme, dans la vie de l'individu, la veille et le sommeil ; comme dans le travailleur la dépense des forces et leur renouvellement, comme dans l'économie politique la production et la consommation. La paix est donc encore la guerre, et la guerre est la paix : il est puéril de s'imaginer qu'elles s'excluent.

« Il y a des gens, dit M. de Ficquelmont, qui ont l'air « de concevoir la marche du monde comme un drame divisé « en actes. Ils croient que pendant les entr'actes il peu- « vent se livrer, sans crainte d'être troublés, à leurs plai- « sirs et à leurs affaires privées. Ils ne voient pas que ces « intervalles, pendant lesquels les événements semblent « interrompus, sont le moment intéressant du drame. C'est « pendant ce calme apparent que se préparent les causes « du bruit qui se fera plus tard. Ce sont les idées qui for- « ment la chaîne des temps. Ceux qui ne voient que les « grosses choses, qui n'entendent que les détonations, ne « comprennent rien à l'histoire (1). »

Redisons donc ici, par forme de conclusion sur la paix, ce que nous avons dit au commencement de ce livre en parlant de la guerre :

La paix est un fait divin ; car elle est restée pour nous un mythe. Nous n'en avons jamais vu que l'ombre, nous n'en connaissons ni la substance ni les lois. Personne ne

---

(1) *Pensées et réflexions morales et politiques*, par M. DE FICQUELMONT.

sait quand, comment et pourquoi elle vient ; quand, pourquoi et comment elle s'en va. Comme la guerre, elle a sa
place dans toutes nos pensées ; elle forme, avec celle-ci, la
première et la plus grande catégorie de notre entendement.

Certes, la paix doit être une réalité positive, puisque
nous l'estimons le plus grand des biens. Comment se fait-il
que l'idée que nous nous en faisons soit purement négative,
comme si elle répondait seulement à l'absence de lutte, de
fracas et de destruction? La paix doit avoir son action
propre, son expression, sa vie, son mouvement, ses créations particulières : comment se fait-il qu'elle ne soit toujours, dans nos sociétés modernes, que ce qu'elle fut dans
les sociétés anciennes et jusque dans les utopies politiques
des philosophes, le rêve de la guerre ?

Depuis quarante-cinq ans, l'Europe est au régime des
armées permanentes ; et les économistes de déclamer
contre cette énorme et inutile dépense. Ainsi faisaient les
anciens : pendant la paix ils se préparaient à la guerre.
Ainsi le recommandèrent à toutes les époques, depuis
Platon jusqu'à Fénelon, ceux qui se mêlèrent d'enseigner
les peuples et les rois. Tant que la paix dure, on s'exerce
au maniement des armes, on fait la *petite guerre*. Depuis
quarante siècles que l'humanité fait de la théologie, de la
métaphysique, de la poésie, de la comédie, du roman, de
la science, de la politique et de l'agriculture, elle n'a pas
imaginé, pour ses moments de répit, d'autre distraction,
de plus agréable délassement, de plus noble exercice.
Homme de paix, qui nous prêchez le libre échange et la
concorde, savez-vous seulement que ce que vous proposez
à notre raison de croire et à notre volonté de pratiquer est
un mystère ?

CHAPITRE IX

PROBLÈME DE LA GUERRE ET DE LA PAIX

La guerre, nous n'en saurions maintenant douter, est avant tout un phénomène de notre vie morale. Elle a son rôle dans la psychologie de l'humanité. comme la religion, la justice, la poésie, l'art, l'industrie, la politique, la liberté, ont le leur; elle est une des formes de notre vertu. C'est dans la conscience universelle que nous devons l'étudier, non sur les champs de bataille, dans les siéges et les chocs des armées, dans les procédés de la stratégie, de la tactique et de l'armement. Tout ce matérialisme, qui remplit les récits des historiens, qui fait le fond des tableaux des poëtes, est à peu près inutile; il ne peut rien nous apprendre de la philosophie de la guerre. La guerre est une des puissances de notre âme; elle a sa phénoménalité dans notre âme. Tout ce qui compose notre avoir intellectuel et moral, tout ce qui constitue notre civilisation et notre gloire, se crée tour à tour et se développe dans l'action fulgurante de la guerre et sous l'incubation obscure de la paix. La première peut dire à la seconde : « Je sème ; toi, ma sœur, tu arroses ; Dieu donne à tout l'accroissement. »

Les esprits enclins au mysticisme, tels que le comte de Maistre et M. de Ficquelmont lui-même, satisfaits d'avoir aperçu ces grandes choses, aiment à se tenir dans le demi-jour. Le divin les charme; la vérité pure, telle que la veut le philosophe, est pour eux sans attrait, une réalité triste, qu'on cesse d'admirer dès qu'on la possède. Il y a grave péril, selon eux, à ôter à l'homme ses admirations, à faire évanouir à ses yeux, l'un après l'autre, tous les mystères.

Ces réflexions pouvaient encore être de mise au temps de Bossuet. Après la philosophie du dix-huitième siècle et la critique allemande, après la Révolution française et l'institution d'une Académie des *Sciences morales et politiques*, après l'explosion du socialisme, il n'est plus temps. Pareille réserve nous est désormais interdite; ce serait manquer à notre destinée, à notre devoir. Puis donc que notre condition est de mordre toujours au fruit de la science, mordons, dussions-nous trois fois en mourir.

Qu'est-ce que la guerre? Un accident, une forme passagère, ou un mode nécessaire de notre existence? La guerre, thèse ou antithèse de la paix, est-elle une de ces antinomies constitutives, dont il est aisé de faire la critique, en se plaçant tantôt à l'un des extrêmes, tantôt à l'autre, mais que rien ne peut détruire, parce qu'elles tiennent à l'essence de l'humanité, et qu'elles sont une des conditions de sa vie? Avons-nous chance, par une constitution quelconque des États, par une pratique meilleure du droit des gens, de la faire cesser tout à fait, ou bien n'est-elle susceptible que d'amélioration et de perfectionnement? Que faut-il alors entendre par amélioration, perfectionnement, ou progrès dans la guerre? Cela signifie-t-il que la guerre doit devenir de plus en plus atroce, ou bien que, marchant avec la civilisation, elle doit augmenter en nous, avec le

mépris de la mort, le courage et la vertu ? Dans l'un comme
dans l'autre cas, au lieu de pénétrer dans la philosophie
de la guerre, nous ne ferions que nous enfoncer de plus en
plus dans le mysticisme, et retourner à l'idéal des Cimbres
et des Teutons. Faut-il, en un mot, voir dans la guerre un
fléau pour l'homme, ou un exercice de sa souveraineté ?
Est-elle un phénomène de la physiologie ou de la patholo-
gie des nations ? Est-elle dans le droit, ou hors du droit ;
dans la religion, ou hors la religion ? Est-elle commandée,
tolérée ou condamnée par la morale ? Dans le premier cas,
que pouvons-nous faire pour la rendre meilleure, plus efficace, plus édifiante, plus héroïque ? dans le second, comment nous y prendre pour l'éteindre ?

Pour moi, il est manifeste que la guerre tient par des
racines profondes, à peine encore entrevues, au sentiment
religieux, juridique, esthétique et moral des peuples. On
pourrait même dire qu'elle a sa formule abstraite dans la
dialectique. La guerre, c'est notre histoire, notre vie, notre âme tout entière ; c'est la législation, la politique,
l'État, la patrie, la hiérarchie sociale, le droit des gens, la
poésie, la théologie ; encore une fois, c'est tout. On nous
parle d'abolir la guerre, comme s'il s'agissait des octrois
et des douanes. Et l'on ne voit pas que si l'on fait abstraction de la guerre et des idées qui s'y associent, il ne reste
rien, absolument rien, du passé de l'humanité, et pas un
atome pour la construction de son avenir. Oh ! je puis le
dire à ces pacificateurs ineptes, comme on me l'a dit un
jour à moi-même, à propos de la propriété : La guerre abo-
lie, comment concevez-vous la société ? Quelles idées,
quelles croyances lui donnez-vous ? Quelle littérature ,
quelle poésie, quel art ? Que faites-vous de l'homme, être
intelligent, religieux, justicier, libre, personnel, et, par
toutes ces raisons, guerrier ? Que faites-vous de la nation,
force de collectivité indépendante , expansive et auto-

nome? Que devient, dans sa sieste éternelle, le genre humain?

C'est en vain qu'une philanthropie oiseuse se lamente sur les hécatombes offertes au Dieu des batailles; c'est en vain qu'un mercantilisme avare étale, á côté de ses immenses produits, de ses chemins de fer, de sa navigation, de ses banques, de son libre échange, les consommations effroyables que la guerre traîne à sa suite, l'embrasement des villes, la dévastation des campagnes, le désespoir des mères, des épouses, des jeunes filles, la dépopulation, la dégénérescence des races, le retard des sociétés dans la production de la richesse et l'exploitation du globe. Tant que les imaginations et les consciences ne seront pas autrement intéressées à la nier, tant qu'elle n'aura contre elle que des pertes d'hommes et d'écus, des affaires stagnantes, des fonds en baisse et des banqueroutes, la guerre ne s'en ira pas; il y aura même, dans les régions haute et basse de la société, une certaine animadversion contre ceux qui la combattent, j'ai presque dit qui la calomnient.

Faites, si vous le pouvez, que ce fanatisme surnaturel, ce culte de la force, auquel la philosophie n'a jusqu'à ce jour rien compris, soit atteint dans sa moralité et dans son idéal; ôtez à la guerre ce prestige qui fait d'elle le pivot de toute poésie, le fondement de toute organisation politique et de toute justice : alors vous pourrez espérer de l'abolir, et, par les affinités que nous lui avons découvertes, d'abroger avec elle ce qui reste de préjugé et de servitude sur la terre.

« Nous sommes, a dit quelque part M. de Lamartine, à
« l'une des plus fortes époques que le genre humain puisse
« franchir pour avancer vers le but de la destinée *divine;*
« à une époque de rénovation et de transformation pareille peut-être à l'époque évangélique... Nous allons à

« une des plus sublimes haltes de l'humanité, à une orga-
« nisation complète de l'ordre social. Nous entrevoyons
« pour les enfants de nos enfants une série de siècles li-
« bres, religieux, moraux, rationnels, un âge de vérité, de
« raison, de vertu, au milieu des âges... En prenant Dieu
« pour point de départ et pour but, le bien général de
« l'humanité pour objet, la morale pour flambeau, la con-
« science pour juge, la liberté pour route, vous ne courez
« aucun risque de vous égarer...

« Les hommes de l'Assemblée constituante n'étaient pas
« des Français; c'étaient des hommes universels. On les
« méconnaît et on les rapetisse, quand on n'y voit que des
« prêtres, des aristocrates, des plébéiens, des sujets fidèles,
« des factieux et des démagogues. Ils étaient, et ils se
« sentaient mieux que cela : des OUVRIERS de Dieu, appe-
« lés par lui à *restaurer la raison sociale* de l'humanité, et
« à rasseoir le droit et la justice dans l'univers.

« La déclaration des droits est le Décalogue du genre
« humain dans toutes les langues. »

Ce sont là de magnifiques et prophétiques paroles,
comme il en échappe, sans effort, à M. de Lamartine, chaque fois qu'un rayon de cette *raison sociale* qu'il invoque
vient éclairer son âme.

Oui, nous sommes à une de ces *fortes époques* qui décident de la destinée des nations; à une de ces époques
de rénovation et de transformation universelle; époque
qui n'a d'analogue dans le passé que l'époque évangélique,
époque dont la Révolution française fut le Thabor, et les
hommes de la Constituante les premiers et immortels missionnaires. Or, quel sera, selon M. de Lamartine, le trait
signalétique de cette époque *divine*, si merveilleusement
régénératrice? Il va nous le dire : ce sera encore, comme
à l'époque évangélique, une promesse, la promesse de
paix, le rameau d'olivier, annonçant la fin des luttes et

des catastrophes. Après la tempête le calme : toute période
de guerre finit par là.

« La révolution moderne appelait les gentils comme les
« juifs au partage de la lumière et de la fraternité. Aussi
« n'y eut-il pas un de ses apôtres qui ne proclamât la paix
« entre les peuples. Mirabeau, Lafayette, Robespierre lui-
« même, effacèrent la guerre du symbole qu'ils présen-
« taient à la nation. Ce furent les factieux et les ambitieux
« qui la demandèrent plus tard ; ce ne furent pas les grands
« révolutionnaires. Quand la guerre éclata, la révolution
« avait dégénéré (1). »

Qui dit poëte dit interprète des dieux. J'accepte, à titre
d'oracle, ces dernières paroles de M. de Lamartine. Mais
à quand l'accomplissement? Voilà ce que nous voudrions
savoir. Entre temps, je ne puis m'empêcher de faire des
réserves en faveur des révolutionnaires de 92, qui, malgré
la cour et malgré Robespierre, prirent l'initiative de la
lutte et firent décréter la guerre à la contre-révolution, représentée alors par l'étranger. Non, ceux qui firent l'appel
aux armes ne furent ni des ambitieux ni des factieux ; ils
avaient, au contraire, plus que Robespierre et ses amis, le
vrai sentiment de la Révolution. Qu'eût-elle donc été,
cette Révolution, sans la sanction du sang et de la victoire?
La guerre est divine; la guerre est justicière; la guerre
est régénératrice des mœurs : comment M. de Lamartine,
qui se connaît si bien ès choses *divines*, l'a-t-il oublié?
Grâce, s'il vous plaît, pour les guerres de la Révolution !

La guerre est la plus ancienne de toutes les religions :
elle en sera la dernière.

J'entreprends d'expliquer aujourd'hui ce que la philosophie, par une inadvertance dont je dirai la cause, a laissé

___

(1) Passage cité par M. ÉMILE DE GIRARDIN, dans sa brochure sur *le
Désarmement général*, p. 52.

jusqu'à ce jour sans explication, le mythe guerrier. J'ôte-
rai à la guerre son caractère divin ; je la livrerai dévoilée
au libre arbitre des peuples et des rois. Puisse mon œuvre,
pareille à l'hymne de paix chanté par les anges sur le ber-
ceau du Christ, être pour le monde l'annonce d'un avenir
meilleur ! Je bénirais l'exil qui m'a fait venir la pensée de
ce livre ; et, quelque suspect que je parusse encore pour
mes doctrines, je mourrais dans la communion du genre
humain.

LIVRE DEUXIÈME

DE LA NATURE DE LA GUERRE ET DU DROIT DE LA FORCE

Dulce et decorum est pro patriâ mori.
HORACE.

SOMMAIRE

Le consentement universel affirme l'existence d'un DROIT positif DE LA GUERRE, l'analogue, le corrélatif, l'équivalent du *droit des gens*, du *droit politique*, du *droit civil*, en un mot, de toute espèce de droit. L'opinion des juristes, au contraire, est, à l'unanimité, que le droit de la guerre n'a rien de réel; que c'est improprement qu'on appelle de ce nom les semblants de règles observées à la guerre; que la force est incapable par elle-même de créer le droit, comme de rendre un jugement; enfin, que cette expression, *droits de la guerre*, doit être regardée comme un euphémisme, une fiction. Trouble jeté dans les idées par cette déclaration des juristes. Le droit de la guerre nié, le droit des gens n'a plus ni principe, ni sanction; avec celui-ci s'écroulent à leur tour le droit public et le droit civil; l'esprit de révolte envahit la conscience universelle, et la société passe de l'état de guerre à l'état de brigandage. Théories de Grotius, Wolf, Vattel, Kant, Hégel, Hobbes. — Qui s'est trompé, de la spontanéité du genre humain, affirmant le caractère juridique de la guerre, ou de la sagesse des jurisconsultes, qui le nie? Théorie du *droit de la force*. Réalité, simplicité, primordialité de ce droit; application aux rapports internationaux. Exemples empruntés aux temps anciens et modernes. Comment du droit de la force se déduisent historiquement : 1° le droit de la guerre ; 2° le droit des gens; 3° le droit public, ou droit constitutionnel des États ; 4° le droit civil et le droit économique. Gamme des droits. Définition de la guerre. Organe de la justice, elle est légitime dans son essence, sainte et sacrée.

CHAPITRE PREMIER

DÉSACCORD ENTRE LE TÉMOIGNAGE DU GENRE HUMAIN ET LA - DOCTRINE DES JURISCONSULTES SUR LE FAIT ET LE DROIT DE LA GUERRE.

Une des misères de l'humanité est que la plupart du temps ses instituteurs ne la comprennent pas, et, parce qu'elle ne marche pas à leur guise, la dénigrent.

Trois propositions fondamentales régissent, en matière de guerre et de droit international, la pratique des nations :

1. Il existe un droit de la guerre.

2. La guerre elle-même est un jugement.

3. Ce jugement est rendu au nom et en vertu de la force.

Vrai ou faux, voilà ce que croit, d'une façon plus ou moins explicite, le commun des mortels ; ce que l'école doit ou réfuter ou justifier : faute de quoi la civilisation demeure viciée, tout au moins suspecte, et la science du droit chancelle sur sa base.

Comparons d'abord entre elles la croyance générale et l'opinion de l'école sur la première de ces propositions : *Il existe un droit de la guerre.*

Tous les peuples affirment un droit de la guerre, c'est-à-dire un droit résultant de la supériorité de la force, droit que la victoire déclare et sanctionne, et qui, par cette sanction et déclaration, devient aussi légitime dans son exercice, aussi respectable dans ses résultats, que le peut être tout autre droit, la liberté, par exemple, et la propriété. Tous les peuples affirment en conséquence la légitimité de la *conquête*, accomplie dans les conditions voulues et selon les formes prescrites; ils l'affirment, dis-je, avec la même énergie que le travailleur affirme son droit au produit.

Lorsque l'universalité du genre humain dit une chose, il vaut toujours la peine que la philosophie s'en préoccupe; c'est ce qu'on n'a jamais manqué de faire, à propos de la religion, de la famille, du gouvernement. Dans l'ordre des choses morales, le consentement universel, si ses propositions ne sont pas toujours claires, a toujours passé pour l'indice d'une haute raison, sinon pour l'expression même de la raison.

Or, une chose qui frappe tout d'abord à la lecture des écrivains qui ont traité de la guerre, Grotius et Vattel, par exemple, c'est la contradiction radicale qui existe entre l'opinion de ces savants jurisconsultes et le sentiment unanime des peuples. Grotius d'abord et son traducteur Barbeyrac; Wolf ensuite et Vattel, abréviateur de Wolf; Pinheiro-Ferreira, annotateur de Vattel; Burlamaqui et son continuateur de Felice; Kant et son école; Martens et son éditeur M. Vergé, de même que Pufendorf, Hobbes et la multitude des juristes catholiques, protestants, philosophes, nient la réalité d'un droit de la guerre. Ce qu'ils entendent par cette expression n'est nullement ce que le sens naturel des mots indique, et que partout le bon sens populaire proclame : Droit de la guerre, comme on dit : *Droit du travail, Droit de l'intelligence, Droit de l'amour*. Pour eux, le droit de la guerre n'est pas autre chose qu'une sorte de fiction légale, suggérée par le malheur des temps, afin de mettre un terme à la lutte des passions et des intérêts, et de prévenir, par la modération du vainqueur et la résignation du vaincu, la destruction totale de celui-ci, quelquefois de tous deux. En elle-même, disent les doctes, la guerre est incompatible avec la notion du droit ; elle ne contient rien qui y ressemble. Bien qu'elle donne lieu à des droits de diverses espèces, qu'elle se pose comme la revendication ou l'exercice d'un droit, elle est, par nature, étrangère au droit ; elle en est la suspension violente, injurieuse.

C'est d'après cette explication qu'il faut entendre les auteurs lorsqu'ils parlent de guerre *juste* et de guerre *injuste*. Par guerre juste, il ne faut pas entendre, selon eux, une lutte à main armée, conduite d'après certaines règles, et pour un litige qui requiert ce mode de solution ; ce qui impliquerait que dans la guerre juste, le droit étant incertain ou égal, les deux puissances belligérantes sont également fondées dans leurs prétentions et honorables, et que l'objet du litige relève de la compétence des armes. Dans l'opinion des juristes, et d'après toutes leurs définitions, la justice de la guerre est essentiellement unilatérale : pour qu'il y ait guerre juste chez A, il faut de toute nécessité qu'il y ait injustice chez B, son antagoniste ; ce qui, étant posé, tous moyens sont bons pour faire respecter le droit, sauf ce qui est dû au respect de l'humanité. Quant à l'idée de faire servir la guerre à la manifestation même du droit, elle accuse, disent les légistes, la barbarie des nations en lutte ; c'est le contraire de la justice.

Ainsi, d'après ces auteurs, dans ce qu'on appelle communément *lois de la guerre*, il faut bien se garder de voir les formules, rédigées par chapitres et articles, d'un droit *sui generis*, dont la guerre serait l'expression. *Droit* et *guerre*,

nous disent-ils, sont termes qui s'excluent réciproquement.
On entend par *lois de la guerre* certaines réserves d'humanité que l'usage commun des peuples a introduites dans
le jeu sanglant des batailles, et que l'opinion impose aux
belligérants, uniquement en vue de mettre un frein aux
sévices, et de réduire le carnage, si l'on peut ainsi dire, au
strict nécessaire. La guerre, en effet, dit Hobbes, ne saurait être considérée comme un phénomène essentiel à la
vie des nations, phénomène qui, par conséquent, portant
ses lois en lui-même, donnerait lieu à un droit positif. Elle
est, au contraire, diamétralement opposée à la félicité des
peuples et à la conservation du genre humain. C'est,
comme la famine, la peste ou la folie, un fléau dont on est
obligé de faire la part, si on veut parvenir à s'en rendre
maître. Voilà pourquoi, ajoute Grotius, jusque dans la fureur des combats, l'homme ne doit pas oublier qu'il est
homme et qu'il a affaire à des hommes. Les lois de la
guerre n'ont pas d'autre sens.

On ne citerait pas, en matière de morale, un second
exemple d'un pareil désaccord entre la croyance des masses
et le sentiment des doctes. Jamais la raison philosophique
et la foi intuitive ne parurent en opposition plus flagrante.
Et ce qu'il y a de plus étrange, tandis que la raison philosophique règne dans les écoles, dans les livres, dans les
cours de justice et les conseils des princes ; tandis qu'elle
a, ce semble, tout ce qu'il faut pour imposer ses arrêts et
faire prévaloir ses définitions, c'est la foi vulgaire qui, de
haut, continue à régir le monde, et qui mène les affaires
des nations.

Ici les objections se pressent sous la plume. Si le droit
de la guerre est une chimère, comment une pareille
croyance, si spontanée, si universelle, si persévérante,
a-t-elle pu se former ? Comment la religion l'a-t-elle partout sanctifiée ? Comment cette horrible superstition n'a-

t-elle pas cédé jusqu'ici devant le progrès des idées et des mœurs? En un mot, comment la guerre dans une société pensante est-elle possible?

On conçoit, sous l'excitation de passions purement animales, des batteries d'enfants, des rixes entre jeunes gens, des luttes entre bergers, compagnons, matelots. On conçoit même le brigandage, la piraterie, et, jusqu'à certain point, les associations de malfaiteurs. Dans tout cela, il n'y a pas autre chose que des effets, plus ou moins violents et scandaleux, de l'animalité, faisant explosion par le vice et le crime. Mais la guerre, un conflit entre deux troupes composées chacune de l'élite d'un pays, la guerre entourée d'honneurs, de formalités légales, de cérémonies religieuses, comme un acte saint et sacré, ne se comprend plus, si d'un côté, sinon de tous deux, elle doit être, en principe, réputée injuste.

La guerre injuste, telle que la pose nécessairement le légistes, soit pour l'une des parties, soit pour toutes deux, est le plus grand des crimes. Or, si la justice peut être mise en péril chez l'individu par le tumulte des passions, elle fléchit plus difficilement dans le groupe. Plus le groupe, la cité, l'État, devient considérable, plus, par l'effet de la loi qui préside à cette formation, la justice y acquiert de prépondérance; en sorte que l'on peut dire que la justice, dans l'universalité du genre humain, est incorruptible. Comment donc, encore une fois, si la guerre est le crime, — et elle ne peut pas, de sa nature, être autre chose d'après les légistes, — comment, dis-je, est-elle en honneur? Comment la réprobation universelle ne refoule-t-elle pas une si monstrueuse iniquité? Comment, au contraire, voyons-nous dans l'histoire la guerre devenir plus fréquente, plus intense, en proportion de la civilisation? Comment une moitié du genre humain est-elle toujours scélérate. Comment, enfin, si la guerre ne contient aucun élément juridique, s'il ne s'y trouve rien qui la relève, si elle est l'assassinat, le vol, comme le crient les avocats du Congrès de la paix, comment chez des nations de vingt, trente, soixante millions d'âmes, rencontre-t-elle si peu d'opposition? Comment, au contraire, l'a-t-on vue embraser le monde et devenir quelquefois générale? Il est inouï que des individus chargés de crime et vivant du crime forment entre eux des sociétés régulières; le premier ennemi du brigand est son complice. Qui dit association dit justice : or, justice et crime, la première comme moyen, le second comme fin, sont incompatibles. A plus forte raison il répugne qu'un peuple en masse se passionne pour la guerre avec la conviction de l'iniquité de sa cause; et ce qui est plus inexplicable encore, c'est que, en toute guerre, il ne s'élève pas, contre l'un ou contre l'autre des belligérants, un cri de réprobation qui l'arrête.

Il faut donc que la question de droit se pose dans la guerre d'une tout autre manière que ne l'entendent les auteurs, et il faut que partout, chez les belligérants et chez les neutres, les esprits en soient bien convaincus, pour que les sentiments qu'éveille la guerre soient diamétralement opposés, quant à la moralité du fait, à ceux qu'inspirerait le spectacle d'une caravane de pèlerins attaquée par une bande de voleurs.

Interrogeons les chefs d'armée. Ce qui soutient le courage du soldat, c'est, avant tout, sa conscience. Le soldat se dit, non-seulement sur la foi de ses chefs, qui est celle de sa nation, qui est celle du genre humain, mais sur la foi de son sens intime : que la guerre est la manifestation la plus terrible, il est vrai, mais la plus grandiose de la justice; qu'à ce titre elle est entourée, comme une grande assise, de solennités et de règles; que nonobstant l'effusion du sang, l'humanité y trouve ses droits; que les exécutions de la guerre sont déterminées par une loi supérieure, et qu'en général ces exécutions sont justes, parce qu'elles s'accomplissent au nom de la force.

Le soldat se dit encore que dans la guerre, conduite selon les règles, tout devient généreux et sublime ; que si là, comme partout, l'assassinat, le viol, la déprédation et la débauche trouvent l'occasion de se déployer, de pareils méfaits ne prouvent pas plus contre la guerre que la prévarication du juge ne prouve contre l'institution des tribunaux ; que la véritable représentation d'un pays, dans ses rapports avec l'étranger, est son armée ; que, comme cette armée est la force du peuple, elle en devient, en cas de guerre, la conscience ; que, même dans la prévision de la défaite, la guerre est pour le citoyen le plus sacré et le plus glorieux des devoirs, parce qu'il s'agit de sauver la patrie, en tout état de cause de la rendre honorable ; que ce qui fait la victoire, c'est, autant et plus que la force matérielle, l'énergie morale ; que dans le triomphe il n'y a donc pas seulement de l'orgueil, il y a aussi le juste sentiment du droit qui, entre nations, ne s'établit point par procédures, mais par la générosité du sacrifice, le mépris de la mort, la probité, la tempérance et la mansuétude unies à la valeur.

C'est pour cela que le véritable soldat ne hait ni ne méprise son ennemi. Il l'honore, au contraire, il lui tend la main hors de la bataille ; il sait que cet ennemi combat, comme lui-même, pour son prince, pour sa patrie ; que, comme lui, il représente la conscience d'une nation, et qu'il défend une grande cause. Quel plus sublime spectacle que celui de deux armées suspendant tout à coup leur action pour rendre en commun un tribut d'honneur au brave, comme il arriva, au siége de Mayence, aux funérailles du général Meunier !

Le soldat se dit, enfin, que la guerre est bien moins à craindre que ne le supposent les timides ; qu'elle est bonne, utile, féconde ; qu'elle agit sur les nations comme une crise salutaire, en mettant fin à une situation équivoque, et sur les individus comme une sorte de réaction qui fait apparaître en eux des vertus de discipline, des trésors de sensibilité et de grandèur d'âme, qu'ils n'eussent jamais manifesté en tout autre état.

Voilà ce que le soldat se dit au fond du cœur, d'accord avec le témoignage du genre humain ; ce que de vieux juristes, étrangers à l'action et blasés sur le droit, peuvent méconnaître ; ce dont la comédie peut en temps de paix faire sourire, mais qui devient du plus grand sérieux à la première difficulté qui surgit entre les États. On a dit qu'en 93 l'honneur de la France s'était réfugié sous les drapeaux. Tremblons qu'il n'en soit de même, pour l'Europe, aujourd'hui. La valeur des militaires, en contraste avec les corruptions de tout genre qui dévorent la société civile, serait pour la civilisation d'un sinistre augure.

Il s'agit donc d'étudier à fond cette religion de la guerre, transmise d'âge en âge, et toujours aussi fervente. Tant que cet examen n'aura pas été fait, tant que l'énigme ne sera pas expliquée, l'humanité non-seulement restera à l'état de guerre, mais sera emportée par la guerre. La destinée des États reposant uniquement sur la valeur des armées, les nations flotteront, tantôt élevées, tantôt submergées par la vague, sur l'océan de l'histoire ; et comme en dernière analyse la guerre n'est ni le tout de l'humanité, bien qu'elle se mêle à tout, ni son dernier mot ; comme il n'existe pas seulement de la force dans le monde, il arrivera que, la force conservant la prépondérance, le droit, les mœurs, la civilisation, les idées, la liberté, demeureront précaires.

La guerre, tout nous l'atteste, est donc plus qu'un fait, plus qu'une situation, plus qu'une habitude. Ce n'est pas

l'injure de l'un soulevant la légitime défense de l'autre :
c'est un principe, une institution, une croyance, nous dirons bientôt une doctrine. Laissons de côté les déclamations larmoyantes et les invectives sentimentales. La guerre, par la bouche des nations, affirme sa raison, son droit, sa juridiction, sa fonction ; c'est là ce que nous avons à atteindre.

CHAPITRE II

LA GUERRE SE PRODUIT COMME UN JUGEMENT RENDU AU NOM ET EN VERTU DE LA FORCE. — CE JUGEMENT, LA CONSCIENCE UNIVERSELLE LE DÉCLARE RÉGULIER ; LA JURISPRUDENCE DES AUTEURS LE RÉCUSE.

La seconde proposition sur laquelle se manifeste la divergence entre le sentiment universel et l'opinion de l'école est celle-ci : *La guerre est un jugement.*

Cicéron définit la guerre, d'après l'opinion commune, une manière de vider les différends par les voies de la force. On est bien forcé, ajoute-t-il avec tristesse, d'en venir là, quand tout autre mode de solution est devenu impraticable. La discussion est le propre de l'homme ; la violence le propre des bêtes. *Nam, cum sint duo genera decertandi, unum per disceptationem, alterum per vim ; cumque illud proprium sit hominis, hoc belluarum, confugiendum est ad posterius, si uti non licet superiore.*

On voit par cette citation que le grand orateur n'admettait que sous réserve la définition traditionnelle de la guerre, qu'elle est une manière de jugement. De son temps déjà la pure notion du droit de la guerre s'était

obscurcie : le belliqueux Romain s'était permis tant d'in-
justices ! Avant Cicéron, Aristote avait écrit que la guerre
la plus naturelle est celle qu'on fait aux bêtes féroces et
aux hommes qui leur ressemblent. En traitant, à l'exemple
du philosophe grec, le retour aux armes de procédé bestial, Cicéron refuse positivement à la guerre toute valeur
juridique, et jette sur ce mode primitif de régler les différends internationaux une défaveur dont, aux yeux de
l'école, il ne se relèvera plus. Ses paroles, cependant,
eussent soulevé la protestation des vieux Quirites, adorateurs de la lance, *quir*, religieux observateurs du droit de
la guerre, qui, pour donner plus d'authenticité à ses jugements, s'abstenaient dans leurs expéditions d'employer
contre leurs ennemis la surprise et la ruse, n'estimaient
que la bravoure, et regardaient toute victoire obtenue par
un combat déloyal comme une impiété.

Ainsi éclate, à chaque pas, la divergence entre le témoignage universel et les idées de l'école. Selon le premier,
il y a un droit de la guerre ; suivant la seconde, ce droit
n'est qu'une fiction. La guerre est un jugement, dit le
consentement des nations ; la guerre n'a rien de commun
avec les tribunaux, réplique l'école ; c'est une triste et
funeste extrémité. Depuis Cicéron, la jurisprudence en
est là.

Grotius se range à l'avis de Cicéron. L'idée d'une décision rendue par les armes lui rappelle le combat judiciaire, employé au moyen âge, et qu'il traite de superstis-
tion. Bien loin qu'il considère la guerre comme un
jugement, il y voit au contraire l'effet de l'absence de
toute justice, la négation de toute autorité judiciaire. C'est
dans cette pensée qu'il a composé son livre. Que les nations, dit-il, comme les citoyens, apprennent à déterminer
leurs droits mutuels ; qu'elles se constituent elles-mêmes
en tribunal arbitral, et il n'y aura plus de guerre. Gro-

tius, en un mot, ainsi que Cicéron, subit la guerre comme
une extrémité douloureuse, dépourvue de toute valeur juridique, et dont la responsabilité incombe à celui qui l'entreprend ou qui la provoque injustement.

Pufendorf abonde dans le même sens : « La paix est ce
« qui distingue l'homme des bêtes. »

Vattel se range au même avis : « La guerre, dit-il, est
« *cet état dans lequel on poursuit son droit par la force.* »
Ce n'est donc pas un jugement. Dans le droit civil, on
poursuit son droit, comment? Par-devant les tribunaux ;
et c'est après avoir obtenu sentence du juge que l'on en
vient, s'il est nécessaire, aux moyens de rigueur, la saisie,
l'expropriation forcée, la visite domiciliaire, la vente à
l'encan, le garnisaire, le mandat d'arrêt, etc. La guerre,
au contraire, d'après la définition de Vattel, se réduisant
aux seuls moyens de rigueur, sans jugement préalable, est
tout ce qu'il y a de plus opposé à la justice. C'est, comme
nous le disions tout à l'heure, un effet de l'absence de justice et d'autorité internationale. Du reste, Vattel, comme
Grotius, admet le principe que, si la guerre est juste d'un
côté, elle est nécessairement injuste de l'autre, et il conclut en rejetant sur l'agresseur ou le défendeur injuste la
responsabilité du mal commis, de quelque côté du reste
que se tourne la fortune des armes.

Le commentateur de Vattel, Pinheiro-Ferreira, accep-
tant, au fond, le sentiment de son chef de file, mais s'attachant davantage au caractère de la *poursuite*, définit la
guerre « *l'art de paralyser les forces de l'ennemi.* » D'autres avant lui avaient prétendu que la guerre est « l'art de
« DÉTRUIRE les forces de l'ennemi. » Or, qu'il s'agisse de
détruire les forces de l'ennemi, ou simplement de les *paralyser*, ce qui est moins inhumain, il est clair que nous
sommes toujours dans un état extrajudiciaire. Pour Pin-
heiro comme pour Vattel et Grotius, il n'est toujou

question que de contraindre, sans jugement préalable, un débiteur de mauvaise foi, ou de se défendre contre une agression injuste. Dans les deux cas, l'idée d'un tribunal guerrier, d'un jugement par la voie des armes, d'une légalité inhérente au combat, en un mot, d'un droit de la guerre, disparaît entièrement.

Inutile que je continue ces citations : les auteurs se copient tous.

Ainsi, plus nous avançons dans cet examen, plus nous voyons la séparation se creuser entre la jurisprudence de l'école et la foi universelle.

D'après la première, le droit de la guerre est un vain mot, une fiction légale tout au plus. Il n'y a pas de droit des batailles ; la victoire ne prouve rien ; la conquête, qui en est le fruit, ne devient légitime que par le consentement, formel ou tacite, mais libre, des vaincus, par la prescription du temps, la fusion des races, l'absorption des États : tous faits subséquents à la guerre, et dont le résultat est de faire disparaître les vestiges de l'ancienne discorde, d'en amortir les causes et d'en prévenir le retour. Considérer la guerre comme une forme de judicature serait outrager la justice.

Devant la raison des masses, au contraire, la guerre prend un caractère différent. Dans l'incertitude du droit international, ou, ce qui revient au même, dans l'impossibilité d'en appliquer les formules à des justiciables tels que les États, les parties belligérantes s'en rapportent, par nécessité ou convention tacite, à la décision des armes. La guerre est une espèce d'ordalie, ou, comme on disait au moyen âge, un jugement de Dieu. Ceci explique comment deux nations en conflit, avant d'en venir aux mains, implorent, chacune de son côté, l'assistance du Ciel. C'est comme si la Justice humaine, confessant son impuissance, suppliait la Justice divine de faire connaître par la bataille de quel côté est ou sera le. droit ; en langage un peu plus philosophique, comme si les deux peuples, également convaincus que la raison du plus fort est ici la meilleure, voulaient par un acte préalable de religion exciter en eux la force morale, si nécessaire au triomphe de la force physique. Les prières qui se font de part et d'autre pour obtenir la victoire, et qui scandalisent notre société aussi inintelligente de ses origines qu'ignoble dans son incrédulité, sont tout aussi rationnelles que les plaidoiries contradictoires débitées par les avocats pour préparer les sentences des tribunaux. Mais, tandis qu'ici le jugement est simplement *énonciatif du droit*, on peut dire, toujours en se plaçant au point de vue des masses, que la victoire est PRODUCTRICE DU DROIT, le résultat de la guerre étant de faire précisément que le vainqueur obtienne ce qu'il demandait, non pas seulement parce que, avant le combat, il avait droit, en raison de sa force présumée, de l'obtenir, mais parce que la victoire a prouvé qu'il en était réellement digne. Otez cette idée de jugement que l'opinion attache invinciblement à la guerre, et elle se réduit, selon l'expression de Cicéron, à un combat d'animaux : ce que la moralité de notre espèce, moralité qui n'éclate nulle part autant qu'à la guerre, ne permet pas d'admettre.

En effet, les actes qui chez toutes les nations précèdent, accompagnent et suivent les hostilités, démontrent qu'il y a ici autre chose que ce qu'y ont vu les légistes. Que signifierait, d'abord, cette expression, aussi vieille que le genre humain, commune à toutes les langues, répétée par tous les auteurs dont elle fait le tourment, de DROIT *de la guerre ?* Est-ce que le peuple qui crée les langues nomme autre chose que des réalités? Est-ce qu'il ne parle pas de l'abondance de ses sentiments comme de ses sensations? Est-ce que c'est lui qui invente les fictions légales ? Est-ce qu'il imagine des rois constitutionnels, répondant sur le dos de leurs ministres? Est-ce qu'il adore des divinités nominales ou métaphysiques?

Comment expliquer ensuite cette multitude de formalités dont les nations tiennent à si grand honneur de s'entourer dans leurs entreprises guerrières : significations, déclarations, propositions d'arbitres, médiations, interventions, ultimatums, invocations aux dieux, renvoi des ambassadeurs, inviolabilité des parlementaires, échange d'otages et de prisonniers, droit des neutres, droit des réfugiés, des suppliants, des blessés ; respect des cadavres ; droit du vainqueur, droit du vaincu; droit de postliminie ; délimitation de la conquête, etc., etc. : tout un code, toute une jurisprudence? Est-il possible d'admettre que tout cet appareil juridique couvre un pur néant? Rien que cette idée, d'une *guerre dans les formes*; rien que ce fait, admis par la police des nations, que des hommes qui se respectent ne se traitent pas à la guerre comme des brigands et des bêtes féroces, prouve que, dans la pensée générale, la guerre est un acte de juridiction solennelle, en un mot, est un jugement.

Mais voici bien autre chose.

Au nom de quelle autorité, en vertu de quel principe ce jugement de la guerre est-il rendu? La réponse semblerait un blasphème, si elle n'était le cri de l'humanité: *Au nom et en vertu de la* Force.

C'est la troisième proposition sur laquelle nous avons à constater la contradiction la plus absolue entre la judiciaire des masses et la manière de voir de l'école.

Pour le coup nos auteurs n'y tiennent plus : ils sont éblouis.

Cicéron s'écrie, nous avons cité ses paroles :

« La force est la raison des bêtes, *hoc belluarum*. »

Grotius reprend :

« La force ne fait pas le droit, bien qu'elle serve à le
« maintenir et à l'exercer. »

Vattel ajoute :

« On revendique son droit par des titres, par des témoi-
« gnages, par des preuves ; on le *poursuit* par la force. »

Ancillon :

« La force et le droit sont des idées qui se repoussent :
« l'une ne peut jamais fonder l'autre. »

Kant, l'incomparable métaphysicien, qui sut démêler
les lois de la pensée, qui le premier conçut l'idée d'une
phénoménologie de l'esprit, ne connaît rien à celle de la
guerre. Il se met à la suite de Grotius, Wolf et Vattel :

« Les éléments du droit des gens sont : 1° que les États,
« considérés dans leurs rapports mutuels externes (comme
« des sauvages sans lois), sont naturellement dans un état
« non juridique ; 2° que cet état est un état de guerre (du
« droit du plus fort), quoiqu'il n'y ait pas en réalité tou-
« jours guerre et toujours hostilité. Cette position respec-
« tive est très-injuste en elle-même, et tout l'effort du
« droit est d'en sortir. » — Ailleurs : « Les nations ont le
« droit de faire la guerre, comme un moyen licite de *pour-*
« *suivre leur droit par la force*, quand elles peuvent avoir
« été lésées, et puisque cette revendication ne peut avoir
« lieu par un *procès*. »

Martens, et son éditeur français M. Vergé, raisonnent

tout à fait de même. Le premier condamne la guerre d'une manière absolue :

« La guerre est un état permanent de violences indéter-
« minées entre les hommes. »

M. Vergé fait quelques réserves en faveur de l'État qui se trouve placé par un *injuste* agresseur dans le cas de légitime défense :

« Sans doute, dit-il, on ne peut considérer la guerre,
« avec le comte de Maistre, comme une grande loi du
« monde spirituel, ou, avec Spinoza, comme l'état normal
« de la créature. — C'est une extrémité fâcheuse, le seul
« moyen de contraindre une personne collective et souve-
« raine à remplir ses engagements et à respecter les usages
« internationaux. » (SCHUTZENBERGER.) « — La guerre est
« toujours *injuste en soi*, en ce sens que la force décide du
« droit, ou, pour parler plus exactement, qu'il n'y a pas
« d'autre droit que la force. » (BARNI, trad. de Kant.)

M. Hautefeuille, le dernier en France qui ait écrit sur cette matière scabreuse, dit à son tour en copiant Hobbes:

« Il est dans l'ordre de la nature que le règne de la force
« *précède* celui du droit. »

Et la multitude des commentateurs, traducteurs, éditeurs, annotateurs, de répéter à l'unisson : Non, la force ne peut jamais faire droit. Si quelquefois elle intervient dans les œuvres de la justice, c'est comme moyen de supplice ou de contrainte, comme la menotte du gendarme et la hache du bourreau. Il serait monstrueux d'y voir la base ou l'expression d'un droit.

Nous avons entendu l'école, interrogeons maintenant le témoignage universel, et voyons comment s'établit, dans la conscience des peuples, un sentiment tout contraire.

A l'origine, dans cet état de l'humanité appelé à tort ou à raison état sauvage, l'homme, avant d'avoir appris l'usage de ses facultés intellectuelles, ne connaît, n'estime que la force corporelle. A ce moment, force, raison, droit, sont pour lui synonymes. La mesure de la force donne celle du mérite, par conséquent celle du droit, en tant qu'entre créatures si fraîchement écloses, unies par de si rares et de si faibles rapports, il y a lieu de parler de droits et de devoirs.

La société se forme, le respect de la force grandit avec elle : du même coup se détache peu à peu de l'idée de force l'idée de droit. La force est glorifiée, consacrée, divinisée sous des noms et des images humaines, Hercule, Thor, Samson. La population se divise en deux catégories, *aristoï*, *optimates*, littéralement les plus forts, et, par extension, les plus braves, les plus vertueux, les meilleurs ; et la plèbe, qui se compose des faibles, des esclaves, de tout ce qui n'a pas la force, *ignavi*. Les premiers constituent le pays légal, les hommes du droit, c'est-à-dire ceux qui possèdent des droits ; les autres sont en dehors du droit, *exleges* ; ils n'ont pas de droits ; ce sont des individus à face humaine, *anthrôpoï*, ce ne sont pas des hommes, *andres*.

Cette société d'hommes forts, d'aristocrates, forme une *souveraineté*, un *pouvoir*, deux termes qui, se prenant l'un pour l'autre, rappellent encore l'identité des deux notions. le droit et la force.

Jusqu'à ce moment les litiges, provenant de la prérogative des forces, se règlent, et les injures se réparent, par le *duel* ou *combat judiciaire*, jugement de la force. Mais bientôt à ce combat se substitue le prince, représentant de la souveraineté ou force collective, contre lequel nul n'est assez fort pour combattre; et qui ne voulant pas que ses hommes se battent, se chargent de dire lui-même le droit, de faire justice. Mais cette substitution du jugement du prince au combat des parties, d'où vient-elle? Tout simplement de ce principe que, qui a la force a la raison, et que, devant le jugement exprimé du prince, nul n'a droit d'affirmer un sentiment contraire. Le vermisseau s'insurgera-t-il contre le lion, ou l'hysope contre le cèdre? Ce serait tout aussi absurde.

Mais qui sera le dépositaire de cette force ou puissance publique, dont l'un des principaux attributs est de dire le droit? — Le plus fort.

Tout cela, remarquons-le bien, ne signifie pas, comme ont l'air de le dire les juristes, que la force fait tout le droit, qu'il n'y a pas d'autre droit que la force : cela veut dire simplement que la force constitue le premier et le plus irréfragable des droits; que si, postérieurement, il s'en crée d'autres, ils relèveront toujours en dernière analyse de celui-là; qu'ainsi, tandis qu'entre individus de la même cité le combat judiciaire est remplacé par le jugement du prince, entre cités indépendantes, le seul droit reconnu, le seul jugement valide, sera toujours celui de la force.

C'est pour cela que, dans l'opinion de tous les peuples, la conquête, prix de la force et du courage, est réputée légitime, la plus légitime des possessions, fondée qu'elle est sur un droit supérieur à toutes les conventions civiles, à l'usucapion, à la succession patrimoniale, à la vente, etc., sur le droit de la force. De là l'admiration des peuples pour les conquérants, l'inviolabilité que ceux-ci s'arrogent, la soumission qu'ils exigent, le silence qui se fait devant eux: *siluit terra in conspectu ejus.*

Le respect de la force, la foi en sa puissance juridique, si j'ose ainsi dire, a suggéré l'expression de guerre juste et sainte, *justa et pia bella*; ce qui n'a pas tant rapport,

selon moi, à la patrie qu'il s'agit de défendre, qu'aux conditions mêmes de la guerre, laquelle, comme le pensaient
les vieux Romains, répugne à toute ruse, industrie et stratagème, comme à un sacrilége, comme à une sophistica-
tion du combat, à une corruption de la justice, et n'admet
que des moyens de vive force.

Et c'est encore pour cela qu'aux époques révolutionnaires, alors que les sentiments civiques, religieux et moraux, se sont refroidis, la guerre, qui par un mystérieux
pacte continue d'unir ensemble la force et le droit, la
guerre tient lieu de principe à ceux qui n'en ont plus ; c'est
pour cela qu'une nation, si corrompue qu'on voudra, ne
périra point, ne déchera même pas, tant qu'elle conser-
vera dans son cœur cette flamme justicière et régénératrice du droit de la guerre. Car la guerre, que la bancocra-
tie et la boutique affectent de prendre pour de la piraterie,
est la même chose que le droit et la force indissolublement
unis. Otez à une nation qui a enterré toutes ses croyances
cette synonymie, elle est perdue.

Ces faits, ou plutôt ces opinions, je ne les donne, quant
à présent, que pour ce qu'elles valent, c'est-à-dire comme
des témoignages dont le sens est que, sur la nature et la
moralité de la guerre, sur la virtualité juridique de la force,
le sentiment du genre humain est diamétralement opposé
à celui des gens de loi. Bientôt nous aurons à rechercher de
quel côté est la vérité ; bornons-nous, pour le moment, à
constater le résultat auquel nous sommes parvenus :

La guerre, selon le témoignage universel, est un jugement de la force. Droit de la guerre et droit de la force
sont ainsi un seul et même droit. Et ce droit n'est pas une
vaine fiction du législateur : c'est, selon la multitude qui
l'affirme, un droit réel, positif, primitif, historique, capable par conséquent de servir de principe, de motif et de

base à une décision judiciaire : toutes choses que la jurisprudence de l'école nie formellement.

Tout ceci ne serait rien, si le malentendu ne portait que sur un mot; si, cette première étape franchie, et dans le droit, et dans l'histoire, savants et ignorants se retrouvaient d'accord sur le reste. Mais là ne s'arrête pas la divergence; elle embrasse toutes les catégories du droit : droit des gens, droit public, droit civil, droit économique. En sorte que, selon que le témoignage universel aura été déclaré faux ou la jurisprudence de l'école erronée, la société reposera sur un fondement ruineux ou l'enseignement du droit tout entier sera à refaire. C'est ce qu'il importe de mettre pleinement en lumière.

CHAPITRE III

CONSÉQUENCES DE LA DOCTRINE PROFESSÉE PAR LES
AUTEURS RELATIVEMENT AU DROIT DE LA FORCE

Je ne connais pas de spectacle plus intéressant que celui
de la raison philosophique aux prises avec la raison populaire : la première définissant, analysant, composant, rai-
sonnant et concluant, avec une dignité magistrale, contre
ce qu'elle nomme préjugé ; la seconde ne sachant ni plaider ni se défendre, incapable de pousser un argument, de
formuler une objection, ne sachant jamais répondre, à
toutes les difficultés qu'on lui oppose, que ces mots naïfs :
Est, est; *Non, non ;* Cela est, cela n'est pas; puis, cela dit,
se jouant de la science des doctes comme d'une toile d'arai-
gnée, et entraînant dans sa pratique la civilisation et le
monde.

Une chose généralement reconnue, parce qu'elle est un
fait d'expérience, c'est que la civilisation a eu pour point
de départ l'antagonisme, et que la société, en autres
termes le droit, droit international, droit public, droit
civil, s'est développé sous l'inspiration et l'influence de la
guerre, ce qui veut dire sous la juridiction de la force.

Si donc il était vrai, comme le prétend l'universalité
des jurisconsultes, qu'une pareille juridiction ne fût qu'un
préjugé de la barbarie, une aberration du sens moral, il
s'ensuivrait que toutes nos institutions, nos traditions et
nos lois sont infectées de violence et radicalement viciées;
il s'ensuivrait, chose terrible à penser, que tout pouvoir
est tyrannie, toute propriété usurpation, et que la société
est à reconstruire de fond en comble. Il n'y aurait consentement tacite, prescription, conventions ultérieures, qui
pussent racheter une telle anomalie. On ne prescrit pas
contre la vérité; on ne transige pas au nom de l'injustice;
en un mot, on n'édifie pas le droit sur sa propre négation.
— Que si, au contraire, c'étaient les juristes eux-mêmes
dont la philosophie superficielle a méconnu la réalité et la
légitimité du droit de la force, le mal serait alors beaucoup
moindre; mais l'enseignement du droit devrait être inté-
gralement réformé, à peine de livrer la législation, les
tribunaux, l'État, la morale publique, l'esprit de l'armée,
aux perturbations les plus regrettables.

Posons la question dans toute sa gravité.

La guerre existe, aussi ancienne que l'homme. C'est par
elle que l'humanité commence son éducation, et qu'elle
inaugure sa justice. Pourquoi ce sanglant début? Peu
importe, quant à présent, C'est un fait dont nous recher-
cherons plus tard les motifs et la cause, mais qu'il nous
faut d'abord accepter, au moins comme fait. Rien n'est
absolu, dit-on, rien n'est impitoyable comme un fait.

Or, tandis que la science et l'érudition classique récusent
la moralité de ce fait, et conséquemment sa valeur juridique; tandis que Hobbes, ramenant tout aux nécessités
de la matière, niant l'immanence de la justice en nous et
son efficacité sociale, ne découvre dans le fait de la guerre
qu'une manifestation de la force aveugle et immorale, la
conscience universelle y reconnaît un de ses éléments; elle

affirme, sans hésiter, la réalité d'un droit de la guerre, par suite une juridiction de la force.

C'est qu'en effet il y a dans les batailles humaines quelque chose de plus que de la passion, et dont la théorie affligeante de Hobbes ne rend pas compte. Il y a cette prétention singulière, qui n'appartient qu'à notre espèce, savoir, que la force n'est pas seulement pour nous de la force, mais qu'elle contient aussi du droit, que dans certains cas elle fait droit. Ainsi que nous l'avons observé, les animaux se battent entre eux, ils ne se font pas la guerre ; il ne leur viendra jamais à l'esprit de réglementer leurs combats. Le lion a l'instinct de sa force, c'est ce qui fait son courage ; il n'a nul sentiment d'un droit résultant de cette force, et ceux qui ont doté ce carnissier de je ne sais quelle générosité chevaleresque ne l'ont pas peint d'après nature : demandez à Gérard, le tueur de lions ; ils l'ont fait, s'en douter, à leur propre image. L'homme, au contraire, meilleur ou pire que le lion, c'est ce dont la critique décidera, l'homme aspire, de toute l'énergie de son sens moral, à faire de sa supériorité physique une sorte d'obligation pour les autres ; il veut que sa victoire s'impose à eux comme une religion, comme une raison, en un mot, comme un devoir, correspondant à ce qu'il nomme son droit. Voilà en quoi consiste l'idée de la guerre ; ce qui la distingue éminemment des combats des bêtes féroces ; ce qui, avec le progrès du temps, a introduit peu à peu, parmi les peuples, ces conventions singulières, appelées *lois de la guerre*. Voilà ce que ni Hobbes ni les autres n'ont jamais su démêler dans le phénomène, mais sur quoi, je le répète, l'universalité du genre humain n'hésite pas.

C'est à ce sentiment profond d'un droit résultant de la victoire, à cette opinion innée en nous, que toute législation est originairement et essentiellement guerrière ; c'est, ne craignons pas de le dire, car nous n'aurons pas à en rougir, à ce culte de la force qu'il faut faire remonter la création de tous les rapports juridiques reconnus parmi les hommes : d'abord, les premiers linéaments d'un droit de la guerre et d'un droit des gens; puis, la constitution des souverainetés collectives, la formation des États, leur développement par la conquête, l'établissement des magistratures, etc. On nie le droit de la force; on le traite de contradiction, d'absurdité. Qu'on ait donc la bonne foi d'en nier aussi les œuvres; qu'on demande la dissolution de ces immenses agglomérations d'hommes, la France, l'Angleterre, l'Allemagne, la Russie; qu'on attaque ces *puissances*, qui certes ne sont pas sorties tout armées des énergies de la nature, et qu'aucun sophisme ne saurait faire relever d'un autre principe que de la force.

On le voit, c'est de la constitution même de la société, c'est de la civilisation tout entière qu'il s'agit sous cette formule, encore si peu comprise, de *droit de la guerre, droit de la force*. A ces considérations d'une gravité si haute que peut objecter l'école?

De bouche, l'école parle comme tout le monde : elle reconnaît un droit de la guerre. Au fond du cœur, elle le nie; et toutes ses réserves, toutes ses théories démontrent qu'elle n'y croit pas. *Le droit de la force n'est pas un droit :* tel est, parmi les docteurs, le sentiment unanime, invariable. Quant à l'hypothèse, sous-introduite au moyen âge, qui tendrait à faire de la guerre, à la façon de l'ordalie ou combat judiciaire, une manifestation de la volonté du ciel, il va sans dire que Grotius et ses successeurs la rejettent. En quoi ils ont raison : ce n'est pas en ce sens que le sentiment des peuples entend le droit de la guerre.

Mais, si le droit de la force n'est pas un droit, qu'est-ce que l'école appelle alors *droit de la guerre?* Comment explique-t-elle, justifie-t-elle la formation des États, l'établissement des juridictions, la validité des législations, toutes choses qui, pour le commun des mortels, dérivent du droit de la force? Il est évident qu'elle n'y va pas ici de franc jeu; son enseignement couvre une hypocrisie. Après avoir déclaré, assez haut pour que de toutes parts on l'entende, qu'elle ne croit ni à un droit de la guerre, ni à plus forte raison à un droit de la force, elle se met à parler comme tout le monde, transigeant avec sa conscience, et essayant, à grand renfort d'équivoques et de restrictions mentales, de rajuster sa doctrine ésotérique avec la foi du vulgaire.

J'ai dit déjà ce qu'entend l'école, *in petto*, par ce mot : *droit de la guerre*. Redisons-le encore, et tâchons d'en faire un peu honte à nos savants jurisconsultes.

Une chose que sentait profondément Grotius, et qui honore sa mémoire; que nous sentons d'autant mieux nous-mêmes que nous sommes plus avancés en civilisation, c'est qu'à quelque degré de fureur que l'intérêt, le fanatisme ou la haine poussent deux nations, l'humanité ne doit jamais perdre entièrement ses droits; qu'en conséquence, jusqu'au milieu du carnage, il y a lieu de pratiquer la charité et la justice; qu'à défaut de prescription positive, cette mansuétude nous est commandée à tous, au fort comme au faible, dans l'intérêt de notre dignité et de notre conservation morale. C'est par l'effet de ce sentiment que, depuis les temps anciens jusqu'à nos jours, la guerre a perdu de siècle en siècle de son atrocité; et c'est, entre autres motifs, afin de réduire toujours davantage les tueries et les dévastations, que se sont introduites ces lois, dont l'ensemble constitue le *code la guerre*, et témoigne hautement de la perfectibilité de notre espèce.

En deux mots, le *droit de la guerre* est le respect de l'humanité dans la guerre : voilà ce que répondent Grotius et après lui tous les publicistes.

C'est quelque chose assurément d'avoir fait entendre et d'avoir développé avec éloquence cette vérité ; malheureusement elle ne touche pas à la question. Il ne s'agit point de la *manière* dont se feront les exécutions militaires ; il s'agit du DROIT qui les provoque, qui les motive, et qui en est le produit. La législation pénale a subi aussi l'influence de l'humanité : on a fait disparaître la torture, les supplices recherchés ; on parle d'abolir la peine de mort. Mais la peine, quelle qu'elle soit, la peine reste, de l'avis de tout le monde, un fait juridique : d'où l'expression, rigoureusement juste, de *droit pénal*. Par analogie, on demande en quoi et pourquoi la guerre est un fait juridique : d'où s'ensuivrait logiquement alors l'idée d'un *droit guerrier*. Or, il est évident que les explications de Grotius n'effleurent même pas la difficulté. Elles ne nous disent point en quoi la guerre peut être, de sa nature, une manifestation du droit, un acte de juridiction ; elles en contiennent, au contraire, à tous les points de vue, la réprobation formelle. Il suit seulement de ces explications, notons-le bien, que les actes d'humanité accomplis en temps de guerre sont des exceptions à la guerre ; que si les hommes étaient justes, il n'y aurait même pas de guerre : ce qui aboutit nettement à ceci, que la guerre est une exception à la justice, provoquée par une violation du droit.

En fait, le *droit de la guerre*, selon Grotius, est le respect de l'humanité ; en théorie, ce n'est pas autre chose que ce que les grammairiens appellent une antiphrase. Il serait ridicule d'induire d'une semblable locution que la guerre comporte de soi, comme le mariage, le travail, l'association, la propriété, le gouvernement, comme toute manifestation de l'être humain, individuel ou collectif, une série de conditions obligatoires, en autres termes, que la guerre est matière de déterminations juridiques et de prescriptions légales.

I.   7.

Mais c'est précisément ce qui devrait être d'après l'histoire. C'est cette analogie fondamentale de la guerre, du travail, de l'État, de la famille, du gouvernement, de la religion, que Grotius était condamné à suivre, à peine de bâtir en l'air et de faire œuvre de fantaisie. Car, si la guerre ne peut être considérée comme une lutte légale et légitime, appelée par la justice, motivée de part et d'autre par le plus grand et le plus sacré des intérêts, s'il n'y a point de droit de la guerre dans l'acception rigoureuse du mot, l'histoire tout entière devient inexplicable, absurde. Le système des sociétés repose sur une figure de rhétorique. S'il n'y a point de droit de la guerre, si l'on ne peut affirmer, avec certitude, qu'un tel droit soit une manifestation positive, *sui generis*, de la justice, il n'y a plus de raison dans l'histoire : le hasard est le roi de la terre; les États sont établis sur l'iniquité; le droit des gens devient une chimère; les traités internationaux sont foncièrement nuls; la civilisation se change en une tragi-comédie; le règne hominal, comme disait Fourier, n'est pas autre chose que le règne animal, élevé à une puissance supérieure. Car il n'y a rien, ni dans le droit des gens, ni dans le droit public, ni dans le droit civil; rien dans les institutions et dans les mœurs; rien dans la religion et dans l'économie, qui repose originellement sur la guerre. La guerre nous a faits tout ce que nous sommes, et elle aurait agi sans droit! Y avez-vous réfléchi, maître?

Je sais que ce n'est ni la tradition, ni l'antiquité qui fait le droit; que l'humanité a pu d'autant mieux se tromper que sa jeunesse l'exposait à plus d'ignorance, et que notre progrès ne se compose guère d'autre chose que des réformes que nous apportons incessamment à nos premières hypothèses. Mais ce n'est pas moins une chose extraordinaire que la justice ait pris pour point de départ ce que les juristes regardent comme sa négation, à savoir, la guerre ; qu'ensuite le développement historique de l'humanité se soit effectué sur la donnée d'un droit guerrier, à telles enseignes que, ce droit supprimé, il ne reste absolument rien de l'humanité passée, présente, je dirai même future, puisqu'elle ne saurait ni s'affranchir de sa tradition, ni se régénérer en dehors de cette même tradition et se constituer d'après un autre système. Là est l'irréparable lacune de l'ouvrage de Grotius. Non-seulement ce grand homme n'a pas compris le droit de la guerre ; non-seulement il n'a pas vu qu'en méconnaissant ce droit il se mettait en opposition avec la foi, la tradition et la pratique constante du genre humain ; il ne s'est pas même douté qu'en niant le droit de la force, il bâtissait en l'air et qu'il élevait un monument, non plus à la justice, mais à l'arbitraire.

CHAPITRE IV

Les successeurs de Grotius, Wolf surtout et Vattel,
semblent avoir aperçu le péril : tous leurs efforts ont tendu
à le conjurer.

D'après Wolf, les nations doivent être considérées
comme des personnes morales, auxquelles le droit *naturel*
s'applique aussi bien qu'aux individus, mais avec des changements qu'explique la différence du particulier au général.

Pour les nations, le droit naturel, devenant droit *des
gens*, se divise donc en droit des gens *nécessaire*, et droit
des gens *volontaire*.

Le droit des gens nécessaire, que Grotius appelle droit
interne, consiste en ce que le droit naturel oblige, au for
intérieur, les nations, de la même manière qu'il oblige les
individus ; il est immuable.

Le droit des gens volontaire, ou droit *externe*, résulte,
selon Wolf, de la fiction d'une cité supérieure de laquelle
dépendraient toutes les autres, et qui imposerait à chacun,

selon l'occurrence, certaines prescriptions ou concessions, injustes de par le droit naturel, mais devenues, dans la pratique des nations, indispensables. — Selon Vattel, ce même droit résulte de ce que les nations étant indépendantes et souveraines, ne pouvant réciproquement s'arguer de faute, ni se convaincre, ni se contraindre, elles sont obligées de se passer mutuellement certaines choses plus ou moins irrégulières, de se faire certaines concessions plus ou moins fâcheuses, en vue de prévenir de plus grands malheurs.

Il importait de relever ici, comme l'a fait Vattel, la souveraineté et l'indépendance respective des États. Du reste, sa théorie du droit des gens volontaire est la même que celle de Wolf. En effet, soit que les concessions internationales, dont l'ensemble constituerait ainsi le droit des gens, résultassent de la fiction d'une cité supérieure qui les leur impose, ou de leur résignation à les subir, toujours est-il que, selon les deux auteurs, il existerait sur les nations, en dehors des prescriptions directes et positives de la conscience, des conditions malheureuses, résultant de leur antagonisme, mais que leur intérêt bien entendu les contraint de subir et qui deviennent pour elles le principe, l'occasion ou la matière d'une sorte de droit. Ce droit est appelé *volontaire*, non qu'il prenne sa source dans la volonté libre des nations, mais parce qu'il est un effet de leur subjectivité antagonique, laquelle évidemment n'est rien moins que libre, mais qui, se faisant de nécessité vertu, accepte la loi de son malaise comme une émanation de sa volonté.

Un exemple rendra cela plus clair.

Deux communes, deux cités sont fondées simultanément, à quelques kilomètres l'une de l'autre. Dans les limites de leurs territoires respectifs, ces deux communes sont indépendantes et souveraines. Chacune forme un être collectif, une personne morale, régie, *à priori*, par le droit naturel. Dans les rapports qu'elles soutiennent entre elles, et en tant que ces rapports n'affectent pas leur souveraineté et leur existence, ces deux communes sont donc gouvernées par le droit des gens nécessaire, c'est-à-dire par une loi qui les oblige, au for intérieur, comme les individus. Elles ne doivent ni se nuire, ni s'offenser, ni s'envahir; toute infraction à ces règles est une atteinte au droit des gens nécessaire.

Mais voici qu'avec le temps, la population de part et d'autre se multipliant, les deux communes s'étendent; bientôt elles deviennent contiguës, de telle sorte que habitants et habitations ne présentent plus qu'une masse unique. Il y a donc péril pour la souveraineté de l'une ou de l'autre, tout au moins pour l'individualité (la nationalité) de toutes deux. L'antagonisme surgit alors avec des conséquences redoutables. Supposez que ces deux cités relèvent d'une cité supérieure, royaume ou empire, la question pourra être tranchée, aux dépens de l'une des deux ou de toutes les deux, par l'autorité royale ou imperiale, qui impose la loi et la fait, de gré ou de force, accepter. Dans le cas contraire, c'est-à-dire dans le cas où les deux communes seraient deux États absolument indépendants et souverains, comment se résoudra la difficulté? Wolf part de l'hypothèse d'une cité supérieure, Vattel de la nécessité des choses, pour opérer, à l'amiable ou de vive force, dans la constitution des deux États, dans les conditions de leur existence et dans leurs rapports, une révolution, non juridique évidemment, mais inévitable. Tel est le droit des gens volontaire.

De ce droit des gens volontaire naîtront ensuite le droit des gens *coutumier* et le droit des gens *conventionnel;* subsidiairement, le droit *public*, le droit *civil*, etc. Ajoutez, si vous voulez, la distinction des droits *parfaits* et des droits *imparfaits*, du droit *historique* et du droit *philoso-*

phique ; brochez sur le tout cette théorie qui se croit profonde et n'est que niaise, selon laquelle le droit naît du devoir, lequel à son tour devra naître du droit, s'il est vrai, comme dit Vattel, que nous n'ayons reçu des droits que pour nous acquitter de nos devoirs..., et vous pourrez vous faire une idée de l'appareil compliqué au moyen duquel la jurisprudence essaye de rendre compte de ce qui, dans la raison des masses, coule de source, le droit de la guerre, la raison de la force.

Mais laissons la parole aux auteurs. Nous savons en quoi consiste le droit des gens volontaire, et nous avons vu, par un exemple, en quel cas il devient applicable. Maintenant, que dit ce droit? Quelles sont, relativement à la guerre, ses maximes, ses formules?

Vattel le résume en deux règles fondamentales :

La première, *que la guerre en forme, quant à ses effets, doit être considérée comme juste de part et d'autre ;*

La seconde, *que tout ce qui est permis à l'un est permis à l'autre.*

En vertu de la première règle, la conquête se légitime. « En principe, dit Vattel, il n'est permis au vainqueur, après une guerre juste, de s'approprier que ce qui lui revient de droit naturel, ou qui est indispensable à sa sûreté et à la compensation de ses dépenses ; quant au vainqueur dans une guerre injuste, la conquête qu'il se permet est un crime de plus. Mais, attendu que les nations n'ont pas de tribunaux, et que les deux puissances belligérantes doivent être présumées également en droit, on admet, en vertu du droit des gens volontaire, que dans une guerre en forme toute acquisition est valide, indépendamment de la justice de la cause : c'est pour cela qu'entre les nations la conquête est un titre légitime. »

De la seconde règle se déduit cette conséquence, qu'un État vaincu à la suite d'une agression injuste n'est pas-

sible que de réparations proportionnelles aux pertes cau-
sées par la guerre; pour le surplus, c'est-à-dire pour le
dommage moral, meurtres, pillages, dévastations, etc.,
qui dans une guerre injuste sont, d'après le droit naturel,
autant de crimes, l'impunité est accordée. La guerre étant
réputée juste de part et d'autre, ce qui est permis à l'un
est permis à l'autre : en conséquence, le mal commis par
le guerroyant injuste est excusable.

Le lecteur sait maintenant à quoi s'en tenir sur la théorie de Wolf et de Vattel. Sur le seuil même de la science,
alors qu'il est indispensable d'asseoir le droit sur des réalités, d'en saisir l'expression positive et, s'il se peut, matérielle, avant d'en opérer la déduction et d'en fixer les applications, ces deux publiscites se lancent, pour ainsi dire,
à fond de train dans la fiction. La société, dit le témoignage du genre humain, est fondée sur l'antagonisme;
Wolff et Vattel le nient. Dans cet antagonisme, continue
la voix des nations, le droit, arbitre souverain, a pour
expression première la supériorité de force; cela semble à
nos deux écrivains tout aussi inconcevable, et ils le nient.
Ces deux négations acquises, le reste va de lui-même :
c'est-à-dire que le droit des gens se démolit pièce à pièce
et devient une pure chimère.

Ainsi, qu'il soit vrai que deux nations entrent en lutte,
toutes deux avec un droit positif et égal et sans injure de
part ni d'autre : en pratique on est bien forcé de l'admettre; en principe on le nie. Ce n'est là, disent-ils,
qu'une hypothèse conçue pour l'intelligence d'une transaction radicalement abusive. Que la conquête, une conquête
juste, sainte, inviolable, puisse être le prix naturel de la
victoire, le produit légitime d'une guerre légitime, cela
leur paraît, en soi, encore plus monstrueux. Mais s'incli-
nant devant une fatalité invincible, qui, après avoir fait
les hommes batailleurs, les nations indépendantes et sou-

veraines. les jette tous dans un antagonisme sans issue,
nos docteurs se hâteront de conclure, pour mettre un
terme à l'incendie et au massacre, pour se tirer du chaos,
mais en mentant à leur conscience, qu'il est bien d'adjuger au vainqueur sa demande, loyal d'imposer au vaincu
la confusion de sa défaite, au risque de légitimer le vol et
de glorifier l'assassinat. C'est, sans doute, à cette jurisprudence étrange qu'il faut attribuer le cri d'indignation de
M. de Girardin : *La guerre, c'est l'assassinat; la guerre,
c'est le vol.*

M. de Girardin pouvait défier les foudres du parquet;
il avait pour lui les maîtres de la doctrine et leurs définitions.

Mais la conscience du genre humain proteste contre ces
théories autant que contre ces injures. Non-seulement elle
affirme la réalité du droit de la guerre, mais encore elle
sait fort bien, le cas échéant, en décliner l'application et
protester contre ce qu'elle nomme alors *abus de la force*,
absolument comme, devant les tribunaux ordinaires, le
plaideur sait décliner la jurisprudence devant laquelle il
est appelé, sans pour cela nier la justice; s'inscrire en faux
contre un témoignage, sans pour cela nier l'utilité de la
preuve par témoins; protester contre un abus de propriété,
sans pour cela nier la propriété.

La conscience universelle, dis-je, affirme la réalité du
droit de la guerre, et la compétence, pour certains litiges,
d'une juridiction de la force. Sur ce droit et cette compétence se sont établis, comme sur un fondement solide, les
rapports internationaux, et progressivement tout le système du droit civil et politique. Et c'est en vertu du droit
de la guerre, en vertu de la compétence d'une juridiction
de la force, que les deux règles de Vattel, purement fictives
dans son système du droit volontaire et destructives de
toute morale, redeviennent d'une vérité rigoureuse :

1° *La guerre en forme doit être considérée, quant à ses effets, comme également juste des deux parts;*

2° *Dans la guerre en forme, ce qui est permis à l'un est permis à l'autre.*

Non-seulement, dirai-je à Vattel, la guerre *doit être considérée* des deux parts comme également juste, elle EST juste, elle NE PEUT PAS ne pas être juste des deux parts, puisque, si elle était injuste d'un côté, ou de tous les deux, elle ne serait plus la guerre ; puisque alors la société serait établie sur l'injustice, et que la civilisation se développerait au hasard de la violence et de la trahison ; puisque, sans cette justice égale, il n'y aurait pas de différence entre le brigandage et la guerre, et qu'il suffirait à toute bande de malfaiteurs de dénoncer à la société qui la poursuit l'état de guerre, pour se ménager, après la défaite, une amnistie.

CHAPITRE V

QUE LA NÉGATION DU DROIT DE LA FORCE REND
LA PHILOSOPHIE DU DROIT IMPOSSIBLE

Depuis Wolf et son abréviateur Vattel, on ne peut pas dire qu'il se soit produit sur le droit de la guerre et des gens une seule théorie. Personne n'a essayé de combler cette immense lacune, qui, laissant le droit international dépourvu de saction comme de principe, ruine tour à tour le droit public et le droit civil, compromet le pouvoir du prince, la souveraineté de l'État, la légitimité des magistratures, l'autorité des tribunaux, la sécurité des propriétaires; assimile les armées à des bandes infernales, souffle aux populations le mépris et la révolte, et menace de ruine la civilisation tout entière.

D'après les auteurs, il n'existe ni droit de la guerre ni droit des gens : ce sont deux hypothèses commandées pour le besoin de la civilisation et l'honorabilité du genre humain, mais deux hypothèses absolument gratuites. La conséquence est que le corps du droit tout entier est un assemblage de fictions. C'est à cela que se réduit, à l'heure où j'écris ces lignes, toute la science juridique.

C'est en vain que l'immortel auteur de la *Critique de la raison pure*, Kant, a essayé d'appliquer au problème qui nous occupe ses puissantes catégories. Fourvoyé dès le premier pas par la négation du droit de la force, il n'a pu que se traîner à la suite de Wolf, et il a fini, chose pitoyable, par s'embourber dans l'utopie. Ce phénomène terrible, dont il n'y a pas moyen de révoquer en doute les éclats, la guerre, inquiète au plus haut degré la raison méthodique, paisible, du philosophe de Kœnigsberg : c'est la pierre d'achoppement de son système. Sans une théorie exacte de la guerre et de son droit, en effet, le système de la raison pratique croule, et l'édifice Kantien ne subsiste plus que sur une aile. Aussi faut-il voir avec quel acharnement le philosophe se débat contre ce sphinx qui déroute sa logique. Il lui cherche des démentis, de l'opposition, des négations partout. D'où peut venir aux hommes cette fureur étrange ? Devant cette question, Kant reste perplexe, et il conclut, non à résoudre l'énigme, mais à la trancher, en faisant disparaître, par des moyens de police générale, cette affreuse guerre, contre laquelle vient se briser sa philosophie du droit.

« La guerre, dit Kant, n'a besoin d'aucun motif particu-
« lier. Elle semble avoir sa racine dans la nature humaine,
« passant pour un acte de noblesse, auquel doit porter
« l'amour de la gloire, sans aucun mobile d'intérêt. Ainsi,
« parmi les sauvages de l'Amérique, comme en Europe,
« dans les siècles de chevalerie, la valeur militaire obtient
« de grands honneurs, non-seulement s'il y a guerre,
« comme il serait juste, mais encore *pour* qu'il y ait
« guerre, et comme moyen de se signaler. De sorte qu'on
« attache une espèce de dignité à la guerre, et qu'il se
« trouve jusqu'à des philosophes qui en font l'éloge comme
« d'une noble prérogative de l'humanité, oubliant ce mot

« d'un Grec : La guerre est un mal, en ce qu'elle fait plus
« de méchants qu'elle n'en emporte (1). »

Kant soutient donc qu'*il ne doit y avoir aucune guerre*,
ni entre individus, ni entre peuples; que c'est un état *ex-
tra-légal*, et que le véritable droit des gens est de mettre
fin à ces luttes *exécrables*, en travaillant à créer et à consolider la PAIX PERPÉTUELLE.

De Grotius, Wolf et Pufendorf, docteurs graves, nous
voici tombés dans la soutane de l'abbé de Saint-Pierre,
philanthrope et utopiste ! Nous ne sommes pas au bout.
Le projet de paix perpétuelle est-il réalisable? Kant considère comme un indice de cette réalisation la possibilité
qu'il y a, selon lui, de contenir les passions, en les opposant les unes aux autres :

« Le problème d'une constitution, dit-il, *fût-ce pour un
« peuple de démons*, n'est pas impossible à résoudre, pourvu
« que ce peuple soit doué d'entendement. On aurait l'avan-
« tage, par là, de ne pas attendre la paix du monde d'une
« *réforme morale* des hommes, impossible elle-même à ob-
« tenir. »

C'est justement la théorie passionnelle de Ch. Fourier,
combinée avec le système à bascule, ou des *contre-forces*,
d'Ancillon. La théorie de Fourier est aujourd'hui reléguée
parmi les utopies dont on ne se donne même plus la peine
de faire l'essai; et pourquoi? C'est justement parce que les
hommes passionnés, et sous ce rapport semblables à des
démons, sont en outre doués d'entendement, et que cet
entendement, loin de servir à mettre d'accord ou à équili-
brer leurs prétentions, leur sert précisément au contraire

(1) KANT. *Principes métaphysiques du droit*, traduction de Tissot.

à s'attaquer avec plus d'acharnement. Quant au système d'Ancillon, ce n'est pas autre chose que le principe de l'*équilibre européen*, en vertu duquel les nations, pour ne se pas faire la guerre, sont obligées de se tenir constamment en armes.

Toutefois, comme si l'instinct philosophique avertissait Kant de la puérilité de ses conceptions, après avoir posé les bases d'une pacification générale, il termine par cette réflexion que messieurs du Congrès de la paix feront bien de méditer :

« La paix perpétuelle est IMPRATICABLE ; mais elle est « *indéfiniment approximable.* »

Hegel n'éprouve pas le même embarras que Kant. Celui-ci croyait à une *raison pratique* de l'homme, différente par son principe de la *raison pure* ou *spéculative*, et donnant lieu à un ordre de faits, d'idées, de sentiments, que l'entendement seul ne suffit pas à expliquer. De cette *raison pratique* Kant faisait même une sorte de sanction de la *raison pure*, en montrant que certaines idées, par exemple celles de Dieu, de l'immortalité de l'âme, de la certitude des objets extérieurs et par suite de nos connaissances, idées que la *raison pure* laissait, selon lui, indécises, nous étaient garanties comme postulés nécessaires de la *raison pratique :* ce qui signifie qu'en dernière analyse l'intelligence chez l'homme n'a de certitude que celle qu'elle tire de la conscience. Hegel rejette ce dualisme : il ramène tout à un principe unique, la logique évoluant en noumènes et phénomènes. Ce qui arrive étant donc, en vertu de cette évolution, ce qui doit arriver, Hegel le proclame juste, quel qu'il soit, et sans s'inquiéter des protestations subjectives de la conscience. Pour lui le droit est un mot : comme la vérité est ce qui est, la justice est aussi ce qui est. Entre science et conscience, il n'y a pas de différence. Hegel a jeté son regard d'aigle sur la guerre, et il l'approuve, il en proclame les résultats généraux comme bons, en quoi il n'a pas tort. Mais il ne donne d'autre raison de cette bonté des résultats généraux de la guerre, sinon qu'ils existent ; il ne s'inquiète pas si le principe en est moral ou immoral ; il affirme que la guerre, étant inévitable, est par cela même infaillible, qu'elle ne se trompe pas.

Aussi voyez la conséquence. Tandis que Fichte prêchait la croisade contre Napoléon, Hegel admirait flegmatiquement la marche dialectique du conquérant. Si l'Allemagne, en 1813, avait été un peu moins kantiste, un peu plus hégélienne, Napoléon Ier aurait été victorieux dans sa campagne de Saxe ; l'invasion de la France en 1814 n'aurait pas eu lieu ; au contraire, le désastre de la campagne de Russie réparé, la coalition définitivement écrasée, c'est l'empire des czars qui aurait été conquis ; Napoléon serait mort sur son trône, et son fils, le duc de Reichstadt, rendu à la santé par la victoire de son père, réunirait peut-être sur sa tête les deux couronnes de France et d'Autriche. Nous pouvons en France, par patriotisme, accepter cette conclusion hegélienne de l'époque impériale ; mais il faut avouer qu'en vertu du même patriotisme les Allemands ne s'en accommoderaient pas de même. D'où il résulte, contrairement au système de Hegel, que la raison de la guerre n'est pas la même que la raison de la nécessité, et que si la force doit incontestablement compter pour quelque chose, elle n'est cependant pas tout.

Du droit de la guerre, ainsi conçu tellement quellement, Hegel concluait, avec Hobbes, à l'absolutisme gouvernemental, à l'omnipotence de l'État, à la subalternisation de l'individu. J'ignore si, pour cette partie de sa philosophie, Hegel a conservé en Allemagne un seul partisan ; mais je

puis dire que parler ainsi de la guerre et du droit de la
force, mêler le bien et le mal, le vrai et le faux, c'est déshonorer la philosophie. Hegel aurait mérité cette condamnation énergique de l'un de ses disciples, Mager :

« Une philosophie par laquelle le fatalisme et le droit
« du plus fort sont élevés sur le trône; par laquelle l'indi-
« vidu est dépouillé de sa personnalité, de sa responsabi-
« lité, et dégradé jusqu'à n'être plus qu'une goutte dans
« le torrent de l'esprit universel, et qui dit expressément
« que la vertu et la justice, l'iniquité et la violence, les
« vices et les talents, les actions personnelles, les grandes
« et les petites passions, le crime et l'innocence, la gran-
« deur de la vie publique ou individuelle, l'indépendance
« et les destinées des nations, sont des *points de vue* dont
« l'histoire universelle n'a point à s'occuper (1)... »

Achevons nous-mêmes la phrase : Une pareille philosophie est un outrage au bon sens, et une dérision de ce
qu'elle a la prétention de glorifier, la fatalité, la guerre,
la force.

Quelles autres citations ferais-je à présent? Et à quoi
bon? Le droit de la guerre nié, le droit des gens, dont les
badauds continuent à s'entretenir, se réduit à néant. Écou-
tons le dernier recenseur de la science, M. Oudot :

« Existe-t-il pour le droit international une sanction
« autre que celle de la conscience et du mal qui résulte
« tôt ou tard pour le coupable de la perpétration de l'in-
« justice?
« Pour soutenir l'affirmative, il faudrait accepter des
« croyances à moitié fatalistes, qui, en reconnaissant la li-

(1) WILMM, *Histoire de la philosophie allemande*, t. IV, p. 330.

« berté pour les individus, la nient pour les peuples. Il
« faudrait dire, avec Domat, « que les procès entre nations
« ont pour juges la force et Dieu, les événements que
« Dieu donne aux guerres ; enfin il faudrait affirmer, avec
« des philosophes modernes, que la guerre n'a jamais tort;
« que Dieu en dirige les événements pour en tirer l'enfan-
« tement heureux de quelque progrès réclamé par la force
« au nom de la justice. »

A quoi notre auteur répond :

« La liberté humaine peut tout aussi mal faire entre les
« nations que dans les débats particuliers ; le canon, *ratio*
« *ultima regum*, n'est pas infaillible pour donner la vic-
« toire à la bonne cause. Alors on est bien obligé de recon-
« naître que le droit international sanctionnateur est *in-*
« *forme* en ce qui touche les moyens de sanction extérieure.
« Les moyens *préventifs* ou *probatoires*, *réparatoires* ou
« *pénaux*, qu'il a à sa disposition, ne sont que de la force ;
« sa *procédure* est l'habileté d'un général ; son prétoire est
« le champ de la bataille. Montesquieu reconnaît ces
« tristes vérités. Il en tire cette conséquence, que *les*
« *princes, qui ne vivent point entre eux sous des lois ci-*
« *viles, ne sont point libres... Car la liberté consiste prin-*
« *cipalement à ne pouvoir être forcé à faire une chose que*
« *la loi n'ordonne pas : et on n'est dans cet état que parce*
« *qu'on est gouverné par des lois civiles.* D'Aguesseau
« ajoute, dans le même sens : *Au lieu que, dans la juris-*
« *prudence ordinaire, c'est par le droit que l'on doit juger*
« *du fait ; ici, c'est presque toujours le fait qui sert à faire*
« *observer le droit.*
« Cette privation d'une partie notable de la sanction
« constitue une mutilation profonde de l'idée du droit.
« Aussi Burlamaqui, Pufendorf et autres auteurs avouent

« qu'on ne peut guère donner au droit international sanc-
« tionnateur le nom de droit, dans l'exacte précision des
« termes : « la notion exacte du nom de droit renfermant
« toujours l'idée d'une puissance suprême, qui puisse con-
« traindre les hommes à s'y soumettre (1). « .

Bref, le droit des gens, dans la foi duquel les nations
ont vécu, ce droit souverain est une fable ; c'est la jurisprudence classique, la science officielle, constituée, qui le
déclare. Tout ce qui existe, en fait de royaumes, empires,
républiques, tout ce système d'États plus ou moins indépendants les uns des autres, de souverainetés mutuellement reconnues, mais non garanties, est le produit du
hasard, de la violence et de la perfidie, œuvre ininteIli-
gible de la fatalité et de l'arbitraire, que l'arbitraire et la
fatalité peuvent détruire demain.

Aussi, voyez les conséquences se produire, et le chaos
juridique préparer peu à peu le chaos social.

Puisque, comme le dit l'honorable professeur que je
viens de citer, *la notion exacte du droit renferme toujours
l'idée d'une puissance suprême qui contraigne les hommes
à s'y soumettre ; que,* comme le dit Ancillon, *l'autorité est
la source unique d'où découle le droit ;* et puisque l'absence
d'un droit international tient à ce que l'humanité est divisée en souverainetés indépendantes, qui ne reconnaissent
pas de juge suprême, il s'ensuit que la première chose à
faire est de ramener tous les États à l'unité, et de vaincre
ces vieux préjugés de *nationalité* et de *patrie* qui s'opposent à la réalisation du droit. C'est ce que dit le savant
M. Oudot :

« Ce fractionnement des hommes en *nations* ou *sociétés*

_____

(1) OUDOT, *Conscience et science du droit,* t. II, *passim.*

«.diverses laisse des regrets. On peut souhaiter de voir le
« jour de la réunion des peuples dans l'unité. Heureux
« jour, où le triste nom d'*étranger* s'effacerait des langues
« humaines, emportant avec lui des luttes d'intérêts
« et de principes que le patriotisme exclusif traduit en
« guerres! »

C'est aussi l'opinion de M. Vergé, éditeur et commentateur de Martens. L'idée de *patrie*, selon lui, est négative
du droit des gens. D'après ce principe, il écrit :

« Les croisades ne sont-elles pas la négation du droit
« des gens? Au lieu de la patrie grecque et de la patrie ro
« maine, on eut la patrie chrétienne. »

Ainsi la patrie n'est plus rien, la nationalité rien, l'autonomie des races, la distinction des peuples, la détermination des États, rien.

Ainsi, les Alexandre, les César, les Charlemagne, les
Charles-Quint, les Philippe II, les Louis XIV, les Napoléon, tous ces candidats à la monarchie universelle, ces
destructeurs de patries, de libertés nationales et individuelles, étaient les bienfaiteurs du genre humain, les vrais
représentants du droit; les héros qui les combattirent, un
Memnon, un Vercingétorix, un Witikind, un Guillaume le
Taciturne, un Gustave-Adolphe, un Guillaume III, un
Kosciuzko, un Wellington, des révoltés contre la Providence, des ennemis du droit des gens, dignes de toutes les
amertumes de la défaite et des flétrissures de l'histoire.
Car de l'autorité seule découle le droit; et puisque l'Être
suprême n'a pas daigné établir son siége entre les nations, que pouvons-nous faire de mieux que de suppléer à
cette absence du Dieu de l'ordre, en créant, par une centralisation des cinq parties du globe, l'omniarchie de la
terre!

Certes, nous avons vu, depuis douze ans, poursuivre des utopistes bien moins dangereux que ceux-là ; des hommes qui, s'ils s'égaraient dans leurs aspirations vers l'avenir, n'abusaient pas du moins de la confiance publique, ne travaillaient pas à ruiner dans l'esprit de leurs auditeurs l'État qui les payait. Comment la vertu patriotique ne fléchirait-elle pas, à la longue, dans une nation à qui ses docteurs enseignent de si belles choses ? Comment, surtout, l'armée conserverait-elle le moindre respect pour le droit et la morale, quand elle s'entend répéter sur tous les tons qu'elle n'est, ne saurait être jamais qu'un instrument de violence brutale ?

Horace, le poëte épicurien, venu après les guerres civiles, et qui, il nous l'a raconté lui-même, ne brillait pas précisément par la vertu guerrière, Horace nie positivement qu'il y ait rien de commun entre la guerre et le droit. Que ton Achille, dit-il à son jeune poëte, ne reconnaisse ni loi ni droit que les armes : *Jura neget sibi nata, nihil non arroget armis.*

C'est d'après ce modèle de fantaisie, et sur la foi de juristes ignares, que vous entendrez plus d'un militaire, brave d'ailleurs et plein d'honneur, mais oubliant que le premier magistrat fut un chef d'armée, accorder ingénument que la justice n'est pas le fait de l'homme de guerre, que le soldat ne connaît de loi que son épée, et que si, dans la bataille et dans la victoire, il lui plaît d'user de modération, c'est pure générosité de sa part et parce que cela ajoute à sa gloire. Guerre et droit, disent volontiers les militaires, comme vertu et vice, sont choses contraires, sans rapport entre elles, inconciliables. Grotius cite à cette occasion une multitude de dits célèbres, conservés par les auteurs, et qui ne prouvent qu'une chose, à savoir : que si la notion du droit de la guerre s'est depuis longtemps corrompue dans les armées, c'est surtout grâce aux fausses idées répandues par les légistes, c'est grâce à cette habitude pernicieuse, passée chez les nations modernes en maxime d'État, de séparer l'une de l'autre, comme deux éléments incompatibles, la justice et la guerre, et de ne pas souffrir que celui qui combat, au péril de sa vie, pour le droit, connaisse du droit et en délibère.

CHAPITRE VI

QUE LE DROIT DE LA FORCE N'A PAS ÉTÉ CONNU DE HOBBES : EXAMEN CRITIQUE DU SYSTÈME DE CET AUTEUR

L'écrivain qui entreprend de réhabiliter soit une idée, soit une époque, soit un homme, ne saurait s'entourer de trop de précautions et prendre contre le retour de la calomnie trop de sûretés. Il ne manque certes pas aujourd'hui de gens qui, pour peu que je leur en fournisse le prétexte, seraient heureux de dire que la théorie du droit de la force, que j'exposerai tout à l'heure, est empruntée au célèbre Anglais Hobbes, connu du vulgaire des lettrés pour s'être fait l'éditeur et le panégyriste des propositions les plus immorales et les plus atroces qui aient paru sur le droit des gens. Peu de personnes, j'imagine, parmi mes contemporains et compatriotes, s'avisent de lire les écrits de ce publiciste que j'ose appeler de génie, bien que je regarde sa doctrine comme ne contenant que la moitié de la vérité, et qui eut la gloire de chercher, l'un des premiers, les principes de l'ordre social dans *la pure et droite raison*, et en dehors de toute foi ou révélation religieuse.

C'est un des effets inévitables du progrès, qu'à mesure

que notre raison s'éclaire et que le chaos de nos idées se débrouille, les vieux auteurs, premiers pionniers de la pensée, sont oubliés peu à peu et leurs livres envoyés au grenier. Mais il appartient à ceux qui aspirent à continuer leur œuvre de les rappeler de temps en temps au souvenir de la postérité, et de payer à leurs efforts le juste tribut de reconnaissance qu'ils ont mérité.

Voici ce que je lis sur Hobbes, dans la *Biographie portative universelle*, publiée par Garnier frères, Paris, 1852 :

« HOBBES (Thomas), célèbre philosophe anglais, écrivain « politique, poëte anglais et latin ; Malmesbury, 1588- « 1680. Pendant les guerres civiles, il se montra zélé par- « tisan de la cause royale et dut se réfugier en France « (1640). Rentré dans sa patrie (1653), il se fit de nombreux « ennemis par ses opinions et l'intolérance de son carac- « tère. Hobbes fut l'ami de Bacon, de Gassendi, de Gali- « lée. Penseur audacieux, quelquefois profond ; rigoureux « logicien, mais, en même temps, génie étroit et para- « doxal, il usa une remarquable puissance sans grand ré- « sultat. *Son système est un matérialisme franc et complet,* « *lequel exclut Dieu. En morale et en politique, il part de* « *cette hypothèse que l'homme est par nature égoïste, mé-* « *chant, hostile à l'homme. Il soutient que le droit ne com-* « *mence qu'avec les contrats et n'a point d'autre base, et de* « *là il conclut que le meilleur gouvernement est celui de la* « *force, le despotisme monarchique sous la forme la plus ab-* « *solue.* C'est dans le livre *De Cive* (1642) qu'il a développé « cette doctrine restée célèbre... »

Ce petit article est le résumé de tout ce que l'on pense communément, encore aujourd'hui, de Hobbes. *Matéria- liste, athée*, fauteur du pouvoir absolu, que voulez-vous de plus horrible, de plus noir ? Qu'il ait été, du reste, penseur

hors ligne, géomètre, poëte, helléniste, ami de Bacon, de
Galilée, de Gassendi, trois noms qui en valent des centaines
d'autres ; qu'il ait même souffert la persécution et l'exil
pour ses opinions : on l'accorde, mais on n'en tient pas
compte. L'homme est jugé. Les cléricaux du dix-septième
siècle ont instruit le procès ; les soi-disant critiques du
dix-neuvième adoptent leurs conclusions, et tout est dit.
C'est ainsi que la littérature marchande exécute les auteurs. Et voilà ta justice, ô Postérité !

L'objet des écrits de Hobbes, la pensée de toute sa vie,
d'une vie de quatre-vingt-douze ans, fut de rechercher, par
les seules forces de la raison, de la droite raison, comme il
aime à s'exprimer, les principes de la morale et du droit.

Est-ce qu'un esprit, que tourmente pendant quatre-vingt-
douze ans une pareille idée, est un esprit d'immoralité ?
Car enfin les qualifications d'*athéisme*, de *matérialisme*,
d'*absolutisme*, que prodiguent à tort et à travers des gens
qui ne savent certes pas mieux que Hobbes ce que c'est
que Dieu, la matière, ou l'absolu, n'impliquent rien de
moins que cela.

Th. Hobbes appartient à cette génération puissante, venue à la suite de la Réforme, mais que la Réforme elle-
même ne satisfaisait pas, et pour qui, le droit de libre interprétation de la Bible devenant bientôt le droit de penser
librement sur toutes choses, l'édifice entier de la connaissance, jusque-là basé sur la foi, devait s'établir enfin sur la
raison. Dans les rangs de cette généreuse phalange de penseurs, se distinguent, à des titres divers et dans des direc-
tions différentes, Bacon, Gassendi, Galilée, amis de Hobbes,
Descartes, Grotius, Spinoza. Hobbes marche de pair avec
ces grands hommes, et, quelque erronée que soit sa doctrine, il a droit à conserver sa place, d'autant mieux que
son action sur son siècle et sur les suivants a été bien plus
grande qu'on ne le suppose.

D'où vient la société? se demande Hobbes. Qu'est-ce que l'État? Sur quoi reposent les fondements de l'ordre politique? Quelle est l'étendue du pouvoir du prince? Quel en est le principe? Qu'entend-on par *démocratie, aristocratie, monarchie?* Que vaut le serment? Que signifient ces mots : *contrats, obligations*, etc.? La religion nous éclaire sur ces questions; nous connaissons ses réponses. Elle a résolu à sa manière ces redoutables problèmes; et nous vivons sur ses préceptes, nous subsistons de sa tradition. Mais, en dehors de la foi et de l'ordre exprès de Dieu, quelle idée pouvons-nous nous faire de toutes ces choses?

Telle est la thèse. Certes, c'était une tête puissante, que celle qui, dès la première moitié du dix-septième siècle, se posait de semblables problèmes; et ce fut incontestablement un homme de génie que celui qui en essaya la solution.

Que si maintenant, par matérialiste et athée, l'on entend celui qui cherche la vérité et la règle des mœurs par les seules forces de la raison, assistée de l'expérience, assurément Th. Hobbes doit être réputé athée et matérialiste. Mais Descartes est athée aussi, Bacon et tous les autres sont dans le même cas. Notre société moderne tout entière, enfin, peut être appelée athée et matérialiste, car elle distingue nettement et tient de plus en plus à distinguer la philosophie de la théologie, comme le temporel du spirituel. Ceux-là mêmes qui ont conservé des croyances religieuses sont les premiers à reconnaitre la nécessité de séparer la religion de la raison. De savoir, après cela, si le même Hobbes, athée spéculatif comme Descartes était pyrrhonien, l'est également dans son cœur ; s'il a dit, dans son âme et conscience, comme l'incrédule du psalmiste : *Non, il n'y a point de Dieu,* j'avoue que je ne tiens pas le moins du monde à l'éclaircir. Ce qui m'intéresse est la doctrine de Hobbes ; je suis sans inquiétude sur son salut.

Écartant donc l'idée de Dieu et de religion, en matière de science sociale de même qu'en matière de géométrie, Hobbes se demande ce qu'il y a de socialement, de juridiquement vrai, pour l'homme, dans cet état où il le suppose livré à la seule inspiration de son entendement, et qu'il appelle, par opposition à l'état religieux, *état de nature*. Et comme notre philosophe, malgré son désir de ne suivre que la raison et de s'affranchir des lisières de la révélation, n'en est pas venu cependant à séparer la conscience morale de la conscience religieuse, pas plus que les théologiens et les moralistes de son temps ne les séparaient, pas plus que ceux du nôtre ne les séparent ; comme ces deux idées, religion et morale, restent pour lui indissolublement unies, pour ne pas dire identiques, il se répond, avec tous les théologiens de son temps et avec tous les croyants du nôtre, que, dans l'état de nature, c'est-à-dire en dehors de l'idée de Dieu et de l'influence religieuse, l'homme (l'Adam pécheur) est placé sous la loi de l'antagonisme, de l'égoïsme ; que, par conséquent, n'obéissant qu'aux suggestions de son appétit, n'ayant de loi que sa volonté, il est naturellement pour son semblable un ennemi, une bête féroce, *homo homini lupus*, à moins que par un miracle du ciel il n'en devienne le bienfaiteur, le dieu, *vel deus*.

La conclusion de Hobbes ne pouvait être autre que celle-là. L'idée d'une justice immanente, la distinction de deux sortes de morales, morale religieuse et morale rationnelle, de deux espèces de droits, droit divin et droit humain, bien autrement profonde et délicate que celle du spirituel et du temporel, voire même que celle de la religion et de la raison, ne pouvait être clairement conçue du temps de Hobbes, et tout me porte à croire qu'il n'y arriva jamais.

Après cette première proposition de Hobbes, que l'homme

est pour l'homme, à l'état de nature, un ennemi, il semble
que la discussion devait s'arrêter là. Le premier paysan
venu, à défaut des docteurs en théologie, pouvait dire à
Hobbes : « Mon bon monsieur, s'il est vrai qu'à l'état de
nature nous ne sommes que des bêtes féroces, toujours
prêtes à nous entre-dévorer, il est clair qu'il n'y a de morale qu'en Dieu et dans la religion, de justice que dans la
religion, d'autorité que dans la religion, de vraie et bonne
politique que dans la religion ; que par conséquent votre
droite raison est une sotte qui fera bien de retourner au ca-
téchisme ; et que vous-même, au lieu de philosopher, vous
n'avez rien de mieux à faire, ainsi que nous pauvres
paysans, que de méditer la sainte Écriture, travailler la
semaine, et le dimanche chanter des psaumes. »

L'argumentation eût été sans réplique. Mais Hobbes ne
pouvait s'y rendre ; cas, s'il est vrai que, l'identité du principe moral et du principe religieux une fois admise, il n'y
ait plus à chercher les fondements rationnels de la société,
la distinction entre la religion et la raison, celle de science
sacrée et de science profane n'en subsiste pas moins ; et
Hobbes était toujours fondé à se demander, non plus peut-
être si ce qu'on appelle justice et morale avait encore lieu
hors de la religion, mais comment, hors de la religion,
avec ou sans justice, avec ou sans morale, l'homme et son
compagnon parviendraient à sortir, plus ou moins, de leur
état antagonique et à s'entendre.

Ainsi, battu par ses propres armes, qui sont celles de la
dialectique, mais fidèle au principe indestructible de la
distinction de la foi et de la raison, Hobbes poursuit sa
route. Autant il fait de pas, autant de chutes. Voici enfin
où il aboutit.

On sait que le philosophe allemand Hegel part du *néant*
pour arriver à l'ÊTRE ; Hobbes suit un procédé analogue. Il
part de l'état de guerre pour arriver à l'état de société, du

non-droit pour arriver au droit ; c'est en cela que consiste l'originalité de son système.

Dans l'état de nature, dit-il, tel que seulement nous pouvons le supposer en dehors de l'institution religieuse ; dans cet état où il n'y a point de législateur, puisque Dieu ne paraît point ; pas de lois, pas d'autorité ; où chacun est en guerre contre tous ; où la distinction du bien et du mal n'existe pas, quelle peut être la règle d'action de l'homme ? En d'autres termes, qu'est-ce que nous pouvons imaginer comme étant le mobile souverain de sa volonté, et par conséquent la loi de son existence ? C'est évidemment qu'il doit TOUT FAIRE *pour éviter la mort et la souffrance.* Le sens commun le dit : la *conservation de son corps et de ses membres, par tous les moyens possibles,* voilà, pour l'homme à l'état de nature, l'unique et véritable loi, le dictamen de la pure et droite raison.

Hobbes tire de là sa définition du droit, celle qui lui servira pour échafauder son système : Tout ce que l'homme à l'état de nature peut faire rationnellement, ou, pour mieux dire, logiquement, envers et contre tous, en vue de conserver son corps et ses membres, je dis que cela est fait justement et de droit, *id juste et jure factum dicam.* En sorte que le fondement du droit, selon Hobbes, est que chacun conserve, autant qu'il est en lui, son corps et ses membres, *ut quisque vitam et membra sua, quatenus potest, tueatur.*

Il est manifeste qu'un semblable droit, impliquant, Hobbes le dit de la manière la plus expresse, la faculté de tuer et de voler, n'est pas du droit : c'est du non-droit. L'idée de droit implique respect mutuel, convenance réciproque : si la convenance n'existe que d'un côté, si elle est unilatérale, c'est du pur égoïsme. Voilà pourquoi j'ai dit que Hobbes partait du non-droit pour arriver au droit, de même que Hegel, dans sa métaphysique, part du néant pour arriver à l'être. On va voir comment le publiciste anglais effectue la traversée.

Après avoir donné cette définition du droit, Hobbes la développe intrépidement.

Qui veut la fin veut les moyens, dit notre auteur. Celui qui a droit, en d'autres termes, celui à qui sa droite raison commande de protéger à tout prix son corps et ses membres, la même droite raison lui commande aussi d'employer pour cela tous les moyens possibles.

Ce mot de *droite raison*, employé par Hobbes pour justifier, à l'état de nature, le vol et l'assassinat, a pour nous quelque chose de révoltant. Mais il faut comprendre la pensée et envisager surtout le but de l'écrivain, qui est de nous faire sortir, le plus tôt qu'il pourra, de cet état de nature où la droite raison nous commande de voler et d'assassiner ; puis, en vertu de cette même droite raison, de nous élever à un état supérieur, dans lequel il nous sera commandé tout à l'heure d'observer la paix et la fidélité au serment. La *droite raison*, chez Hobbes, est l'équivalent de la *ligne droite* des géomètres : c'est le plus court chemin par lequel l'homme, placé sous la seule loi de conservation, peut arriver à son but.

Nous disons donc que la droite raison nous commande d'employer, pour nous sauvegarder, tous les moyens possibles. De savoir maintenant, parmi tant de moyens qui peuvent s'offrir, quels sont ceux qu'il conviendra d'employer, c'est, dit Hobbes, ce dont chacun de nous reste seul juge pour ce qui le regarde, en vertu de son droit naturel.

« Car, s'il était contraire à la droite raison que je jugeasse moi-même de ce qui regarde ma sûreté, un autre sans doute en jugerait. Si un autre juge de ce qui me regarde, je puis juger à mon tour de ce qui le regarde,

« lui, ce qui revient à me constituer en définitive seul juge
« de mon intérêt, seul juge dans ma propre cause. »

Nous sommes donc toujours dans le non-droit : c'est ce
que Hobbes reconnaît lui-même implicitement, lorsque,
poursuivant son argumentation, il ajoute :

« La nature a donné à chacun de nous droit sur toutes
« choses. Mais, dans la pratique, ce droit sur toutes choses
« accordé à tous équivaut pour chacun à zéro, la compéti-
« tion universelle ne permettant à personne de s'appro-
« prier, en toute sécurité et garantie, quoi que ce soit.
« De là la guerre, dans laquelle consiste l'état de nature. »

On voit par ces paroles, que je cite textuellement, que
pour Hobbes le droit absolu était synonyme de la nullité
absolue du droit. Ne reconnaît-on pas ici la logique de Hegel, faisant aussi l'être absolu synonyme de néant?

Il s'agit de savoir comment nous sortirons de ce droit
absolu de tous sur toutes choses, dans lequel il est évident
que l'humanité ne peut subsister. A cette fin, Hobbes fait
intervenir un nouvel élément à l'aide duquel il opère, dans
cet absolu juridique, dans ce non-droit, une suite de déterminations donnant lieu à des droits spéciaux, positifs, en
un mot, à de véritables droits.

Tout ce que j'ai le droit de faire ne m'est pas également
avantageux. Je suis en état de guerre avec tous mes semblables; j'ai le droit d'enlever ce qui me plaît, et de tuer
le premier qui se présente, le tout pour nourrir mon corps
et conserver mes membres : faculté immense, et qui me
laisse, ce semble, bien des ressources. Pourtant, je consen-
tirais volontiers à relâcher quelque chose de ce droit absolu, en échange de quelque garantie et sûreté. Car je puis
être tué moi-même; ce qui prouve, en généralisant l'hy-

pothèse, que la guerre est mauvaise conservatrice du genre
humain. Envisagé de ce nouveau point de vue, mon droit
de tout faire pour la conservation de mon corps et de mes
membres va se modifier de lui-même; il prendra pour
limite et pour règle mon intérêt : *In statu naturali men-
suram juris esse* UTILITATEM.

L'*utilité*, voilà le grand principe de Hobbes. C'est de lui
que l'ont reçu Bentham et tous les unitaires. On peut dire
qu'il fait le fond de la conscience anglaise, qu'il est incarné
dans le sang anglais. C'est la théorie de l'*intérêt bien entendu*. Ceux qui la professent sont loin de lui avoir conservé la rigueur de déduction du maître : on a laissé
Hobbes sous le poids de la malédiction qui s'attache aux
matérialistes et aux athées. Bentham et ses acolytes, avec
leur hypocrisie, sont accueillis comme honnêtes gens et
excellents chrétiens. Bien loin qu'on les rattache au véritable inventeur et théoricien de l'idée, c'est Bentham qu'on
est convenu de regarder comme le CHEF de l'école dite
utilitaire.

Reprenons maintenant la suite des propositions du patriarche :

L'état naturel des hommes, avant la formation des sociétés, et en dehors de l'institution religieuse, est la guerre,
la guerre, dis-je, de tous contre tous. Qu'est-ce, en effet,
que la guerre, sinon le temps pendant lequel l'homme no-
tifie à l'homme, par paroles ou par actes, sa volonté de
combattre et d'user de violence? Hors de ce temps, c'est la
paix. *Status hominum naturalis, antequam in societatem
coiretur, bellum est; neque hoc simpliciter, sed bellum om-
nium in omnes. Bellum enim quid est, præter tempus illud,
in quo voluntas certandi per vim verbis factisve satis decla-
ratur? Tempus reliquum pax vocatur.*

Ainsi la guerre, bien qu'elle soit l'état naturel de
l'homme (nous savons ce qu'il faut entendre, d'après Hob-

bes, par état naturel ou état de nature), cette guerre est un mal ; et la même *droite raison* qui nous autorise à nous en servir, envers et contre tous, comme d'un moyen de conservation, nous pousse à lui préférer la paix.

Il suffit de la plus légère attention pour comprendre la dialectique du philosophe, et rendre justice à ses vues. Hobbes n'est nullement un partisan de la guerre et de la violence ; tout au contraire, il veut la paix, et il cherche le droit. Décidé à ne rien demander à la théologie, mais à tenir tout exclusivement du sens commun, de la logique rigoureuse, du pur égoïsme, il se place volontairement dans l'hypothèse la plus défavorable, comme Descartes s'engageant dans son doute méthodique. Et c'est au nom de ce même égoïsme, en vertu de cette logique inflexible qu'il lui attribue et qu'il appelle *recta ratio*, qu'il conclut tout à coup, sans le moindre détour, sans surprise, sans sophisme, à la supériorité de la paix sur la guerre, et à la nécessité pour l'homme, à peine de contradiction, de la vouloir.

L'état primordial de l'homme, dit Hobbes, est l'état de guerre. Dans cet état, l'homme a le droit de tout faire, pour sa conservation, contre l'homme. Mais l'humanité ne peut vouloir sa propre destruction : donc sa loi est de sortir de son état de nature pour arriver à la paix. Voilà le raisonnement de Hobbes.

Comment donc sortirons-nous de notre état de nature pour entrer dans l'état social? Comment s'établira la paix au milieu de cette guerre? — Par le contrat, répond Hobbes. — Qu'est-ce que le contrat? — L'action de deux ou plusieurs personnes qui se transfèrent réciproquement leurs droits : *Duorum vel plurium jura sua mutuo transferentium actio vocatur contractus.* Une fois là, Hobbes construit son État : il montre comment tous les droits et devoirs positifs de l'homme en société peuvent découler de ce même principe d'égoïsme qui d'abord n'avait servi qu'à organiser la guerre; et cela, notons-le bien, toujours en vertu de ce que Hobbes appelle *droite raison, état de nature* ou *droit naturel.*

On voit maintenant en quoi consiste la théorie de Hobbes. Ce n'est, à vrai dire, pas autre chose, au fond, qu'une démonstration de la nécessité de la justice, par la réduction à l'absurde de l'hypothèse de la non-existence de la justice. Un professeur de droit, qui, avant d'aborder la preuve directe de l'existence d'un principe positif de justice dans la raison et dans la conscience de l'homme, voudrait, par manière de prolégomène, démontrer à ses élèves l'impossibilité du système contraire, ne s'y prendrait pas autrement qu'a fait Hobbes.

« On nie, leur dirait-il, la réalité de ce principe qu'on appelle la justice ; on prétend que justice, droit, morale, sont de vains mots, de pures conventions. Eh bien, messieurs, avant de vous faire toucher du doigt que ces mots couvrent des choses, plaçons-nous pour un moment sur le terrain de nos adversaires. Il n'y a point de droit : soit. La société humaine est le produit d'une convention arbitraire, d'une fiction légale : je le veux bien. C'est donc à dire que, en dehors de cette convention, — Hobbes disait en dehors des institutions religieuses, — l'homme est dans un état naturel d'antagonisme où tout lui est permis, où son unique loi est de pourvoir, *per fas et nefas,* à la satisfaction de ses appétits. Mais, après avoir plus ou moins longtemps bataillé, donné cours à ses instincts féroces, il est évident que, dans l'intérêt même de cette conservation pour laquelle il se croit tout permis, au nom et en vertu de son égoïsme, il cherchera, par un armistice d'abord, puis par un traité quelconque, à sortir de cet état qui n'aboutit à rien moins qu'à la destruction totale de l'espèce. S'il fait un premier pas dans cette voie, il en pourra faire mille ; il renoncera à son droit de tuer et de voler, il formera une cité.

Bref, il se fera peu à peu, à l'aide de cette raison qui lui faisait au commencement rechercher sa félicité par la guerre et toute espèce de crime ; il se fera, disons-nous, une loi de la paix et de toutes les vertus qui en sont l'apanage. Donc la justice n'est pas un vain mot, puisqu'elle est nécessaire, et que de cette nécessité seule nous pouvons déjà rigoureusement déduire tout un système de législation et de morale... »

Voilà ce que dirait le professeur. Or, je répète que Hobbes, le matérialiste, l'athée, l'apologiste de la tyrannie, n'a pas fait autre chose. Sous ce rapport, son système peut et doit être conservé presque tout entier.

Qu'est-ce donc qui fait la faiblesse de la théorie de Hobbes? Je l'ai dit dès les premières lignes de ce chapitre, et je viens de l'expliquer : c'est qu'elle ne contient qu'une moitié de la vérité. Oui, la justice, l'état social, sont choses nécessaires, puisque le contraire aboutit au néant ; puisque ce même homme, à qui nous reconnaissons un droit absolu sur toutes personnes et toutes choses, est conduit, par son intérêt même et son égoïsme, à renoncer à cet absolutisme et à chercher la paix, la sécurité, la richesse, le bien-être, sa conservation, en un mot, dans une volontaire limitation de son droit. Mais la science du droit ne s'arrête pas à cette conclusion de la nécessité ; elle affirme, de la manière la plus positive, au nom du sens intime et de l'expérience psychologique, l'existence d'un principe de justice, que toutes les religions ont présenté comme une révélation et un ordre de Dieu, et qu'une philosophie plus attentive regarde comme le *dictamen* de la raison et de la conscience. La justice, disons-nous aujourd'hui, à la fois idée et sentiment, loi de l'esprit et puissance de l'âme, est immanente à notre nature, aussi réelle, aussi facile à reconnaître que l'amour, la sympathie, la maternité et toutes les affections du cœur. Il suit de là que l'homme n'est point seulement convié à l'état social et juridique par un simple calcul d'intérêt ou de nécessité, comme le dit Hobbes ; le motif d'intérêt eût été impuissant par lui-même à maintenir l'état social. Chacun voulant bien de la paix tant qu'elle lui est utile, mais la repoussant et déchirant le pacte dès qu'il la juge défavorable à son égoïsme, la multitude humaine aurait vécu dans un état de dissolution perpétuelle. A la guerre se serait jointe la trahison ; et cette fausse paix, ce faux état de société eût été pire pour notre race que le primitif et franc état de guerre. Une force de cohésion est ici indispensable ; cette force, nous la trouvons dans le principe de justice, qui, plus puissant sur les cœurs, à la longue, que l'intérêt et la nécessité, pousse l'homme à l'association, fait et maintient les États.

Qu'est-ce maintenant que ce principe ou cette puissance de justice, le plus universel et le plus constant de nos instincts, sinon toujours le plus énergique? C'est le respect de notre propre dignité, le respect de notre âme, respect qui nous saisit à la vue non-seulement de ce qui nous souille et nous offense, mais de tout ce qui offense et souille notre semblable...

Ainsi Hobbes s'est trompé, en premier lieu, sur la religion, dans laquelle il a vu soit une institution d'en haut, soit une invention des prêtres, et que nous regardons aujourd'hui comme la symbolique ou formule primitive de la société et de la justice. Il s'est trompé sur la nature de la société, qu'il a conçue comme le résultat d'une simple nécessité et d'un calcul d'intérêt, tandis qu'elle est aussi le produit d'une faculté expresse de notre âme, qui nous y pousse, en même temps que notre appétit irascible nous pousse à la guerre. Il s'est trompé sur le caractère et l'essence de la paix, qu'il définit négativement *tout le temps qui n'est pas donné à la guerre*. Il s'est trompé sur la guerre elle-même, qu'il considère comme un état de malheur,

l'antithèse du véritable droit. Il s'est trompé, enfin, dans
sa définition du droit, qu'il appelle, dans son acception absolue, la faculté qu'a l'homme de TOUT FAIRE, sans distinction de bien ou de mal, pour la conservation de son corps et
de ses membres, et que nous regardons comme le respect
de la dignité humaine, dans notre personne et dans la personne de chacun de nos semblables ; respect qui n'est autre,
au fond, que celui que la religion nous inculque pour les
puissances célestes, et qui a pour effet sur notre volonté de
nous soumettre à la société, et de nous forcer d'obéir à des
lois.

Ces réserves, dont le lecteur peut apprécier l'importance, exprimées, on ne peut qu'admirer avec quelle force
de logique Hobbes poursuit la déduction de son principe
et construit de toutes pièces cet édifice social, que de sots
critiques et effrontés plagiaires l'accusent d'avoir renversé.
Hobbes a fait faire à la raison le premier pas et peut-être
le plus difficile dans la science du droit : c'est à notre siècle qu'il appartient de faire le second.

Et du droit de la force, va sans doute me demander le
lecteur, qu'est-ce que dit Hobbes ? Rien. Si, par hasard, il
le nomme, ce que je n'ai point remarqué, ce ne peut être
que dans un sens ironique, par antiphrase, comme font
tous les juristes qui en parlent ; c'est-à-dire qu'il ne le
reconnaît aucunement. En effet, la théorie de Hobbes part
de l'hypothèse de deux états successifs de l'humanité,
l'état de guerre, mauvais, qu'il proscrit, et l'état contrac-
tuel ou état de paix, le seul qu'il approuve. Dans le premier état règne le droit absolu, qui n'est autre, comme
j'ai dit, que le non-droit, ayant pour maxime unique
l'*utilité*. Dans le second état, ce droit absolu et uniforme
se spécifie et se restreint de mille manières, au moyen des
contrats, mais toujours sous la maxime de l'*utilité*. Dans
ces deux états, la force ne figure que comme moyen d'ac-

tion vis-à-vis de l'ennemi ou des violateurs du pacte : bien loin que Hobbes la reconnaisse comme un élément ou une forme du droit, c'est contre elle, contre son exercice barbare, anarchique, immoral, qu'est dirigée l'institution sociale, formée par les contrats. Faire de Hobbes le théoricien ou l'apologiste du droit de la force, du droit du plus fort, c'est tout simplement prendre le contre-pied de sa pensée, une pure calomnie.

Mais, direz-vous, Hobbes n'enseigne-t-il pas que *le meilleur gouvernement est celui de la force ;* n'est-il pas le partisan du *pouvoir absolu ?* — Il faut s'entendre. C'est ici, en effet, qu'apparaît la faiblesse du système de Hobbes ; mais c'est ici, en même temps, que ce philosophe a montré la puissance de son génie.

Rappelons-nous ce que nous disions tout à l'heure. Appuyée seulement sur les conclusions de la nécessité et de l'intérêt, la justice n'est qu'une fiction de l'entendement, la société un état instable. C'est pourquoi nous disons qu'il y a dans la justice autre chose qu'une loi de nécessité et un calcul d'intérêt ; il y a une puissance de notre âme qui nous fait affirmer ce qui est juste indépendamment même de tout intérêt ; qui nous fait valoir, avant toute autre chose, l'ordre public, et nous attache à la cité plus fortement qu'à notre famille, à nos amours et à tout ce qui relève exclusivement de notre égoïsme.

Hobbes sentait, comme nous, l'importance de ce ciment social que fournissait la religion, et qui pour nous n'est autre que la justice même. Ne pouvant le demander à la conscience, qu'il écartait par suite de la confusion qu'il faisait du sentiment moral et du sentiment religieux, il était forcé de le chercher dans l'organisation même de l'État. Cet élément nouveau, ce principe sanctionnateur, qui devait, selon lui, achever l'œuvre si bien commencée par la nécessité, développée par le contrat, c'est la force, toujours, bien entendu, sous la maxime de *l'utilité*, du plus grand commun intérêt. Est-ce donc que nos jurisconsultes philosophes, j'entends les plus spiritualistes, les plus libéraux, font aujourd'hui autre chose que Hobbes ? Est-ce que ce n'est pas dans la *force publique* qu'ils placent tous la sanction du droit ? Est-ce qu'il en est un seul parmi eux qui ait jamais compris que, si la justice est par elle-même quelque chose, non un mot ou simplement une idée ; si c'est un principe de vie, une force de la nature et de l'humanité, une affection, si j'ose ainsi dire, en même temps qu'une loi de notre âme, elle a sa sanction en elle-même, non dans une puissance ou autorité étrangère ?

Nous qui croyons à la réalité et à l'immanence de la justice, nous pouvons dire qu'elle est rémunératrice et vengeresse, qu'elle porte sa consécration avec elle, et que s'il peut être permis, en certains cas, vis-à-vis de scélérats que le crime a ravalés au-dessous de la brute, d'employer les moyens de rigueur dont on se sert avec les brutes, ces sévices corporels sont nuls par eux-mêmes ; que la véritable réparation du délit a sa source dans la conscience du coupable ; et que la véritable sanction du droit, en un mot, c'est l'allégresse qui accompagne la vertu, le remords qui suit le crime.

Hobbes n'en était pas arrivé là. Il n'avait pas plus de foi à l'efficacité de la conscience qu'il n'en avait probablement à celle de la religion, et il recourait à la force. Non qu'il reconnût à la force aucune espèce de droit ; la force était pour lui un moyen de garantie, un agent ou organe de sûreté. Nos juristes et nos hommes d'État, que font-ils donc autre chose ? Et il concluait, comme le font nos juristes et nos hommes d'État, que le meilleur gouvernement est le mieux constitué en autorité ou en force ; qu'une condition de cette force et autorité, c'est que le prince, organe du pouvoir, soit déclaré inviolable, irresponsable, et même, quoi qu'il fasse, impunissable, le crime du prince lui paraissant un danger moindre que l'ébranlement de l'autorité suprême. Il disait encore que le prince ou conseil revêtu de la souveraine puissance devait avoir droit de censure et d'interdiction sur toute espèce d'écrits ; que la distinction de monarchie et tyrannie est absurde, etc., etc. En quoi je répète que tous les gouvernements qui depuis deux siècles ont eu, comme le philosophe anglais, la prétention de se conduire par les règles de la *droite raison*, indépendamment de la loi religieuse, n'ont fait que suivre pas à pas les maximes de Hobbes. Il est toujours, du reste, sous-entendu qu'en tout ce que fait et entreprend ce *pouvoir absolu*, il doit agir en vue du plus grand commun intérêt, qui n'est autre que la paix, puisque c'est au nom de cet intérêt qu'il est établi. En quoi encore je suppose que nos soi-disant démocrates, adorateurs du gouvernement fort, sont animés des sentiments les plus utilitaires.

Tel est, en résumé, le système de Hobbes : ce n'est pas autre chose que la théorie du pouvoir temporel, considéré comme distinct de tout élément religieux, spirituel et moral. Il y aurait à faire sur cette théorie, vigoureusement formulée par Hobbes, une foule d'observations curieuses ; je me contenterai d'un seul mot, tombé de la bouche de l'homme le plus fort et le plus absolu des temps modernes, Napoléon : *La force ne fonde rien*, disait-il. Cela signifie qu'une société en qui la conscience morale s'est affaissée, et qui n'a plus d'autre garantie d'ordre, d'autre sanction du droit que la force, est une société en péril ; il faut qu'elle se régénère ou qu'elle disparaisse.

Quant au *droit de la force*, pris, comme nous l'avons fait dans les chapitres précédents, au sens littéral du terme, il eût fait sourire Hobbes ainsi que Napoléon ; et l'on peut dire en toute vérité que le livre *Du Citoyen* en est la démolition la plus complète. La question reste donc entière :

posée par le vagissement des masses, elle n'a été relevée par personne, et n'a subi la prélibation d'aucun écrivain.

Il est temps de clore la première partie de cette discussion qu'il n'a pas dépendu de moi d'abréger.

L'opinion antique et traditionnelle sur la guerre, en autres termes, la croyance à un droit réel de la force, est-elle fondée, ou bien, comme le soutient l'école, implique-t-elle contradiction? Telle est la question que nous avons à résoudre.

Car il est évident que si la religion de la guerre, — j'appelle ici religion toute croyance non rationnellement démontrée, — n'est fondée que sur une illusion de la couscience, si ce n'est qu'un grossier fétichisme, il suffira d'avoir établi, une fois pour toutes, que la force n'a ni ne peut avoir aucun rapport avec le droit, que loin de le créer elle le détruit; il suffira, dis-je, d'avoir établi cette proposition pour déshonorer la guerre à jamais, et le débat, à peine engagé, finit à l'instant. La guerre ne subsiste que sur sa bonne renommée; détruisez cette renommée, et vous avez la paix perpétuelle.

La question est d'autant plus intéressante qu'on ne sait vraiment pas de quel côté il y a le plus de chances d'erreur. Se peut-il que tant et de si savants hommes se soient si lourdement, si obstinément trompés? Se peut-il, d'autre part, que la raison des peuples ait été capable d'une aussi longue et d'une aussi profonde aberration? Se peut-il, lorsque tant de superstitions ont disparu, englouties les unes par les autres, ou consumées par l'analyse philosophique, que nous soyons, sans nous en douter et sans pouvoir l'empêcher, victimes depuis tant de siècles de la plus stupide de toutes et de la plus exécrable? Qui aura définitivement raison, cette fois, de la raison instinctive des masses, ou de la raison réfléchie des jurisconsultes?

CHAPITRE VII

THÉORIE DU DROIT DE LA FORCE

D'après le témoignage universel, le droit de la guerre est un droit positif, *sui generis*, indispensable à la constitution du droit des gens.

Le droit des gens à son tour étant la souche de laquelle sont sortis, historiquement, d'abord le droit public, par suite le droit civil, etc., il en résulte que toute espèce de droit a son point de départ historique dans la guerre.

Or, qu'est-ce que la guerre ? Nous l'avons dit. Un jugement, vrai ou fictif, de la force.

La question se réduit donc à savoir :

1º S'il existe véritablement un droit de la force ou du plus fort ; en autres termes, s'il est des cas où la force puisse véritablement constituer un droit, et faire fonction d'arbitre ;

2º Quelles sont les limites de ce droit ; en quelles circonstances, pour quels objets, et de quelle manière doit s'opérer cet arbitrage.

Chez les nations primitives, cette question aurait été presque une impertinence, tant la chose paraissait simple

°et naturelle. Les idées, en petit nombre, enveloppées dans les faits, ou représentées par des symboles qui équivalaient à des faits, portaient leur justification en elles-mêmes ; personne n'éprouvait le besoin de s'en rendre autrement compte.

Il n'en est plus de même pour nous autres modernes. Notre civilisation est tout analytique. Nous vivons de raisonnement, n'admettant que ce qui nous est démontré, et rejetant tout principe, tout fait, toute tradition et toute loi qui contredit les idées acquises, ou qui ne peut prendre rang dans notre encyclopédie, en se traduisant en une suite de propositions certaines. Tant que cette lumière n'est pas faite, la raison proteste contre la loi qui l'enchaîne et la fatalité qui l'obsède ; et elle se fait autant de mal par sa négation qu'elle en reçoit du fait même ou du préjugé qu'elle nie, parce qu'elle ne se l'explique pas.

En ce qui touche la guerre, l'inconvénient serait médiocre si elle avait diminué avec la conviction du droit dont elle est censée être la poursuite ou l'exercice. Malheureusement, c'est presque le contraire qui a lieu : on ne croit presque plus au droit de la guerre, et jamais le fléau ne fut plus difficile à maîtriser et ne parut plus terrible. En sorte que, par une contradiction d'un nouveau genre, d'un côté, la jurisprudence regarde le droit de la guerre comme une fable ; la philosophie, en horreur de ce droit qu'elle ne comprend point, s'insurge contre les faits et se plonge dans l'utopie ; le commerce, la littérature et la science se forment en congrès et se coalisent pour imposer aux chefs d'États le désarmement général; d'autre part, les gouvernements sont toujours en brouille, les peuples rêvent de batailles et se groupent pour se mieux écraser; les armées se multiplient ; toute l'épargne des nations est dépensée en munitions de guerre; enfin, on avoue, de droite et de gauche, à qui mieux mieux, sans savoir ce que l'on dit, comme Caïphe prophétisant la rédemption, que pour résoudre les problèmes économiques, politiques, nationaux et sociaux qui surgissent de partout, il n'y a d'espoir que dans la force.

Jamais, peut-être, le monde ne fut en proie à de plus vives angoisses. Comment nous en étonner? Le monde cherche un principe qui régisse les rapports des nations; or, le seul qu'il rencontre est la force, et il ne croit pas plus à la force qu'à Dieu même. Comment sortir de ce labyrinthe?

Remontons aux principes.

La justice n'est point un commandement intimé par une autorité supérieure à un être inférieur, comme l'enseignent la plupart des auteurs qui ont écrit sur le droit des gens; la justice est immanente à l'âme humaine; elle en est le fond, elle constitue sa puissance la plus haute et sa suprême dignité.

Elle consiste en ce que chaque membre de la famille, de la cité, de l'espèce, en même temps qu'il affirme sa liberté et sa dignité, les reconnaît chez les autres, et leur rend en honneur, considération, pouvoir et jouissance, autant qu'il prétend en obtenir. Ce respect de l'humanité en notre personne et dans celle de nos semblables est la plus fondamentale et la plus constante de nos affections.

En vertu de cette disposition innée à nous traiter les uns les autres selon le DROIT, nous pouvons nous dire tous, et tous à la fois, justiciers et justiciables. C'est parce que le *droit de justice*, comme on disait dans la langue féodale, existe en chacun de nous, que les arrêts des tribunaux sont légitimes, le juge, comme le représentant du peuple, comme le prince lui-même, n'étant pas autre chose qu'un mandataire.

Or, l'homme. être organisé, est un composé de puissances. Il veut être reconnu dans toutes ses facultés; il doit par conséquent reconnaître les autres dans les leurs ; la dignité serait atteinte chez tous sans cela, et le droit imparfait.

C'est encore d'après ce principe que la justice formule ses jugements. Elle n'a pour juger qu'un moyen, qui est de comparer, selon l'objet en litige, le mérite et le démérite des sujets, la valeur de leurs œuvres, l'excellence ou la faiblesse de leurs facultés.

De là, autant de variétés d'application de la justice, en termes plus simples, autant d'espèces de droits qu'il y a dans le sujet de facultés, et dans sa sphère d'action d'objets capables de fournir à la justice des termes de comparaison. L'âme se décomposant, par l'analyse psychologique, en ses puissances, le droit se divise en autant de catégories, de chacune desquelles on peut dire qu'elle a son siége dans la puissance qui l'engendre, comme la justice, considérée dans son ensemble, à son siége dans la conscience.

Ainsi, il y a un *droit du travail,* en vertu duquel tout produit de l'industrie humaine appartient au producteur, quels que soient, du reste, son talent, son génie, sa vertu. Ce droit est inhérent au travail, c'est-à-dire à l'homme se manifestant sous l'hypostase du travail ; il émane du travail, il lui appartient, non à titre de concession de l'État, mais comme expression du travailleur, comme sa prérogative inviolable.

Il y a un *droit de l'intelligence,* qui veut que tout homme puisse penser et s'instruire, croire ce qui lui semble vrai, rejeter ce qui lui paraît faux, discuter les opinions probables, publier sa pensée, obtenir dans la société, en raison de son savoir, certaines fonctions de préférence à l'ignorant, celui-ci fût-il d'ailleurs plus laborieux, plus riche, voire même d'une conduite plus morale. Le droit de l'intelligence est inhérent à l'intelligence, comme le droit du travail est inhérent au travail, comme le droit et le devoir, en général, sont inhérents à l'homme même.

Il y a un *droit de l'amour*, qui consiste, non pas seulement en ce que toute personne a droit d'aimer, et, si elle le peut, de se faire aimer ; mais en ce que l'amour, par sa nature, comporte chez les amants certaines obligations réciproques dont la violation implique la négation de l'amour même. Ce droit de l'amour, tous les peuples ont essayé d'en donner les formules, sous le titre de *mariage*.

Il y a un *droit de l'ancienneté*, qui veut qu'à mérite égal le plus long service obtienne la supériorité du grade. Pas plus que les précédents, ce droit n'est ni une concession du prince, ni une fiction du légiste ; il ressort, comme tous les autres, directement de la dignité humaine et du respect qui lui est dû, dans chacune de ses manifestations ou hypostases.

Ce n'est pas à dire, tout le monde le comprend, que droit et travail, droit et intelligence, droit et amour, droit et ancienneté, soient une seule et même chose. Il en résulterait que le travailleur, parce qu'il travaille, pourrait s'arroger toute espèce de privilége, comme faisait autrefois le noble parce qu'il était noble. La même chose arriverait du savant, de l'amoureux, du vétéran. Le droit, je le répète, dans sa signification la plus générale, est le respect auquel tout homme peut prétendre de la part de son semblable, tant pour sa personne que pour sa famille et sa propriété, en raison de leur communauté de nature et de la solidarité de leurs intérêts. Mais le droit se diversifie et se règle dans l'application : ici, en raison de la quantité et de la qualité du travail ; là, en raison de l'intelligence ; ailleurs, en raison des gages donnés ou promis, etc.

On comprend de même la différence qu'il y a entre le droit DU travail et le droit AU travail. Celui-ci découle du droit supérieur, absolu, de l'homme, dont l'existence réclame une action quotidienne et un exercice de toutes ses facultés ; celui-là, plus restreint, dérive du travail même, et se mesure au produit. Dans le droit AU travail, il s'agit d'un travail à obtenir et à faire ; dans le droit DU travail, il est plutôt question d'un travail fait, et pour lequel on réclame salaire ou privilége. La même distinction existe entre le droit de l'amour et le droit à l'amour, le droit de propriété et le droit à la propriété, etc.

Je dis maintenant qu'il y a un *droit de la force*, en vertu duquel le plus fort a droit, en certaines circonstances, à être préféré au plus faible, rémunéré à plus haut prix, ce dernier fût-il d'ailleurs plus industrieux, plus savant, plus aimant ou plus ancien. Et comme nous avons vu le droit du travail, de l'intelligence et de l'amour émaner directement de la faculté qui sert à le définir, dont il est la couronne et la sanction : pareillement le droit de la force a aussi son principe dans la force, c'est-à-dire toujours dans la personne humaine, manifestée sous l'hypostase de la force. Le droit de la force n'existe pas plus que les autres par convention tacite ; ce n'est ni une concession ni une fiction ; il n'est pas davantage un rapt : c'est très-réellement, et dans toute l'énergie du terme, un droit.

Et ce que j'ai dit, d'ailleurs, du travail, de l'intelligence, de l'amour, de l'ancienneté, je le répète de la force. Droit et force ne sont pas choses identiques ; de toutes nos facultés, il n'y a que la conscience qui nous serve à connaître, sentir, affirmer et défendre le droit, et dont la justice puisse reconnaître l'identité avec elle-même. La force n'a rien à voir dans les affaires de l'intelligence et de l'amour ; elle n'a rien de commun avec l'âge et le temps ; dans le travail même, elle n'intervient que comme instrument, par conséquent elle ne le supplée point et ne peut en usurper les prérogatives. Mais la force fait partie de l'être humain, elle contribue à sa dignité ; conséquemment elle a aussi son droit, qui n'est pas le droit, tout le droit, mais qu'on ne saurait, sans déraison, méconnaître.

Si l'on niait le droit de la force, il faudrait nier, par une raison semblable, le droit du travail, le droit de l'intelligence, tous les autres droits, même les moins contestés; il faudrait, pour conclure, nier le droit de l'homme, la dignité de la personne humaine, en un mot la justice. Il faudrait dire, avec les matérialistes unitaires, que la justice est une fiction de l'État; ou bien, avec les mystiques, qu'elle est hors l'humanité, ce qui rentre dans la théorie absolutiste du droit divin, désormais convaincue d'immoralité et abandonnée.

La force n'est donc pas zéro devant le droit, comme on se plaît à le répéter. La force en elle-même est bonne, utile, féconde, nécessaire, estimable dans ses œuvres, par conséquent digne de considération. Tous les peuples l'honorent et lui décernent des récompenses; malheur à ceux qui la négligeraient! ils perdraient bientôt, avec la puissance de connaître, de produire et d'aimer, jusqu'au sens moral.

Ainsi la force est, comme toutes nos autres puissances, sujet et objet, principe et matière de droit. Partie constituante de la personne humaine, elle est une des mille faces de la justice; à ce titre, elle peut devenir à son tour, le cas donné, par une simple manifestation d'elle-même, justicière. Ce sera le plus bas degré de la justice, si l'on veut; mais ce sera de la justice : toute la question sera de la faire intervenir à propos.

Ici encore je ne puis me dispenser de relever une contradiction des auteurs. La force, selon eux, est le contraire du droit; mais ils l'admettent comme sa sanction nécessaire.

« La force, dit Ancillon, est la garantie nécessaire du

« droit; sans elle il 'n'est qu'un vain mot, un véritable
« fantôme. Cette force n'existe que dans l'ordre social et
« par l'ordre social, ou plutôt elle le constitue. Ce n'est
« pas la moralité des hommes qui peut rassurer contre
« l'abus qu'ils pourraient faire de leurs moyens; ce n'est
« pas elle qui fait régner le droit et la justice; c'est
« l'existence de la puissance publique qui produit ce bel
«. effet (1). »

Le protestant Ancillon raisonne juste comme l'athée
Hobbes; il blasphème l'humanité, nie la justice, et assied
son autorité sur la base unique de la force. Il ne songe
pas que la justice n'a d'autre sanction qu'elle-même; que
la force, par conséquent, ne peut servir à sanctionner que
le droit de la force; et que si elle joue un si grand rôle
dans les affaires humaines, c'est qu'apparemment ce droit
de la force, qu'on n'a pas même le bon sens de reconnaître, est lui-même le point de départ et le fondement de
tous les droits. Si l'on peut dire, par une sorte d'interver-
sion familière aux poëtes, que la force publique est la sanction de l'ordre public, c'est que la force est impliquée,
comme droit spécial et primordial, dans la justice publique, faute de quoi l'ordre public ne serait lui-même que la
tyrannie publique. Voilà ce que Hobbes, qui a fait la
théorie du pouvoir fort, autrement dit pouvoir absolu, n'a
pas compris; sans quoi il serait arrivé du respect de la
force au respect de la personne humaine, il aurait affirmé
la réalité de la justice, et changé de fond en comble son
système.

La force est d'autant plus à prendre en considération
dans la théorie de l'origine et du dégagement des droits,
que la métaphysique moderne ramène tout à des forces.

---

(1) *Histoire du droit des gens*, par F. LAURENT, t. II, p. 205.

La matière est une force, aussi bien que l'esprit : la science, le génie, la vertu, les passions, de même que les capitaux et les machines, sont des forces. Nous appelons *puissance* une nation organisée politiquement ; *pouvoir* la force politique, collective, de cette nation. De toutes les forces, la plus grande, tant dans l'ordre spirituel et moral que dans l'ordre matériel, est l'association, qu'on peut définir l'incarnation de la justice.

Ici nous apparaît, dans toute son évidence, ce que nous ne faisions que soupçonner tout à l'heure, savoir : que le droit de la force, tant honni, est non-seulement le premier en date, le plus anciennement reconnu, mais la souche et le fondement de toute'espèce de droits. Les autres droits ne sont, à vrai dire, que des ramifications ou transformations de celui-là. En sorte que, bien loin que la force répugne par elle-même à la justice, il serait plus exact de dire que la justice n'est elle-même que la dignité de la force.

La prépondérance du mari sur la femme, du père sur l'enfant, se résout dans le droit du plus fort. Pourquoi le nier ? Pourquoi, hommes, en rougirions-nous ? Pourquoi, femmes, en feriez-vous un texte de plaintes ? *Papa est le maître*, disait une petite fille à son frère qui se permettait de discuter une prescription paternelle. Au jugement de cette enfant, ce père avait en lui la raison, parce qu'il avait la puissance, et cela, vrai au fond, faux seulement alors que commence la distinction des facultés et des droits, lui paraissait sublime. Les peuples primitifs ne raisonnent pas autrement. Ils connaissent peu ce que nous appelons talent, science, génie : chez eux, le savoir est en commun, l'intelligence de même niveau ; ils ne travaillent point, dans le sens économique du mot, et ramènent tout à la force. Le plus fort est donc pour eux le plus méritant ; ils n'ont même qu'un mot, *aristos* pour rendre ces deux idées.

Dans nos colléges, les premiers de chaque classe ne sont-ils pas aussi les *forts?* Au fort les honneurs et le commandement. Avec autant de raison que le métaphysicien, le sauvage peut dire que la justice n'est autre chose que la considération de la force.

Qu'est-ce qui fait l'agitation permanente de la société, sa division menaçante en aristocratie et démocratie, bourgeoisie et prolétariat, si ce n'est que le droit de la force n'a jamais été reconnu, comme il doit l'être, dans les masses? Avant la révolution, noblesse, clergé, royauté, bourgeoisie, avaient fini par se constituer d'une façon à peu près régulière, par la reconnaissance mutuelle de leurs forces. La révolution changea ce système; mais la bourgeoisie ressuscita de l'état économique où 89 et 93 avaient laissé la société; et la force populaire, classée à part, ne fut pas reconnue. Le peuple est toujours le monstre que l'on combat, qu'on musèle et qu'on enchaîne, *in camo et freno maxillas eorum constringe;* que l'on conduit par adresse, comme le rhinocéros et l'éléphant; qu'on dompte par la famine, qu'on saigne par la colonisation et la guerre, mais qu'on refoule, le plus qu'on peut, hors le droit et la politique. Les gouvernements des nations se reconnaissent entre eux; les classes supérieures se reconnaissent aussi entre elles : le peuple n'est, à vrai dire, jamais reconnu que pour la forme, et cela, parce qu'il n'y a autre chose en lui que de la force.

Ce qui a causé l'erreur des juristes à l'égard du droit de la force, c'est que ce droit était, pour ainsi dire, masqué sous l'épaisse ramure des droits de toute sorte qui avaient poussé sur ce tronc antique; c'est qu'ils n'ont compris de la force que la violence et l'abus; c'est qu'enfin, comme ils n'avaient pas su reconnaître dans le progrès de la justice une sorte de développement et de différenciation du droit du plus fort, de même, aux époques de décadence et de

dissolution, ils n'ont pas su voir non plus que la perte des
libertés et des droits était un retour au droit simple de la
force.

Dans une société parvenue à un degré élevé de civilisation, la force qui abuse se diminue elle-même et tend à se
perdre. En violant les droits nés sur sa tige, elle rend le
sien odieux, et compromet sa propre existence. En cela
consiste l'horreur de la tyrannie, tout à la fois suicide et
infanticide.

Si chaque faculté, puissance, force, porte son droit avec
elle-même, les forces, dans l'homme et dans la société,
doivent se balancer, non s'anéantir. Le droit de l'une ne
peut pas préjudicier au droit de l'autre, puisqu'elles ne
sont pas de même nature, et qu'elles ne sauraient se ren-
contrer dans la même action. Tout au contraire, elles ne
peuvent se développer que par le secours qu'elles se prê-
tent réciproquement. Ce qui occasionne les rivalités et
les conflits, c'est que, tantôt des forces hétérogènes sont
réunies et liées d'une manière indissoluble dans une personne unique, comme on le voit dans l'homme par la réunion des passions et des facultés, dans le gouvernement par
la réunion des différents pouvoirs, dans la société par l'agglomération des classes. Tantôt, au contraire, une puissance similaire se trouve répartie entre personnes différentes, comme on le voit dans le commerce, l'industrie, la
propriété, où des multitudes d'individus remplissent exactement les mêmes fonctions, aspirent au même avantage,
exercent les même droits et priviléges. Alors il peut arriver, ou bien que les forces groupées, au lieu de conserver
entre elles un juste équilibre, se combattent, et qu'une
seule se subordonne les autres; ou bien que ces forces divisées se neutralisent par la concurrence et l'anarchie : résultats inévitables lorsque, sous l'influence de passions im-
pétueuses, la dignité chez l'individu, la justice dans l'État,

le sentiment de la solidarité dans la corporation, viennent à faiblir.

Dans une âme maîtresse d'elle-même, dans une société bien ordonnée, les forces ne luttent un moment que pour se reconnaître, se contrôler, se confirmer et se classer. Comme dans la famille la puissance paternelle a pour contre-poids l'amour, qui souvent fait pencher la balance en faveur du plus faible; ainsi, dans la cité, les forces corporatives se balancent, et, par leur juste équilibre, produisent la félicité générale. L'opposition des forces a donc pour fin leur harmonie. A cet égard, la destinée des États sur le globe n'est pas autre que celle des citoyens d'une même ville, ou des provinces d'un même État. Tout antagonisme dans lequel les forces, au lieu de se mettre en équilibre, s'entre-détruisent, n'est plus de la guerre, c'est une subversion, une anomalie.

Tout cela est d'une telle simplicité, d'une vérité si évidente, que j'éprouve quelque peine à l'exposer, et que j'ai hâte d'en finir. La force, la première en date des facultés humaines, la dernière en rang, je le veux bien, a son droit comme toute autre, et comme toute autre elle peut être appelée à faire loi. Bien entendu que la loi de la force n'est applicable qu'en matière de force, comme la loi de l'amour en matière d'amour, comme la loi du travail en matière de travail.

C'est à la raison de voir, en tout - litige, d'après quelle loi doit être rendu son jugement, comme le magistrat détermine l'article du code en vertu duquel il rend sa décision. Rien en tout cela qui ne rentre dans les conditions ordinaires du sens commun, je devrais dire du droit commun. Comment donc se fait-il que les auteurs n'en disent mot, et que ce qui fait la base de toute législation, ce que l'histoire signale comme le premier moment de l'évolution judiciaire, le droit de la force soit partout méconnu, sacrifié, foulé aux pieds, ou, ce qui est pis, odieusement dénaturé et travesti?

Il est vrai que l'humanité, dans sa marche inflexible, ne se laisse pas égarer par les hallucinations de ses prétendus sages. Les résultats généraux du mouvement politique ont été, à très-peu près, tels que les voulait le principe d'antagonisme qui y préside. Mais que de sang et de larmes eût épargnés au monde une intelligence plus saine de la guerre! Quels services aurait rendus l'Église, si, tout en célébrant le Dieu des armées, elle avait su parler aux peuples et aux rois, en termes précis, du droit de guerre! Alors l'enseignement de l'Église s'élevant à la hauteur de sa révélation, elle eût peut-être conquis, pour ne le plus perdre, l'empire temporel, par la législation de la force.

CHAPITRE VIII

APPLICATION DU DROIT DE LA FORCE. — 1° DÉFINITION
ET OBJET DU DROIT DE LA GUERRE.

Une chose est maintenant certaine, c'est que le droit fait son entrée dans le monde par la voie de la force ; c'est que le droit du plus fort, si longtemps calomnié, est le plus ancien de tous, le plus élémentaire et le plus indestructible. Nous allons le suivre dans quelques-unes de ses applications.

Le droit est un et identique ; il est le propre de notre espèce. Mais il prend différents noms selon les objets auxquels il s'applique : droit de la force, droit du travail, droit de l'intelligence, droit de propriété, droit d'amour, droit de la famille, droit pénal, droit de cité, etc.

Ce qu'on a appelé si longtemps *droit de nature* doit être désormais rayé de la terminologie du droit. Si l'on entend par ce mot le droit à son premier moment et dans sa manifestation la plus concrète, ce n'est pas autre chose que le droit de force. Si l'on en fait une antithèse au *droit divin* ou *révélé*, il convient de s'en abstenir, attendu que le droit divin, qu'on suppose antérieur et supérieur à l'homme, est absolument le même, au fond, que le droit ordinaire, tel que la conscience le pose et que la pratique et la raison l'exposent. Même au point de vue surnaturel, la distinction est devenue inutile.

Le *droit canon* est le droit divin rédigé par l'Église ; il y a par conséquent encore moins lieu de s'en occuper.

Le droit de la force étant donc, dans l'ordre du développement historique, la souche d'où partent tous les autres, celui qui naturellement vient après lui et qui forme le premier embranchement est le droit de la guerre, à la suite duquel se présenteront, les uns après les autres, le droit des gens ou international, le droit politique, le droit civil, etc.

Cette généalogie, conforme à l'histoire, est l'inverse de celle adoptée généralement. En procédant par la voie psychologique ou métaphysique, les auteurs, après les considérations préliminaires sur le droit, posent d'abord le droit personnel, qui, devenant aussitôt droit réel, donne lieu au droit civil. Viennent ensuite, et successivement, le droit politique, application du droit civil ; le droit des gens, application du droit politique ; enfin le droit de la guerre, section particulière du droit des gens. Nous n'aurions rien à redire à cette méthode, car il importe peu au fond, par où l'on commence l'enseignement du droit, si elle n'aboutissait, comme nous l'avons fait voir, à nier le droit de la guerre, avec lui le droit de la force, par suite à faire du droit des gens un droit dépourvu de base et de sanction, ce qui entraîne la ruine de tous les autres droits.

Nous suivrons donc une marche opposée, et, après avoir posé le droit de la force, nous allons en déduire, d'après l'histoire et la logique, le droit de la guerre.

C'est une loi de la nature que la faiblesse se place sous la protection de la force : tel est le principe de la prééminence accordée au père de famille, au chef de tribu, au guerrier. Il répugne, lorsqu'il s'agit du salut commun, que le plus faible commande et que le plus vaillant obéisse; à cet égard, personne n'a jamais songé à contester sérieusement le droit de la force.

Ce principe admis, le reste en découle. La famille se multiplie par la génération, surtout quand la polygamie est admise. Si le chef est fort, la famille s'augmente de la réunion de plusieurs autres familles, qui de plein gré demandent la fusion, et promettent au patriarche fidélité et obéissance. La tribu est ainsi formée. En cas de guerre, elle se renforce des prisonniers des deux sexes dont le travail ajoute à sa richesse, et développe d'autant sa valeur guerrière. La richesse, c'est encore de la force.

Mais comment y a-t-il guerre?

Deux tribus se rencontrent. Afin de ne pas se gêner l'une l'autre ni s'exposer à en venir aux mains, leur premier mouvement est de s'éloigner. Il se peut, toutefois, que l'une des deux, affaiblie par la misère, les maladies, ou par tout autre motif, demande l'incorporation. Dans ce cas la plus faible abdique entre les mains de la plus forte, dont le chef réunit en sa personne les deux souverainetés. C'est ainsi que, dans les affaires, l'entrepreneur pourvu de capitaux cherche rarement un associé. Il accepte des auxiliaires, des employés, des commis, des ouvriers, des contremaîtres, mais pas d'égal. Si on lui propose une fusion, il aura soin, toute balance faite, de réserver pour lui la direction générale, condition *sine quâ non* de son acceptation. Je n'examine pas, quant à présent, si de la réunion des travailleurs ne résulte pas une force de collectivité qui domine celle du patron; le droit de la force n'y perdrait rien. Je me borne à constater que, dans les mœurs actuelles de l'industrie, le plus fort est le maître, que cela est juste, et que personne n'y trouve à redire.

Or, remarquez ceci : le droit de la force est de sa nature, comme tous les autres droits, pacifique. Il n'implique pas nécessairement la guerre ; il ne la cherche pas. Loin de là, il proteste contre cette extrémité à laquelle les plus vaillants eux-mêmes redoutent toujours d'en venir.

Faisons abstraction des petits incidents, et attachons-nous seulement à la marche logique des choses. Les tribus, d'abord isolées, bientôt, à force de grossir, se rencontrent. Des rapports, non encore des droits ni des conventions, de simples rapports de voisinage s'établissent ; on fait des échanges ; puis, par la même raison qui faisait qu'en s'approchant on se rendait mutuellement service, il se trouve qu'on se gêne, et l'on s'aperçoit que l'indépendance première devient de jour en jour plus difficile, finalement qu'elle est impossible. Une fusion, ou une élimination, est inévitable.

Que va-t-il se passer? L'homme tient à la liberté, autant, au moins, qu'il est enclin à l'association. Ce sentiment d'indépendance est bien plus fort encore dans les masses, tribus, cités, nations. Tout voisinage leur est suspect ; tout ce qui les engage et les lie, d'instinct elles le repoussent. Que sera-ce, s'il s'agit d'une incorporation qui menace d'engloutir leur individualité, leur autonomie, en un mot tout leur être? Car l'être d'une nation, c'est l'indépendance, la souveraineté. Cependant les causes qui précipitent les deux tribus l'une vers l'autre ne s'arrêtent pas ; la situation devient urgente ; les deux fleuves s'approchent, on touche au moment où leurs eaux vont se confondre.

Ici, il est impossible de dire qu'il y ait tort d'aucun côté. Le droit est évidemment égal. La réunion pourrait s'opérer à l'amiable ; mais le cas est rare, attendu que la réunion emporte, pour l'une au moins des cités à réunir, quelquefois pour toutes deux, la perte de l'originalité. Les bourgs de l'Attique, en se réunissant sous la protection

commune de Minerve, prennent un nom pluriel, collectif,
Athenæ. Ce n'étaient que des hameaux habités par une population de même sang, de même langue, de même intérêt, séparés tout au plus par les prétentions de leurs éche-
vins. Ce ne fut pas cependant une médiocre affaire de les
réunir; la distinction persista et déteignit sur le gouvernement. Les Athéniens nommaient dix généraux pour commander à tour de rôle, chacun pendant un jour, la même
armée; la démocratie athénienne fut toujours une rivalité
de quartiers.

Mais qu'était-ce que la formation en une même cité des
douze bourgs de Minerve, auprès de la centralisation de
l'Italie? L'Italie, au temps de Romulus, contenait une cen-
taine de petits peuples, tous indépendants, et que leur développement simultané allait bientôt contraindre à s'unir.
Rome fut le centre de cette absorption qui dura près de
six siècles. Or, qu'on daigne, pendant un moment, se rendre compte des difficultés d'une pareille fusion, dont les
siècles modernes n'offrent pas d'exemple, et l'on compren-
dra ce que c'est que la guerre.

La première guerre qu'eurent à soutenir les Romains
fut contre les Sabins. L'enlèvement des femmes, présenté
par Tite-Live comme la cause ou le prétexte de cette
guerre, donne clairement à entendre qu'entre les deux
cités la distinction était devenue impossible. Il y avait
donc à régler les conditions de la réunion, déterminer la
constitution; si les deux États étaient monarchiques au
moment de la fusion, quelle dynastie on éliminerait; dans
le cas où l'un des deux seulement eût été monarchique,
l'autre républicain, il s'agissait soit de créer un gouvernement mixte, soit de changer les traditions et les mœurs
politiques d'un des deux peuples. Puis il y avait à faire
concorder des législations différentes, concilier des usages,
créer la tolérance, etc. Rome, dès ses premières guerres,

offrit aux nations ses voisines l'*isonomie,* c'est-à-dire la
participation aux droits civils et politiques de ses propres
citoyens; et l'on a admiré, avec raison, cette modération
habile du gouvernement de la vieille Rome. Mais qu'était-
ce que l'isonomie pour une cité souveraine, pour des rois,
des princes, des patriciens, accoutumés à régner chez eux
en souverains? Toujours le suicide. Il est clair, en effet,
que, même en accordant aux villes incorporées l'égalité
des droits et des honneurs, Rome, capitale, conservait la
prépondérance; les villes n'avaient que l'espoir d'exercer,
par leur appoint électoral, une part d'influence dans le
gouvernement; et il s'en faut de beaucoup que les choses
allassent même jusque-là. Servir des partis et des intri-
gues, afin de pouvoir à son tour s'en servir : quelle part
dans une république! quel dédommagement de la souveraineté!

Aussi Rome eut-elle bien rarement à se féliciter d'une
reddition volontaire. Tite-Live, livre VII, rapporte le cas
de Capoue et des peuples de la Campanie : « *Itaque popu-*
lum Campanum, urbemque Capuam, agros, delubra Deûm,
divina humanaque omnia, in vestram, patres conscripti,
populique Romani ditionem dedimus. » Encore ne s'agit-il
là que d'une soumission pure et simple. Vattel, qui cite le
passage, ne parait pas même se douter de son importance
et de sa signification. Cette signification, c'est qu'aucun
peuple ne peut se croire obligé de se démettre, d'abdiquer
sa souveraineté et son indépendance; et pourtant il est
certain que la nécessité, la raison supérieure des choses l'y
pousse, que le progrès même de la civilisation l'exige.

On a vu, au moyen âge, des nations, la Hongrie, la Bohême, attirées par le prestige impérial, la supériorité de
civilisation, l'influence religieuse, et sans doute aussi poussées par le sentiment de leur infirmité, laisser tomber leurs
dynasties, et se donner volontairement, sans contrainte, à

l'empereur. Mais les mœurs politiques de l'époque servaient d'excuse ; toute principauté, au moyen âge, relevant
de l'empereur, les populations pouvaient se croire plus ho-
norées, plus avantagées, de se trouver sous la protection
immédiate du suzerain que sous la main de leurs princes :
nous savons d'ailleurs qu'en se donnant, ces nations avaient
soin de réserver leur nationalité, leurs usages et leurs priviléges. Elles entraient dans l'empire plutôt à titre de fédérées qu'à celui de sujettes ; et c'est l'éternel argument
des Magyars contre les envahissements du despotisme autrichien, de dire qu'ils n'ont été ni vaincus ni conquis,
mais qu'ils se sont volontairement ralliés sous des conditions qui ne permettent pas de les confondre avec les serfs
de l'empereur. Ils ne font point partie de son domaine pa-
trimonial ; il n'est, à leurs yeux, que le successeur de leurs
rois.

Allons au fait. Pareils problèmes ne se peuvent résoudre
que de deux manières : par l'exécution volontaire, comme
firent ceux de Capoue, ou par la décision des armes. La
première serait le plus souvent honteuse : reste donc la
seconde.

Ici se pose la question : La décision des armes est-elle
de droit? Peut-elle faire droit? — Je l'affirme, sauf ce qui
est relatif à la manière de faire la guerre et d'user de la
victoire, et que nous aurons à rechercher ultérieurement.

En principe, toute guerre indique une révolution. Dans
les temps primitifs, c'est l'acte par lequel deux peuples,
poussés à la fusion par la proximité et les intérêts, tendent
à opérer, chacun à son profit particulier, leur mutuelle absorption. Supposez qu'au moment de livrer bataille le
Droit pût se manifester tout à coup, comme un dieu, et
parler aux deux armées. Que dirait le droit? Que la révolution qui doit changer la condition des deux peuples est

inévitable, légitime, providentielle, sacrée; qu'en conséquence il y a lieu d'y procéder, en réservant à chaque nation ses droits et prérogatives, et en distribuant entre
elles la souveraineté du nouvel État, PROPORTIONNELLE-
MENT A LEURS FORCES. L'arrêt divin ne ferait ici qu'appliquer le droit de la force.

Mais, dans le silence des dieux, les hommes n'acceptent
pas des révolutions qui contrarient leurs intérêts; ils
trouvent même que les révolutions sont injurieuses à
la Divinité. Dans le silence des dieux, ils ne jugent pas
qu'une souveraineté proportionnelle soit une compensation
suffisante d'une souveraineté entière, et ils repoussent tout
arrangement. Dans le silence des dieux, enfin, ils n'admettent pas la supériorité de l'ennemi; ils se croiraient dés-
honorés de céder, sans combat, à une force moindre. Tous
préfèrent la voie des armes, chacun espérant, se flattant
que la fortune des armes sera pour lui.

Le duel est donc inévitable. Il est légitime, puisqu'il est
l'agent d'une révolution nécessaire; sa décision sera juste,
puisque la victoire n'est à autre fin que de démontrer de
quel côté est la plus grande force, et d'en consacrer le
droit. Car, ne l'oublions pas, le droit de la force, qui décide en dernier ressort de l'opportunité de la révolution et
de la situation des deux peuples dans l'État nouveau,
préexiste à la guerre; et c'est parce qu'il préexiste à la
guerre qu'il peut s'attester ensuite au nom de la victoire.

Telle est l'origine, à la fois théorique et historique, et
abstraction faite des incidents particuliers et des violences
illicites, du *droit de la guerre*. Ce droit dérive du droit de
la force et le suppose, mais il n'est pas la même chose que le
droit de la force. Il est au droit de la force ce que le code
de procédure civile est au code civil, ou le code d'instruction criminelle au code pénal. Le droit de la guerre est le
code de procédure de la force; c'est pourquoi nous défini-

rons la guerre : *la revendication et la démonstration par les armes du droit de la force.*

Ce principe remplissait l'âme des anciens; il plane sur toute leur histoire, mêlé, il est vrai, à d'effroyables abus, sujet à des interprétations fausses, et rendu odieux par la barbarie avec laquelle on l'appliquait. Mais quand la fumée a-t-elle été prise pour un argument contre la lumière, et la superstition appelée en témoignage contre l'idée? C'est le devoir de l'équitable histoire de dégager, dans les pensées des nations comme dans leurs gestes, le vrai du faux, et le juste de l'injuste.

L'an 416 avant Jésus-Christ, pendant la guerre du Péloponèse, les Athéniens assiégèrent l'île de Méla. La conférence qui eut lieu à cette occasion entre les Athéniens et les Méliens, et que nous a conservée Thucydide, est un des monuments les plus remarquables du droit des gens de cette époque, et aussi l'un des moins compris par les critiques.

« Il faut, disaient les Athéniens, partir d'un principe
« universellement admis, c'est que les affaires se règlent
« entre les hommes par les lois de la justice, quand une
« égale nécessité les y oblige; mais ceux qui l'emportent
« en puissance font tout ce qui est en leur pouvoir, et c'est
« aux faibles à céder. »

Les Méliens avouent qu'il leur est difficile de résister à la puissance d'Athènes; mais ils espèrent qu'en résistant justement à des hommes injustes, les dieux les protégeront.

Dans leur réplique, les Athéniens rendent les dieux complices de leur politique :

« Ce que nous demandons, disent-ils, ce que nous faisons

« est en harmonie avec l'opinion que les hommes ont de la
« Divinité. Les dieux, par une nécessité de la nature, do-
« minent, parce qu'ils sont les plus forts; il en est de même
« des hommes. Ce n'est pas nous qui avons établi cette loi;
« ce n'est pas nous qui les premiers l'avons appliquée; nous
« l'avons reçue toute faite, et nous la transmettrons pour
« toujours aux temps à venir. Nous agirons aussi mainte-
« nant conformément à cette loi, sachant que vous-mêmes,
« et tous les autres peuples, si vous aviez la même puis-
« sance que nous, vous tiendriez la même conduite (1). »

J'ai suivi la traduction de M. Laurent, parce que cet
écrivain, l'un des plus érudits de la Belgique, est en même
temps l'un des adversaires les plus énergiques du principe
que je défends, le droit de la force. Mais le grec de Thucydide est plus explicite : il signifie que le droit de la force
est tout à la fois une inspiration de la conscience, par l'idée
que tous les hommes se font de la Divinité, et une loi de la
nature, qui veut que là où se trouve la force, là soit aussi
le commandement. Telle est cette profession du droit de
la force, qui a révolté la plupart des historiens, et que Denys d'Halicarnasse, qui écrivait quatre siècles plus tard.
ne comprenait pas plus que Cicéron, et trouvait digne
d'un brigand et d'un pirate. Cependant, observe M. Laurent, le même Denys rendait hommage à ce droit,
quand il proclamait le droit des Romains au gouvernement
des nations, parce qu'ils étaient les plus forts.

Après la bataille d'Ægos-Potamos, où fut anéantie la
puissance des Athéniens, Lysandre assembla les alliés pour
délibérer sur le sort des prisonniers. Il appela Philoclès,
un des généraux athéniens, et lui demanda à quelle peine
il se condamnait lui-même pour avoir fait porter un décret

---

(1) *Histoire du droit des gens*, par F. LAURENT, t. II, p. 205.

de mort contre les prisonniers grecs. « N'accuse point, ré-
« pondit Philoclès, des hommes qui n'ont point de juges ;
« vainqueur, traite les vaincus comme tu serais traité toi-
« même, si tu étais à notre place. »

M. Laurent, qui rapporte aussi ce fait, n'en a pas aperçu
la haute moralité. Ce n'est pas la férocité de Philoclès qu'il
faut admirer ici, mais son esprit de justice. Lysandre et
les alliés prétendaient imputer à crime aux Athéniens les
exécutions qu'ils s'étaient permises sur les prisonniers de
guerre : en conséquence, il invitait Philoclès à dire lui-
même à quel châtiment il se condamnait. C'est contre cette
flétrissure que proteste le général athénien : Nous n'avons
point de juges, s'écrie-t-il ; nous n'avons fait qu'user, rigoureusement, il est vrai, mais légitimement, du droit de
la guerre. Voyez, à votre tour, ce que vous avez à faire.
Sans doute, la véritable jurisprudence de la force est contraire au massacre des prisonniers ; mais remarquons que
l'erreur des anciens ne porte que sur l'interprétation de la
loi, tandis que chez nos écrivains modernes elle porte sur
le principe même (1).

Oh ! certes, le droit de la force est terrible dans son
exercice, alors qu'il s'agit d'y soumettre une population
récalcitrante, qui mérite précisément d'autant plus d'estime
qu'elle se refuse avec plus d'énergie. Mais les excès dont
la guerre s'accompagne ne doivent pas faire perdre de vue
le principe de droit qui s'y trouve impliqué ; pas plus que
les erreurs judiciaires, la vénalité des magistrats, l'obscu-
rité de la loi, l'astuce des plaideurs, ne peuvent faire mé-

_____

(1) L'ouvrage de M. Laurent, 5 vol. in-8, n'est qu'une longue protestation, en forme de répertoire historique, contre le droit de la force. Il
est fâcheux que l'auteur n'ait pas aperçu que ce droit, qu'il réprouve, est
toute la substance et l'âme de l'histoire, et qu'en le niant il se soit
ôté à lui-même l'idée, et par conséquent la gloire d'un magnifique ouvrage.

connaître la justice qui a présidé à l'organisation des tribunaux ; pas plus que l'adultère n'est un argument contre le mariage, ou le dol et le manque de parole un argument contre l'utilité et la moralité des contrats.

C'est ce sentiment invincible d'un droit impliqué dans la guerre, qui tout d'abord a fait entourer celle-ci de formalités nombreuses, qui en a posé les conditions et réglé les conséquences, comme s'il s'agissait d'un débat judiciaire. Par exemple, c'est un fait universel que la condition faite au vaincu est moins bonne que celle qu'il eût obtenue par une soumission volontaire, et cela est encore de toute justice. Ici, le battu, comme le plaideur qui succombe, paye les frais ; l'aggravation de son sort est la compensation du dommage qu'il a causé, par sa résistance, au vainqueur.

On comprend, et il est bon que je le redise, afin d'ôter tout prétexte à la calomnie, qu'il ne peut être question ici de justifier toute espèce de guerre, pas plus que d'excuser ou d'approuver tout ce qui se fait à la guerre. Il en est de ce droit comme de tous les autres, dont la reconnaissance ne légitime en aucune façon les abus. Le cœur de l'homme est plein de passions ; ses œuvres sont impures ; mais le droit est saint, aussi bien dans la guerre que dans le travail et la propriété.

Les circonstances dans lesquelles le droit de la force devient applicable et par conséquent la guerre légitime, comme action ou revendication de ce droit, et solution d'un litige international, sont de plusieurs genres ; nous noterons les quatre principaux :

1. *Incorporation d'une nation dans une autre nation, d'un État dans un autre État ; absorption ou fusion de deux sociétés politiques.*—C'est le cas qui nous a servi d'exemple ; c'est le premier qui se présente, et le plus important,

sinon le plus fréquent de tous. Tous les États modernes, pour peu que leur population atteigne un ou deux millions d'âmes, sont le produit, plus ou moins légitime, de la
guerre, du droit de la force. Ainsi s'est formé peu à peu
l'ancien royaume de France, d'abord par la conquête romaine, qui a réduit sous le même joug toutes les nationalités dont se composait la Gaule primitive; puis par la conquête franque, qui, lors de la dissolution de l'empire,
assistée de l'épiscopat, continua l'unité; enfin, par la réunion au domaine royal de toutes les provinces qu'avait dé-
tachées du centre le régime féodal. Il est évident, à la
simple inspection de la carte, que les nécessités de voisinage, bien plus que la ressemblance, plus ou moins accusée,
des idiomes, de la religion, des mœurs et coutumes, a
poussé la multitude des petits États compris entre les
deux mers, les Pyrénées, le Rhin et les Alpes, à se fondre
en un État unique, lequel État devait naturellement prendre le nom, le titre et la loi de celui que sa position centrale et sa force supérieure désignaient d'avance comme
foyer d'attraction. Sous les Romains conquérants venus du
dehors, le centre est un peu partout; mais avec les rois
Francs il se fixe à Paris; et, pour qui étudie la disposition
des divers bassins qui divisent le sol français, il ressort que
le choix de cette capitale n'est point du tout le fait de
l'homme; c'est le fait de la nature même.

Ici nous apparaît pour la première fois, à l'origine de la
guerre et de la conquête, à l'origine même des sociétés,
un principe que nous trouverons désormais en contradiction perpétuelle avec le droit de la force : c'est le droit de
nationalité. On l'a dit et répété à satiété depuis Hobbes :
Une nation, un État, est une personne collective, douée,
comme l'individu, d'une vie propre; qui a sa liberté, son
caractère, son génie, sa conscience, et par conséquent ses
droits, dont le premier et le plus essentiel est le maintien

de son originalité, de son indépendance et de son autonomie. Mais, ainsi que nous l'avons observé, tous ces droits
doivent s'effacer devant la nécessité qui, en multipliant les
hommes, en développant les populations et les États, les
force de se joindre, de se pénétrer, de se fondre : de là la
guerre, de là les prérogatives de la force. Ce qui se passe
alors n'est pas autre chose que ce qui arrive dans toute société policée, lorsque deux droits différents se trouvent en
opposition : c'est l'intérêt le moins important qui cède au
supérieur, et dont le droit, par conséquent, vient s'absorber dans celui du second. Ainsi, dans le cas d'utilité publique, il y a dépossession du simple particulier, mais sauf
indemnité préalable. L'expropriation n'est autre ici que
l'exercice du droit de la force; l'indemnité qui en est la
condition représente le droit privé, que vient absorber le
droit général.

La guerre, l'exercice du droit de la force, de nation à nation, et la conquête qui s'ensuit, est donc le sacrifice d'une
ou de plusieurs de ces personnes morales, qu'on appelle nations ou États, à une nécessité supérieure, qui prime dans
ce cas le respect dû à cette personne morale, et son droit à
l'existence.

2. *Reconstitution des nationalités.* — Ce motif est l'inverse du précédent. Il a lieu toutes les fois que, par la dissolution d'un grand État, les parties qui le composent, et
qui jusque-là s'étaient fusionnées dans un État commun,
tendent à se désagréger, obéissant, non plus à l'attraction
du centre, mais à leurs attractions et répulsions particulières. Ainsi, de l'antique empire des Perses, fondé par
Cyrus, se formèrent, après la mort d'Alexandre, tous ces
petits royaumes qui furent l'apanage des généraux macé-
doniens, et subsistèrent jusqu'à l'arrivée des Romains.
Ainsi, de la dissolution romaine, favorisée par l'invasion

des barbares, renaquirent toutes les nationalités que Rome avait englouties; l'Italie elle-même obéit à ce mouvement de réaction, et l'on vit toutes les villes se détacher de la métropole avec une juvénile ardeur, qui fut pour l'Italie, il faut bien le reconnaître, le point de départ d'une vie de splendeur, d'universelle influence et de gloire. En un jour, le travail de six siècles fut détruit, et ce que l'Italie avait été pour le monde par l'unité, elle le redevint par la fédération.

Ainsi s'explique l'agitation qui sous nos yeux travaille l'empire d'Autriche, agglomération à la fois monarchique et fédérative de nations réunies moitié par la guerre, moitié par des traités. C'est juste au moment où le gouvernement impérial allait accomplir son œuvre de centralisation que l'on voit ces nationalités, longtemps soumises, protester contre leur mutuelle fusion, revendiquer leurs priviléges, leurs vieilles chartes, leur autonomie : ce qui, si la force centrifuge l'emportait sur la force centripète, entraînerait la dissolution de l'empire.

Au point de condensation où ils sont parvenus, le groupement par grandes masses demeure, jusqu'à nouvel ordre, la loi des peuples de l'Europe. Leur commune sûreté, les intérêts de leur commerce, de leur industrie, de leur développement intellectuel et moral, l'intérêt supérieur de la civilisation universelle, font de ces grandes associations une nécessité. C'est dans ces conditions que s'était formé l'empire d'Autriche, fragment le plus considérable de cet empire apostolique fondé par Charlemagne, illustré par Othon le Grand, Barberousse et Charles-Quint. Maintenant de nouvelles idées, de nouveaux besoins, travaillent les populations. Tandis que le gouvernement de Vienne, pressé par l'incursion du dehors, cherche son salut dans la concentration des forces de l'empire, les peuples dont il se compose craignent qu'une plus grande cohésion ne soit pour eux une aggravation de servitude, et, à l'heure la plus critique, revendiquent le bénéfice de leur nationalité. Question de guerre, par conséquent, à moins qu'une transaction, qui dans ce cas n'aurait rien de déshonorant pour personne, ne prévienne le conflit. Peut-être, pour ramener la cohésion dans cette divergence, ne faut-il que le sacrifice d'une dynastie : le sacrifice des dynasties comme celui des nationalités est aussi une loi de l'histoire. *Videbit Deus.* La vie morale, la conscience, la force, est-elle à Vienne, à Pesth, à Prague ou à Agram? Toute la question est là.

3. *Incompatibilité religieuse.* — Ce n'est point comme juge de la doctrine que la guerre intervient parfois dans les questions de religion; il est évident que la théologie n'a rien de commun avec l'exercice de la force. Aussi la guerre n'a-t-elle pas la prétention de décider, entre deux croyances, laquelle est la vraie; entre deux opinions théologiques, de quel côté est l'orthodoxie et de quel côté est l'hérésie. Il s'agit simplement pour elle de décider, entre deux fractions d'un même peuple divisé dans sa religion et à qui la tolérance est impraticable, laquelle de ces deux fractions devra embrasser la religion de l'autre, comme l'enfant suit la religion de son père, à peine de se voir exclu de la communion paternelle. *Ton peuple sera mon peuple et ton Dieu sera mon Dieu,* disait Ruth, veuve et désolée, à sa belle-mère Noémi, qui lui proposait de retourner dans son pays de Moab. Telle est précisément, en matière de religion, la maxime que la guerre impose à la faiblesse.

Dans les premières sociétés, où la religion se confond aves la législation, le sacerdoce avec le pouvoir, le culte avec la justice et la morale, la tolérance, fondée uniquement sur la séparation de l'Église et de l'État, est impossible; l'unité de religion est nécessaire. La religion, iden-

tifiée avec la justice, la politique et les mœurs, est la vie
même de la société. Elle est à l'âme ce que la nourriture
est au corps. L'homme vraiment religieux ne peut pas plus
supporter le dissident ou l'impie, que l'homme physique
ne peut souffrir qu'un méchant voisin corrompe l'air qu'il
respire, l'eau qu'il boit, le pain dont il se nourrit; qu'il
empoisonne son bétail, fasse périr ses arbres, ravage ses
moissons et menace son domicile. Il est possible que des
deux religions en conflit aucune ne soit la bonne, possible
que toutes deux soient d'égale valeur, possible que la religion du plus faible soit meilleure que celle du plus fort.
Ce n'est pas de quoi se préoccupe la guerre; comme je l'ai
dit, elle ne connaît pas de dogme. La seule chose qui soit
de sa compétence, c'est, puisque les deux sectes ne se peuvent souffrir et qu'une doit être sacrifiée, de décider, par
les voies de la force, à qui incombera le sacrifice, en quoi
l'on ne saurait dire que la guerre soit injuste. Ce n'est pas
elle qui excommunie; loin de là, la décision qu'elle est appelée à rendre implique qu'à ses yeux toutes les religions
se valent, en tant qu'elles sont une représentation de la
pure justice; à cet égard on peut dire que la raison de la
guerre est d'accord avec celle du philosophe. En matière
de religion, la guerre est la tolérance même.

L'histoire est pleine de ces exécutions sanglantes, auxquelles nulle Église, nulle synagogue, nul sacerdoce ne
répugna jamais. La guerre des Albigeois en est un bel exemple. Qu'on accuse, si l'on veut, la folie humaine, la superstition, le préjugé, le fanatisme, l'hypocrisie, à la bonne
heure. Cela nous est aisé à nous autres qui vivons sans religion, qui pour la plupart, en perdant le sentiment religieux, avons perdu jusqu'au sens moral. Mais s'il est beau
de mourir pour son pays, il ne l'est pas moins de mourir
pour sa foi : après tout, l'un n'est pas différent de l'autre.
Quant à la guerre, elle est ici sans reproche. Le jour où la

fureur des sectes l'a forcée d'intervenir, elle a fait la seule
chose qu'il y eût à faire, en sacrifiant, avec le moins de
sang répandu possible (je raisonne dans l'hypothèse d'une
guerre en forme), le plus faible au plus fort. Il est triste,
sans doute, pour un croyant de perdre sa religion et son
Dieu dans un combat à l'épée. Mais ces immenses douleurs
ne nous touchent plus aujourd'hui qu'à l'Opéra. Au fond,
que perdait la civilisation, en passant d'Osiris ou Baal à
Mithra, de Mithra à Jéhovah, de celui-ci à Jupiter, de Jupiter au Christ, du pape à Luther? C'est à travers ces va-
riations et ces apostasies que nous avons appris à séparer
la foi de la raison, le culte de la justice, l'Église de l'État.
Jamais, j'ose le dire, jugement rendu par la force ne fut
mieux motivé, exécution plus féconde et plus légitime.

4. *Équilibre international, délimitation des États.* —
Ce principe de litige, la délimitation du territoire et le
maximum d'étendue d'un État, dont il serait aisé de constater la présence dans la plupart des guerres anciennes et
modernes, est devenu, depuis le congrès de Vienne en
1814-1815, l'objet même du droit des gens européen. Les
applications de la loi d'équilibre sont fréquentes dans l'histoire, ainsi que l'a prouvé ANCILLON, dans son *Tableau des
révolutions du système politique en Europe.* C'est à l'énergie de cette loi que la Prusse a dû, au dix-huitième siècle,
de devenir tout à coup une grande puissance, formant simultanément contre-poids à la Russie, à l'Autriche, à la
France et aux États Scandinaves. Tel qu'il a été posé par
les traités de 1814 et 1815, le principe d'équilibre international ne peut être considéré comme la dernière formule
du droit des gens, ainsi que nous le démontrerons au vo-
lume suivant. Mais on ne saurait non plus se refuser à y
voir une préparation à un ordre de choses supérieur, et
comme la pierre d'attente d'une paix définitive.

« L'équilibre politique, dit Eugène Ortolan, consiste à
« organiser entre les nations faisant partie d'un même sys-
« tème une telle distribution et une telle opposition de
« forces, qu'aucun État ne s'y trouve en mesure, seul ou
« réuni à d'autres, d'y imposer sa volonté, ni d'y opprimer
« l'indépendance d'aucun autre État; et s'il est exact
« de dire que l'équilibre de forces diverses s'obtient par
« la combinaison de ces deux données, l'intensité et la di-
« rection, on reconnaîtra qu'entre nations l'intensité se-
« compose de tous les éléments quelconques, matériels ou
« immatériels, qui sont de nature à constituer la puis-
« sance, le moyen efficace d'action; quant à la direction,
« elle se détermine par l'intérêt. Il faut donc combiner la
« distribution des divers éléments de puissance et les rap-
« prochements ou les oppositions d'intérêts pour créer dans
« un groupe de nations, à un moment donné, un état d'é-
« quilibre, en ne perdant pas de vue l'extrême mobilité
« des éléments de puissance, et surtout des intérêts. Cha-
« que jour ils peuvent se modifier, et l'équilibre courra le
« risque de s'altérer par ce qui augmentera ou diminuera
« les uns, et viendra unir ou diviser les autres (1). »

Ces considérations de M. Ortolan impliquent toute une
théorie du droit de la force, toute une philosophie de la
guerre, quatre mots, ce semble, qui hurlent de se voir ac-
couplés, mais qui n'en expriment pas moins, par leur réunion, une vérité rigoureuse. Elles aboutissent à cette conséquence, que je prends la liberté de recommander aux
méditations du savant jurisconsulte : c'est que si, depuis
un siècle, grâce au principe d'équilibre, ou, comme disait
Ancillon, des *contre-forces*, le droit des gens a fait quelque

---

(1) *Des moyens d'acquérir le domaine international.* J'emprunte cette citation à M. Vergé, l'éditeur de Martens, n'ayant pas sous la main
l'ouvrage de M. Ortolan.

progrès, il doit ce progrès, non pas à la négation du droit de la force, mais à son affirmation, je dirais presque à sa restauration, dans le sens littéral et matériel que lui donnèrent les anciens.

Tels sont, en général, les motifs puissants, les intérêts sacrés, justiciables de la force, qui remplissaient autrefois d'enthousiasme l'âme du guerrier. Bien plus que le sujet perdu dans nos grands États comme la goutte d'eau dans l'Océan, bien plus que le paysan de nos campagnes, le bourgeois et l'ouvrier de nos villes, l'homme de la cité antique sentait en lui la patrie et la souveraineté. Il n'était homme que par là : hors de là il perdait tout, richesse, dignité, liberté. Voilà ce qui donnait un sens à la grande parole de Tyrtée, traduite par Horace : *Dulce et decorum est pro patria mori*, il est doux, il est glorieux de mourir pour la patrie ; parole que la plèbe romaine du temps d'Auguste commençait à ne plus comprendre, et que les nations modernes ne comprennent pas beaucoup plus. Que fait au paysan de la Lombardie, par exemple, de vivre sous le protectorat du Piémont ou de l'Autriche, si la rente qu'il paye au bourgeois est toujours la même, si, comme le colon antique, il doit rester éternellement pauvre diable?...

Dans cette lutte de la force, tout est beau, généreux, sublime. C'est là que l'honneur de la vie s'élève pour le citoyen en proportion de ses sacrifices ; c'est, le dirai-je ? par cette magnanimité de la guerre que le vaincu tombé en servitude est plus honorable que celui qui, sans combat, accepte l'incorporation de son pays et l'abrogation de sa souveraineté.

Si la justice est notre haute prérogative, et son culte quotidien le gage de notre félicité, les jours de batailles, je parle des batailles légitimes, doivent être pour les combattants des jours de sainte allégresse. L'heure, marquée par le destin, a sonné. Deux nations sont en présence : il s'agit de savoir laquelle doit donner son nom à l'autre, et, en l'absorbant, doubler sa propre souveraineté. Qui les pousse à ce duel? La force des choses, l'ordre de la Providence, dit le chrétien; la loi des sphères, dirait Machiavel. Eh bien! s'écrient-ils tous ensemble, mourons, ou sauvons l'honneur de nos pères et l'immortalité de notre race!

La guerre, sans haine ni injure, entre deux nations généreuses, pour une question d'État inévitable et de toute autre manière insoluble; la guerre, comme revendication du droit de la force, de la souveraineté qui appartient à la force : voilà, je ne m'en cache pas, ce qui me semble à moi l'idéal de la vertu humaine et le comble du ravissement. Qui oserait parler ici de *voleurs* et *d'assassins?*

Voulez-vous un éclatant témoignage de la réalité du droit de la guerre et de son intervention nécessaire dans la société? Regardez ce qui arrive, en ce moment, au chef de l'Église chrétienne. A la chute de l'empire, sous les coups répétés de la barbarie, l'Italie tombe en dissolution. Les villes, rendues à leurs attractions naturelles, travaillent, chacune de son côté, à reconstituer leur indépendance. Le christianisme était la loi universelle; l'Église, avec la papauté pour centre, la seule puissance. Il était aisé à la Rome chrétienne de refaire une Italie compacte, armée contre toute influence du dehors, si le chef de l'Église avait été, comme le consul antique, comme l'empereur païen, à la fois pontife, magistrat et général. Mais le Christ avait déclaré que son royaume n'est pas de ce monde; lui-même avait pris soin de séparer le spirituel du temporel; des passages formels de la loi défendent au prêtre de tirer le glaive. Pour opérer la recomposition de l'État italien, le pape n'a que la foudre du sanctuaire, l'excommunication. Sa puissance d'opinion est énorme : tout se prosterne quand il répand la bénédiction ou qu'il fulmine l'anathème; tout se redresse et lui résiste, dès qu'il veut gouverner, conquérir ou combattre. L'Italie, grâce à cette impuissance du pontife de paix, reste profondément divisée. Par lui-même, le pape est incapable de se constituer un domaine : il attendra de la lance du roi franc, ou de la munificence d'une comtesse, le pauvre douaire dont il ne jouira même presque jamais. Ne pouvant devenir conquérant, il servira à empêcher toute autre conquête : tantôt il paralysera l'élan impérial, tantôt il minera le roi ou dissoudra les républiques. Et l'on verra l'Italie du moyen âge, après avoir renouvelé, pendant plus de mille ans, les scènes héroïques et toutes les magnificences de l'ancienne Grèce, après avoir initié l'Europe à la politique, aux sciences et aux arts, s'affaisser épuisée, et devenir la proie de l'étranger. L'Italie est tombée, parce que le pape, en qui résidait la plus grande autorité de l'Italie, n'était souverain que de l'ordre moral; parce que, vicaire de Jésus-Chrit, il ne lui est permis, de par le testament de son divin auteur, de devenir ni conquérant, ni roi, ni empereur; parce qu'en un mot la constitution de son Église lui interdit d'exercer le premier et le plus essentiel des droits de l'État, le droit de la force.

C'est en vain que depuis Charles-Quint et la Réforme les princes du temporel se sont peu à peu concertés pour reconnaître et garantir un État propre au chef du spirituel; c'est en vain que les traités de 1815 ont consacré cet arrangement, et assuré au pontife romain l'appui des armées alliées, catholiques, grecques et protestantes : la contradiction d'une puissance non guerrière éclate de plus en plus. Certes le dix-neuvième siècle est un siècle de diplomatie, si jamais il en fut. Plus qu'à aucune autre époque, les affaires relèvent de la raison publique et tendent à se régler par la voie des transactions et des congrès. Quel avantage pour un gouvernement qui affecte de devoir tout à la religion, à la piété des peuples, aux traditions les plus respectables, à la solidarité de l'autel et du trône ! N'est-il pas vrai que si la paix était le principe, la condition et le but des États, le plus grand de tous les États, celui qui aurait la plus grande puissance d'absorption, ce devrait être l'Église !

Mais la diplomatie, quand elle a la parole, n'est autre chose que l'organe officiel de la guerre ; la politique entre les nations n'est au fond que la raison des armées, le droit de la force. Voilà pourquoi, dans les congrès des puissances, le souverain pontife n'a pas la parole, si ce n'est pour entonner le *Te Deum* et invoquer le Saint-Esprit. Voilà pourquoi, ne comptant pour rien, ni sur les champs de bataille, ni dans les conférences des souverains, sa politique à lui, sa politique de prêtre, est de dissoudre les forces qu'il ne peut dominer. Ne pouvant conquérir l'Italie, le pape ne travaille qu'à l'immobiliser, tantôt par ses propres divisions, tantôt par les armes étrangères. On l'a vu, en 1848, lorsque Pie IX refusa de suivre le peuple dans la guerre contre l'Autriche : « Je suis, dit-il, le père commun des fidèles ; il ne m'est pas permis de faire la guerre contre une fraction de mon troupeau. — Quoi ! saint-père, pas même pour l'affranchissement de la patrie italienne ? — Non, pas même pour l'affranchissement de la patrie italienne. La patrie est affaire d'État, et le royaume du Christ n'est pas de ce monde, — Eh bien, alors, ne soyez donc pas chef d'État italien, *noli ergo imperare :* car la vie de l'Italie, avec vous, c'est le suicide. L'Italie ne peut rester pontificale et vivre. »

Aujourd'hui, l'Italie semble se réveiller. Elle a chassé ou peu s'en faut, l'étranger ; et les sujets du pape l'abandonnent. L'Église est désormais mise hors la politique, hors le temporel, en Italie et dans les États dits de l'Église, aussi bien qu'en France, en Autriche, et dans les États catholiques. Concevez-vous un idéal relégué hors de la vie universelle et de la réalité des choses? Un mot, un seul mot a déterminé cette grande ruine : *Le royaume du Christ n'est pas de ce monde.* Son vicaire porte la houlette, non le glaive. Comment ce *berger* régnera-t-il sur les hommes, s'il ne peut les mener au combat? Que l'on y songe : si quelque chose condamne irrémissiblement la souveraineté temporelle des papes, ne le cherchez point ailleurs, le voilà. Le pape n'est pas un calife ; il lui est défendu de commander ses armées. Et prenez garde, si vous lui donnez un général, que tôt ou tard il ne soit supplanté par son général.

Au livre suivant, nous examinerons les règles qui président à l'emploi de la force, ce qu'on est convenu d'appeler *la guerre dans les formes.* Terminons d'abord ce que nous avons à dire des applications, immédiates et éloignées, du droit de la force.

CHAPITRE IX

APPLICATION DU DROIT DE LA FORCE
2° OBJET ET DÉTERMINATION DU DROIT DES GENS

Que le droit de la guerre dérive immédiatement du droit
de la force, ou, pour mieux dire, que le premier ne soit
que la formule de revendication et de constatation du second, c'est ce que le lecteur doit regarder maintenant
comme à l'abri de toute contestation, bien que les auteurs
n'aient jamais paru le comprendre, bien qu'ils n'aient jamais vu dans la guerre qu'une manière, en usage parmi
les peuples civilisés, de se contraindre avec le moins de férocité possible.

Mais que le droit des gens dérive, à son tour, du droit de
la guerre, comme celui-ci dérive du droit de la force ; que,
par conséquent, le droit des gens ne soit, s'il est permis de
parler ainsi, que le droit de la force à sa troisième génération, c'est ce que les jurisconsultes peuvent encore moins
admettre, et qui renverse toutes leurs thèses. Non-seulement, en effet, ils ne reconnaissent pas le droit de la force,
mais le droit de la guerre, dont nous avons si nettement

défini l'objet et la spécialité, dont nous ferons bientôt connaître les règles, n'est à leurs yeux qu'une fiction, formant un article particulier, exceptionnel, anormal du droit des gens, qui se trouverait ainsi former le premier échelon du droit.

D'où vient alors, selon nos savants publicistes, le droit des gens, et en quoi consiste-t-il?

Le droit des gens, répondent-ils, découle du droit naturel. — Et qu'est-ce que le droit naturel?

Vattel cite Hobbes, qui divise la loi naturelle en loi naturelle de l'homme et la loi naturelle des États. Cette dernière est ce que l'on appelle d'ordinaire *droit des gens*. Les maximes de l'une et de l'autre de ces lois sont les mêmes. — Vattel approuve la déduction de Hobbes; il observe seulement que le droit naturel, dans son application aux États, souffre certains changements; nous en avons parlé plus haut.

Pufendorf et Barbeyrac souscrivent comme Vattel à l'opinion du publiciste anglais.

Montesquieu dit, en gros, ce qui *se passe;* il ne sait pas le premier mot de ce qui est.

« Le droit des gens est naturellement fondé sur ce prin-
« cipe, que les diverses nations doivent se faire dans la
« paix le plus de bien, et dans la guerre le moins de mal
« qu'il est possible, sans nuire à leurs véritables intérêts.

« L'objet de la guerre, c'est la victoire; celui de la vic-
« toire, la conquête; celui de la conquête, la conservation.
« De ce principe et du précédent doivent dériver toutes les
« lois qui forment le droit des gens.

« Toutes les nations ont un droit des gens; les Iroquois
« mêmes, qui mangent leurs prisonniers, en ont un. Ils
« envoient et reçoivent des ambassades; ils connaissent des
« droits de la guerre et de la paix; le mal est que ce

« droit des gens *n'est pas fondé sur les vrais principes*(1). »

Mais pourquoi les nations sont-elles en guerre et font-
elles appel à la force? Montesquieu n'en sait rien. Et comment pourrait-il s'en douter? Il ne reconnaît pas le droit
de la force. Il cite, en souriant les Iroquois, dont le droit
international n'était pas fondé, selon lui, sur les vrais principes. Mais les Iroquois, qui mangeaient leurs prisonniers,
et justement parce qu'ils les mangeaient, en savaient plus
que Montesquieu sur le droit des gens. Manger son ennemi,
c'était exécuter sur les personnes l'arrêt que la victoire
n'avait porté que sur l'État, savoir : que l'État du vaincu
sera absorbé dans l'État du vainqueur.

Si les juristes ne savent rien de l'origine et des principes du droit des gens, savent-ils mieux ce qui les constitue?

« Le droit des gens, selon Mackintosh, comprend les
« principes de l'indépendance des nations, leurs rapports
« en temps de paix, les priviléges des ambassadeurs et des
« ministres d'un rang inférieur, les relations entre les
« simples sujets, les justes causes de la guerre, les devoirs
« mutuels des puissances belligérantes et des puissances
« neutres, les bornes des hostilités légitimes, les droits de
« la conquête, la foi à observer entre ennemis, le droit ré-
« sultant des armistices, des saufs-conduits et des passe-
« ports, la nature des alliances et les obligations qui en
« naissent, les voies de négociations, l'autorité et l'inter-
« prétation des traités de paix. »

Qu'on ouvre le premier auteur venu, à la table, et l'on
verra que Mackintosh ne fait ici que les résumer tous.

_____

(1) *Esprit des lois*, livre I.

Or, il y a de nombreux et graves reproches à faire à cette énumération. Le premier est que le droit de la guerre est considéré ici comme faisant partie intégrante du droit des gens, ce qui est inadmissible; le second, que les rapports des nations entre elles et les obligations qui en naissent ne différeraient en rien, quant à leur objet, des rapports et des obligations qui existent entre individus, ce qui ruine la distinction qu'on voudrait établir entre le droit civil et le droit des gens; le troisième, qu'aucun des rapports spéciaux de nation à nation, aucune des graves questions que ces rapports soulèvent, ne sont seulement mentionnés; le quatrième, que le droit primordial, celui duquel naissent, d'abord le droit de la guerre, et ultérieurement le droit des gens, le droit de la force, y est, comme d'habitude, entièrement méconnu. Arrêtons-nous là.

Les auteurs qui ont traité du droit des gens semblent avoir ignoré jusqu'aux règles de la classification. Comme ils avaient observé, par exemple, que le droit de la guerre est réservé aux chefs d'État, à l'exclusion des particuliers, ils en ont conclu que le droit de la guerre faisait partie du droit des gens. Ainsi du reste. Mais, d'abord, chacun sait que le droit de guerre n'a pas toujours été le privilége du prince; que, pendant des siècles, il a appartenu à tout homme libre, et qu'aujourd'hui encore, en temps de guerre, les gouvernements le confèrent à de simples particuliers, au moyen des lettres de marque. Puis, ce n'est pas par l'importance des personnages que le droit se différencie, mais par les natures, facultés ou actions qui y donnent lieu. Ainsi, il n'y a pas un droit du riche et un droit du pauvre, un droit du pauvre, un droit du noble et un droit du roturier, un droit du marchand en gros et un droit du marchand en détail, un droit pour les États de cinquante mille âmes et un pour ceux de cinquante millions. De semblables distinctions sont ce qu'on appelle en droit *acception de personnes*; c'est une offense à la justice, et la révolution en a détruit jusqu'à la racine. Il y a un droit de la force, un droit de l'intelligence, un droit du travail, un droit de l'échange, un droit de la famille, un droit de propriété, un droit pénal, un droit de procédure civile et criminelle, un droit de la guerre, lesquels droits se distinguent les uns des autres par les facultés ou fonctions qui les produisent et sont identiquement les mêmes dans tous les sujets, grands et petits, individuels et collectifs.

Pour qu'il y ait un véritable droit des gens, il faut donc qu'il existe dans l'être moral, qu'on appelle nation, un ordre de rapports qui ne se trouve pas dans le simple citoyen. De semblables rapports existent-ils? Toute la question est là. En quoi la nation, que la jurisprudence assimile, sous plusieurs points de vue, à l'individu, en diffère-t-elle de manière à motiver la distinction d'un nouveau droit? Car il est évident que, sans cette différence dans la nature et la fonction du sujet, le droit des gens n'est qu'un vain mot, tout au plus une pierre d'attente, un cadre vide.

La réponse à cette question nous est fournie par ce que nous avons dit, au chapitre précédent, du droit de la guerre, et des circonstances qui en déterminent les actes.

Ce qui distingue, au point de vue du droit, l'être collectif, appelé nation ou État, du simple particulier; ce qui établit une ligne de démarcation infranchissable entre la personne sociale et la personne individuelle, c'est que l'immolation de la première peut être, dans un intérêt supérieur, juridiquement requise, tandis que l'immolation de la seconde, hors le cas de crime emportant la peine capitale, ne le peut jamais. Ainsi, la république ne peut, sous prétexte du salut général, requérir le sacrifice de l'innocent, l'exil d'Aristide, la mort de Curtius, le suicide de Thraséas. Elle ne peut pas, sous prétexte de défense ou d'excès de population, expulser les bouches inutiles, ordonner le massacre des innocents et des vieillards. Toutes les têtes sont sacrées; la société n'existe que pour leur conservation. Dans aucun cas, dis-je, l'homme n'a le droit de supprimer l'homme, la majorité de se faire la place plus large par l'élimination de la minorité.

Mais il en est autrement des États. Dans mainte circonstance il faut que cette personne collective, qui a aussi son âme, son génie, sa dignité, sa force; devant laquelle toutes les individualités s'inclinent comme devant leur souverain; il faut, dis-je, qu'elle disparaisse absorbée par une existence supérieure. Le mouvement de la civilisation, le perfectionnement des États est à ce prix.

Des faits innombrables, tant de l'histoire moderne que de l'histoire ancienne, prouvent qu'en toute guerre c'est cette personne collective, l'État, ou, comme nous disons aujourd'hui, la nationalité, qui est en péril : la destruction des cultes (Cambyse, en Égypte; Antiochus, roi de Syrie, en Palestine; les musulmans); la destruction des aristocraties (conseil donné par Tarquin le Superbe à son fils; transportation des familles nobles de Judée par Nabuchodonosor; massacres de Gallicie); destruction des sacerdoces (persécution des mages par Darius, des druides par les Romains); massacre de tous les mâles, parfois de toute la population (le Pentateuque); abolition des langues; destruction des livres et des monuments; changement des constitutions; déplacement ou destruction des capitales, etc., etc. — Ces faits démontrent jusqu'à l'évidence qu'une pensée réfléchie, sachant ce qu'elle veut et où elle va, préside à toutes ces exterminations. Cette pensée, je le répète, n'est autre que l'immolation, en vertu du droit de conquête, de la personne collective qui a nom l'État, et que le vainqueur poursuit partout où il croit la voir vivre, dans le culte, la langue, les institutions, la dynastie, la noblesse, etc.

Le droit des gens a donc pour objet de déterminer, en général, et sauf la décision ultérieure de la guerre, quand, comment et à quelles conditions il peut y avoir lieu de procéder à la fusion ou incorporation, dans un État plus grand, d'un ou plusieurs autres États plus petits ; fusion qui n'est évidemment pour ceux-ci, et quelquefois pour celui-là, qu'un suicide ; et réciproquement quand, comment et à quelles conditions il peut y avoir lieu de procéder à l'opération inverse, c'est-à-dire à un démembrement.

De ce principe se déduisent des questions fort graves, jusqu'à présent fort peu étudiées, et qui ne figurent seulement pas dans les traités relatifs au droit des gens, mais qui n'en sont pas moins toutes étrangères au droit civil. On a écrit des volumes sur les ambassadeurs, qui ne sont après tout que des fondés de pouvoir constitués d'après les principes du droit civil; on ne trouverait pas une ligne de saine jurisprudence sur les questions suivantes :

« Quelle peut être la grandeur normale d'un État ?

« Jusqu'à quel point la limitation de l'État est-elle donnée par la géographie, la race, la langue, la religion, la tradition, le degré de civilisation, etc. ?

« Les États peuvent-ils, doivent-ils être égaux entre eux, ou sont-ils condamnés, par la raison des choses, à l'inégalité ?

« Le fusionnement des nationalités peut-il, doit-il aller jusqu'à l'absorption du genre humain, de manière à former une monarchie universelle ?

« Ne serait-il pas plus vrai de supposer que l'unité politique du genre humain consiste, soit dans une hiérarchie d'États, soit dans une confédération ? Dans le premier cas, quel sera le rapport hiérarchique des États? Dans le second, le principe fédératif ne conduit-il pas, par voie d'analogie, à la résolution des grands États en provinces fédérées ?

« Ou bien, enfin, l'équilibre a-t-il pour condition l'indépendance universelle, *l'anarchie* des cités ?

« L'équilibre peut-il être remplacé par un tribunal arbitral ? En tout état de cause, le groupe politique le plus avancé en civilisation, le plus fort ou le plus riche, a-t-il droit à quelque privilége sur celui qui l'est moins ? Quelle est la nature de ce privilége ?

« Quand et comment une nation ralliée à une autre peut-elle revendiquer son autonomie ?

« Comment se fera la répartition des terres nouvellement découvertes, ou habitées par des peuplades réputées sauvages ? Quel sera, sur ces peuplades, le protectorat des civilisés ? Quels sont leurs droits et devoirs réciproques ?

« Quel a été, dans les temps anciens, le rôle de l'esclavage ? Que peut-il être aujourd'hui ?

« Une nation a-t-elle le droit de se clore et de refuser le commerce avec l'étranger ?

« *Quid* des alliances politiques particulières ? Ne sont-elles pas une menace à la liberté des autres États, partant une infraction au droit des gens ?...... »

En voilà assez pour faire comprendre aux moins intelligents de nos lecteurs en quoi consiste le *droit des gens*, confondu par tous les publicistes, tantôt avec le droit politique, tantôt avec le droit naturel ou civil, tantôt avec le droit politique, tantôt avec le droit de la guerre, et réduit, en ce qui n'est pas du droit civil, politique ou guerrier, à de puérils détails sur la tenue des ambassades.

Quelques observations pratiques sur le droit des gens, considéré dans ses rapports avec le droit de la guerre et le droit de la force, termineront ce que nous avons à dire.

On a vu précédemment (chap. VIII, p. 170) que ce qui distingue le droit de la guerre du droit de la force, c'est que celui-ci est le droit par lequel un individu, une corporation, un État, réclame une chose comme lui appartenant en raison de la supériorité de sa force, tandis que le droit de la guerre a pour but de régler la manière dont il sera procédé, en cas de refus du défendeur, à la démonstration des forces, laquelle servira en même temps de jugement.

Le droit des gens diffère à son tour du droit de la guerre, en ce qu'il a pour but, non de régler les formes de la guerre et ce qui s'y rattache, parlementaires, armistices, traités de paix, ambassades, etc., mais de déterminer les cas de guerre et d'en assigner les résultats, en formulant par avance les conclusions de la victoire sur toutes les questions que peut soulever l'opposition des puissances et éventuellement leur conflit. En deux mots, comme la guerre surgit de la négation du droit de la force et a pour but d'en assurer l'exercice, l'objet du droit des gens est soit d'éviter la guerre, soit de la réduire au strict nécessaire, soit enfin d'en déterminer les effets, en déterminant théoriquement, d'après le droit de la force, les obligations des peuples les uns envers les autres et les conséquences de leurs luttes.

Toutes les questions dont traite le droit des gens sont des questions de prépotence, susceptibles d'être vidées par le combat, qui ne reconnaissent même d'autre tribunal, d'autre arbitrage que celui de la force; des questions par conséquent dont la solution peut être toujours préjugée d'avance, d'après le calcul des forces, et sauf les modifications qu'y apportera la bataille, si les parties intéressées jugent à propos d'en venir aux mains. On conçoit de quelle importance serait, pour la transaction des litiges internationaux, l'abréviation des guerres et la consolidation des traités de paix, un répertoire de solutions pareilles. Si le droit des gens, sur lequel on a publié tant de volumes inutiles, était aussi avancé qu'il plaît à la vanité des auteurs de le dire, aucune des guerres qui ont désolé le monde depuis la Révolution n'aurait été possible : elles seraient tombées devant la jurisprudence des États. A quoi donc tient-il que nous ne soyons définitivement en paix? A ce que le droit des gens n'est pas même défini ; à ce que juristes et hommes d'État sont aussi insoucieux, malgré leur morgue, des questions dont leur métier est de s'occuper, que les baïonnettes chargées de les trancher.

En fait de relations internationales, j'ose le dire, il n'existe aucun principe reconnu. Il y a des *usages*, réduits, d'une façon plus ou moins spécieuse, en théories par les professeurs, et sujets à autant d'exceptions qu'il plaît aux diplomates d'en trouver. La politique, autrefois dirigée de haut par l'Église, en vertu du lien qui unissait les deux pouvoirs, spirituel et temporel, est restée, depuis la fin du régime féodal, un art; elle n'est pas redevenue une doctrine. La diplomatie écrit, échange des notes, scandalise le monde de son impuissance, sans se douter seulement que cette impuissance provient de ce qu'il n'y a pas de transactions plus difficiles que celles qui ont pour objet de régler des questions de vie et de mort, dont la guerre est le seul arbitre. Chaque État suit sa tradition, chaque peuple son instinct, au risque de se prendre dans sa propre cupidité, et c'est tout. L'Italien, en politique, est un machiavéliste ; l'Anglais, utilitaire et malthusien ; le Français, glorieux et artiste ; le Russe, comme l'a dit Napoléon Ier, est Grec du Bas-Empire ; l'Allemand cherche, sans le trouver, son droit historique, ce qui fait qu'il n'y a toujours point d'Allemagne. Tout est à créer : la Révolution française elle-même n'a produit que des aspirations ; elle a parlé de fraternité universelle, de paix perpétuelle, comme les poëtes de l'âge d'or. Mais le premier mot reste à dire, et ce mot, bien simple, et que je voudrais faire sonner si haut que les morts l'entendissent, c'est que LA GUERRE NE FINIRA, LA JUSTICE ET LA LIBERTÉ NE

S'ÉTABLIRONT PARMI LES HOMMES, QUE PAR LA RECON-
NAISSANCE ET LA DÉLIMITATION DU DROIT DE LA FORCE.

Le droit de la force, le droit de la guerre et le droit
des gens, définis et circonscrits comme nous venons de le
faire, se soutenant, s'impliquant et s'engendrant l'un l'autre, gouvernent l'histoire. Ils sont la providence secrète
qui mène les nations, fait et défait les États, et, mettant
d'accord la force et le droit, conduit la civilisation par la
route la plus sûre et la plus large. Par eux s'expliquent
une foule de choses dont il est impossible de rendre compte
ni par le droit ordinaire, ni par aucun système historique,
ni même par les évolutions capricieuses du hasard. Citons-
en quelques exemples parmi les plus connus.

Notre sentiment démocratique s'indigne en voyant des
mariages princiers décider l'agglomération de populations
nombreuses, comme si les peuples étaient la propriété des
rois, et pouvaient être donnés par eux en apanage à leurs
garçons ou en dot à leurs filles. L'Aragon et la Castille
s'unissent par le mariage de Ferdinand et d'Isabelle; en
Angleterre, les deux Roses se réconcilient par celui de
Henri VII avec la dernière héritière d'York; la Bretagne
est définitivement réunie à la France par celui de Charles VIII, et, après sa mort, de Louis XII avec Anne de
Bretagne. Quelles prostestations, quelles colères soulève-
raient aujourd'hui de pareils actes! Jusqu'en 1776, on voit
la Lorraine revenir à Louis XV par la mort de Stanislas Ier,
roi de Pologne, dont il avait épousé la fille. L'esprit des
traités de 1815 a mis fin à ce système d'héritage, em-
prunté au droit civil, et appliqué, grâce, il faut le dire,
au bon sens des princes, avec assez de bonheur, aux relations internationales. Maintenant, c'est un autre principe
qui régit les acquisitions et les démembrements des États,
le principe de l'équilibre des forces. Or, c'était aussi le

droit de la force qui, sous l'emblème d'un mariage, opérait jadis une fusion dès longtemps prévue, toujours poursuivie, et devenue à la fin nécessaire. Suivez l'histoire, en effet : les conventions matrimoniales des princes ne sont plus de rien quand elles ont contre elles le droit de la force, qui n'est autre ici que le droit des gens. Louis XII aura beau alléguer les droits qu'il tient de sa grand'mère Valentine sur le duché de Milan, la réunion ne s'opérera pas. Entre la France et l'Italie, séparées par les Alpes et par la différence des nationalités, il n'y a plus lieu à appliquer le droit de la force, pas le moindre prétexte à réunion ou incorporation, et les plus belles armées sont ici sans vertu. La force seule, de même que la naissance, le génie ou la liberté, sans le droit, est impuissante ; la plus éclatante bravoure combat en pure perte.

Qui ne s'est scandalisé, en lisant l'histoire de Louis XIV, de la pauvreté des motifs allégués par ce prince pour justifier son invasion des Pays-Bas ? Le droit de dévolution qu'il invoquait du chef de sa femme n'était nullement applicable dans la circonstance, et l'on a honte, pour la France et pour son souverain, de voir une cause, d'ailleurs si plausible, soutenue avec une mauvaise foi si opiniâtre et de si détestables arguments. Personne ne sut dire la vraie raison ; elle était invincible. Devant la justice des nations, telle que la donnent les nécessités de l'agglomération politique, l'Espagne n'avait pas plus de droit sur les Pays-Bas et sur la Franche-Comté que la France elle-même n'en avait sur le Milanais, ou l'Angleterre sur la Guyenne. En revanche, la même loi d'incorporation qui, sous Ferdinand et Isabelle, avait déterminé la réunion de l'Aragon et de la Castille ; qui, sous Charles VIII et Louis XII, décida la réunion à la France de la Bretagne ; qui plus tard, sous Louis XV, fit retourner définitivement la Lorraine, ancien fief impérial, au royaume son rival ; cette loi voulait que la

France achevât de s'arrondir par l'annexion d'un certain nombre de provinces qui la touchaient à l'est et au nord. Ce travail de circonscription de l'empire français est-il aujourd'hui terminé? N'y a-t-il pas quelque complément à y apporter, quelque rectification à y faire? Question brûlante que je ne veux point discuter ici. Je me permettrai seulement de dire, non pas précisément que le patriotisme français nourrisse à cet endroit des espérances exagérées : le droit de la France peut se trouver déterminé par tels événements qui motiveraient de sa part de nouvelles annexions ; je dirai qu'à mon avis, depuis la Révolution française et les guerres qui l'ont suivie, en présence des institutions représentatives qui surgissent de tous côtés et des questions économiques qui se posent, le droit des gens a subi une modification essentielle, qui exige de tout autres solutions...

Pourquoi la guerre de Cent ans, entre la France et l'Angleterre, fut-elle, de la part de cette dernière, une guerre injuste? La disposition de la loi salique, qui excluait les femmes de la succession à la couronne, était une invention de procureur, dont Édouard III avait parfaitement raison de se moquer. Mais, entre la France et l'Angleterre, la nature a élevé des barrières qui rendent toute réunion impossible. Ici, comme dans l'affaire du Milanais, on peut affirmer que la loi d'incorporation était inapplicable, conséquemment qu'il n'y avait lieu pour le roi d'Angleterre de faire appel à la guerre. Bien loin que le roi de France dût reconnaître le titre dont se prévalait son rival comme petit-fils de Philippe le Bel, il aurait pu lui dire, s'il n'en eût été empêché par son respect du droit féodal :

« La loi de formation des États est qu'aucune incorporation n'ait lieu qu'autant qu'elle est commandée par une nécessité absolue. Dans ce cas seulement, il y a lieu de réunir deux États, en soumettant le plus faible à la raison politique du plus fort. Alors, s'il y a résistance du premier, il y a lieu d'en venir aux armes. Mais vous, roi d'Angleterre, prince étranger, séparé de mon pays par l'Océan, que demandez-vous? Qu'y a-t-il de commun entre mon peuple et le vôtre? Fussiez-vous le fils aîné du roi de France mon père, vous ne pourriez vous prévaloir de votre primogéniture qu'à la condition de renoncer à votre qualité de roi d'Angleterre, ou de faire de l'Angleterre une province française. Non-seulement donc nous refusons, moi, mes barons et mes fidèles communes, de vous reconnaître comme souverain ; mais nous formons à notre tour, contre l'Angleterre et contre vous, une demande en revendication de cette province de Guyenne que vous retenez illégitimement et par une fausse interprétation du droit des gens. La Guyenne, pour laquelle vous me devez l'hommage féodal, ne peut appartenir à un prince anti-français ; elle revient, de droit naturel, à la France, elle fait partie de son unité. C'est dans cette pensée que fut contracté, il y a près de deux cents ans, le mariage de l'un de mes prédécesseurs, Louis le Jeune, avec Éléonore, chassée plus tard pour ses adultères et recueillie par un de vos aïeux. Le droit de succession féodale, en vertu duquel vous parlez, ne peut primer le droit éternel des nations, que je représente. Préparez-vous donc à remettre entre mes mains cette principauté qui n'est point vôtre, ou à la défendre par les armes. Dieu et la victoire décideront de quel côté est le droit. »

Au quatorzième siècle, comme au douzième et au dix-neuvième, l'incorporation de l'une des deux puissances, ou d'une fraction de l'une de ces puissances, anglaise et française, dans l'autre, excédait les bornes du droit de conquête. Ni l'Angleterre n'était d'ailleurs de force à s'assimiler la France, ni la France ne pouvait s'assimiler l'Angleterre. De quelque point de vue qu'on envisageât la question, droit de la force ou droit des gens, les prétentions du monarque anglais répugnaient au sens commun. La saine politique lui commandait de fermer les yeux sur une succession (celle de Philippe de Valois) irrégulière peut-être quant à la rigueur du droit féodal. La France et la Grande-Bretagne ne se peuvent rien ; elles sont condamnées à subsister l'une en face de l'autre sans pouvoir jamais s'absorber : là est le plus solide fondement de leur alliance. Aujourd'hui, plus que jamais, et quels que fussent les griefs réciproques, tout ce que l'une de ces deux puissances, momentanément victorieuse, entreprendrait contre l'autre, tomberait au bout de peu de temps sous la force des choses, plus puissante que la force des armées.

CHAPITRE X

CONTINUATION DU MÊME SUJET : QUESTIONS CONTEMPORAINES

Mon dessein était, en commençant cet ouvrage, de m'abstenir de toucher aux affaires actuelles. Je croyais devoir au public, ainsi qu'au gouvernement, cette preuve de réserve. Je me disais qu'un livre de doctrine étant supérieur à tout intérêt de nationalité comme de parti, c'était un devoir pour l'auteur de se tenir en dehors des polémiques.

J'ai réfléchi depuis que ce scrupule pourrait paraître, au contraire, d'autant plus mal fondé, qu'à une époque aussi agitée je ne puis rester dans l'indifférence ; que dans d'autres écrits je n'ai point hésité à faire connaître mon opinion, et qu'en définitive le lecteur a droit d'exiger que je fasse, *hic et nunc*, l'épreuve de mes principes, en fournissant des solutions, ou tout au moins des éléments de solutions sur celles des questions internationales qui préoccupent à si juste titre l'Europe entière.

Je veux donc m'exécuter franchement, en priant toutefois le lecteur de considérer que ce n'est pas tant mon opinion que je propose, que des prévisions sur des litiges à vider éventuellement par les armes.

Avant tout, il est un principe dont il faut que le lecteur soit fortement convaincu, s'il veut comprendre quelque chose à la politique et à l'histoire :

Les nations sont absolues dans l'exercice de leur souveraineté ; elles ne sont pas inviolables dans cette souveraineté même. Elles ne relèvent d'aucun tribunal ; mais elles peuvent être légalement privées de leur existence politique par la guerre. En cas de litige entre deux puissances, la question est décidée par le conflit, lequel entraîne, s'il y a lieu, la mort politique du vaincu, jamais sa subordination. Devant le droit de la guerre et devant le droit des gens, le respect de la nationalité n'existe pas.

Question d'Orient. — Il n'est douteux pour personne en Europe que l'empire turc ne soit arrivé au terme de sa décadence, et qu'il n'y ait lieu pour toutes les puissances de se préoccuper de sa succession. C'est donc sur un cas de mort politique que nous avons à répondre.

En droit civil, la maxime est que *le mort saisit le vif*, c'est-à-dire que le fils ou le plus proche parent reprend la gestion des biens et affaires du défunt. Les lois de la formation des États et les témoignages de l'histoire prouvent qu'il en est de même des corps politiques. A l'empire romain d'Occident, mort, comme la Turquie, de dissolution intérieure, succédèrent les nationalités dont il s'était composé, et que l'on peut regarder comme ses héritières naturelles. Les barbares, qui donnèrent leur nom à plusieurs des nouveaux États, Francs dans les Gaules, Ostrogoths en Italie, Wisigoths en Espagne, ne figurent en tout ceci, pour ainsi dire, que comme des exécuteurs testamentaires, agents à la fois de destruction et de renaissance, qui retiennent de l'empire tout ce qu'ils peuvent, se convertissent

à sa loi et à sa foi, et sont bientôt absorbés par les populations indigènes.

Quels États peuvent naître aujourd'hui de la dissolution
de l'empire turc, et être considérés, d'après le droit des
gens tel que nous l'avons enfin défini, comme ses héritiers
naturels? En deux mots, comment et au profit de qui va
s'opérer le démembrement?

Deux hypothèses se présentent :

Ou bien ce sont les nationalités jadis conquises par les
Turcs, et depuis réduites en servage, qui vont se substituer à leurs dominateurs et se reformer en corps politiques, comme l'ont fait, il y a trente-cinq ans, les Grecs
de la Péninsule et d'une partie de l'Archipel, sous la protection des puissances de l'Europe ; comme viennent de le
faire la Moldavie et la Valachie : chose facile encore pour
la Servie, la Bulgarie, la Roumélie, le Monténégro ; plus
difficile peut-être pour les provinces d'Asie, où les Turcs
sont plus nombreux et plus près du foyer islamique.

Ou bien ce seront les États voisins de la Turquie, Russie,
Autriche, Provinces danubiennes, Grèce, Égypte, France
et Angleterre, qui se porteront héritiers en vertu du droit
de prépotence, d'après lequel tout État en qui la vie politique fait défaillance est incorporé par le voisin en qui ré-
side la force. Le partage de la Pologne, au siècle dernier,
en est un exemple. La dissolution politique de la Pologne
étant admise comme un fait sans remède, attendu que la
force de l'État résidait tout entière dans l'aristocratie, et
que, cette aristocratie dissoute, il n'y avait pas au-dessous
d'elle de classe avec laquelle on pût reformer un État, le
partage s'ensuivit entre les trois États voisins, Russie, Autriche et Prusse.

L'intérêt qui s'attache en ce moment au principe de nationalité semble au premier coup d'œil devoir faire donner la préférence à la première de ces solutions, qui ne

serait autre que la restauration des races indigènes, depuis quatre ou cinq siècles subjuguées par les Turcs. Mais
si l'on songe que ces races ne peuvent rien par elles-mêmes
contre le cadavre ottoman, pas plus que les Grecs de 1825
n'eussent pu s'affranchir sans le secours des États chrétiens
de l'Europe ; si l'on réfléchit que les Turcs sont très-nom-
breux et très-forts encore dans les provinces de leur empire, radicalement séparés par la religion, la langue et la
race des chrétiens, et toujours hostiles, on sera forcé de
reconnaître que, l'élément indigène ayant besoin de la
force étrangère, c'est cette force qui en réalité se substitue à la force ottomane, et qu'en conséquence, à moins
d'une générosité spontanée des grandes puissances, générosité d'ailleurs tout à fait dans les mœurs du siècle, le
véritable héritier de l'empire turc, c'est la confédération
des grands États de l'Europe, ce qu'on a appelé depuis 1816,
la Sainte-Alliance. La Grèce et l'Égypte ne pourraient
être elles-mêmes reçues comme héritières que par la munificence desdits États, sans le concours desquels elles de-
meureraient impuissantes.

Où trouver, en effet, dans les populations indigènes, de
quoi remplacer le gouvernement turc à Candie, à Rhodes,
à Chypre, en Syrie, en Anatolie, en Arménie, les Turcs
refusant de se convertir au christianisme, de se mêler par
mariage aux indigènes, comme de retourner dans leurs
steppes?

Je n'insiste pas : la vérité ici frappe tous les yeux.

Je· regarderais donc un partage de la Turquie, par les
puissances susnommées, comme conforme au droit des
gens, précisément parce qu'elles seules ont cette force politique, indispensable à la vie des sociétés, force que la
Turquie a perdue, et que les races soumises sont loin d'a-
voir ressaisie. Si ce partage ne s'opère point, comme s'est
opéré, au dix-huitième siècle, avec si peu de difficulté,

celui de la Pologne, c'est que les difficultés que soulèvent et le principe d'équilibre et les jalousies internationales y mettent empêchement. Peut-être les puissances, ne pouvant s'entendre pour un partage, finiront-elles par une occupation et un gouvernement en commun ; ce qui permettrait aux indigènes de gagner peu à peu de la force, et peut-être aux Turcs de s'adoucir. Dans tous les cas, et quoi qu'il advienne, le principe reste entier : c'est que le droit des puissances, supérieur à toute considération de nationalité, dégagé de tout verbiage philanthropique, a pour fondement la force.

Question polonaise. — Dans mon opinion, la Pologne a péri par sa propre dissolution. Le partage de 1772 n'en a été que la conséquence nécessaire. C'est une chose dont il est aisé de se convaincre en suivant le mouvement polonais depuis le fondateur de la première dynastie, Piast, jusqu'à Stanislas Poniatowski, qui assista, sans mot dire, aux trois partages de la Pologne, en 1772, 1793 et 1795. L'histoire de la Pologne est une longue agitation, dont le but unique est de savoir si le foyer principal du panslavisme sera à Varsovie ou à Moscou. La loi de la force, après avoir quelque temps favorisé les Polonais, s'est prononcée à la fin pour les Russes. Joignez à cela l'absurdité de la constitution polonaise, l'incapacité politique de la noblesse, vénale, indisciplinable, et toujours en quête de souverains étrangers.

Je déclare donc que, quant à moi, après avoir examiné autant que je l'ai pu les pièces du procès, le partage de 1772 et ceux qui l'ont suivi, quelque douloureux et même regrettables qu'ils paraissent à ceux qui n'en furent point participants, me semblent, au point de vue du droit des gens, tout à fait irréprochables, et je ne comprends pas les déclamations et larmoiements dont ce partage est depuis

quarante ans l'objet. Si Louis XV et ses ministres lais-
sèrent accomplir ce partage sans y mettre opposition et
sans exiger de compensation pour la France, ce fut une
faute à eux et un malheur pour la France. Quant à la ra-
diation de la Pologne de la liste des États, j'avoue que si
cette lamentable tragédie me touche, si je regarde Kos-
ciusko cómme le plus grand citoyen de son siècle, je n'ai
rien à objecter contre un fait devenu nécessaire et régulièrement accompli. Je m'indigne surtout contre ceux de
nos démocrates qui depuis 1830 ont fait de la restauration
de la Pologne un moyen d'opposition au gouvernement. Ce
n'est point honorer une nationalité ni la servir que de la
prendre ainsi pour instrument de tactique contre le gouvernement de son propre pays; c'est aggraver sa position,
en·soulevant contre elle la malveillance des indifférents et
la haine de ses possesseurs.

Mais nous savons, par la théorie même du droit de la
force, que les nations quelquefois ressuscitent; et l'on
peut se demander si ce ne sera pas un jour le cas pour la
Pologne. Parmi les idées régnantes, il en est trois, en effet, de l'action desquelles on pourrait attendre ce rétablissement : l'idée de nationalité, l'idée de gouvernement parlementaire, l'idée d'équilibre européen. A quoi je réponds :
1º Que l'idée de nationalité se résolvant pour les Polonais
dans celle du panslavisme, qui leur est aussi chère, au
moins, qu'aux Russes, le mouvement n'aboutirait de ce
côté qu'à un déplacement du pouvoir central, mais toujours
sans distinction de variétés nationales. — 2º Qu'en ce qui
concerne l'établissement des libertés constitutionnelles,
les Russes étant d'accord en cela avec les Polonais, toute
pensée d'opposition et conséquemment de scission se
trouve de nouveau écartée. — 3º Quant au principe d'é-
quilibre, il est clair que la restauration de la Pologne intéressant beaucoup plus les races latines et germaniques

que les races slaves, il suffirait peut-être de poser la question d'un démembrement dans l'empire des czars, pour que Russes et Polonais, d'accord sur la question de race, d'accord sur le système de gouvernement, se réunissent aussitôt contre l'influence étrangère, et affirmassent, au nom de la nationalité, de la liberté et du droit de la force, la prépondérance de la race slave sur l'Europe.

On ne réfléchit point assez, selon moi, que la question de nationalité est primée par celle des libertés politiques ; que ce n'est même qu'en vue de celles-ci qu'on soulève aujourd'hui partout celle-là ; que, la liberté politique obtenue, Polonais et Russes seraient très-près de s'entendre, surtout en présence du double mouvement qui pousse à l'unité les races germaniques et les races latines.

Je ne vois que la révolution économique, dont 1848 a posé le principe, qui puisse opérer cette révolution de l'empire russe, si vivement désirée par les États d'Occident, mais en opérant en même temps leur propre décentralisation, et en recréant dans toute l'Europe autant de nationalités, autant d'États, qu'il y avait de provinces, duchés, comtés, villes, etc., au moyen âge.

Question autrichienne. — La révolution qui travaille en ce moment en l'Autriche me paraît due bien moins au principe de nationalité, si ardemment défendu en Italie, mais très-peu senti, j'imagine, par des peuples qui depuis des siècles se sont volontairement donnés à l'empire, qu'à ce besoin de libertés politiques qui depuis 1815 se fait sentir aux peuples de l'Europe.

A cet égard, la bourgeoisie de Vienne montre tout autant d'impatience que celle de Hongrie ; le fidèle Tyrol s'émeut comme la Croatie sa voisine ; les protestants et les catholiques marchent d'accord : les moins hostiles aux vues de la cour de Vienne sont peut-être les nobles

Magyars. Ce qui est en danger en Autriche, ce peut être la dynastie : ce n'est pas l'empire.

Le trait caractéristique de la formation autrichienne, c'est qu'à la différence des anciens peuples de l'Italie que Rome subjugua, par la loi de la guerre, les uns après les autres, les nations dont se compose l'empire autrichien lui sont arrivées spontanément par la seule attraction d'une civilisation supérieure, mais en réservant seulement leurs constitutions particulières et leurs priviléges nationaux. Il en est résulté, au lieu d'un empire unitaire, à la manière de l'ancien empire romain ou de l'empire français actuel, une sorte d'empire fédératif, dont le principe, et je dirai même le nerf, est précisément dans la spontanéité de cette adhésion. L'ambition des empereurs, la tendance au despotisme du gouvernement, de Vienne, a suggéré l'idée mauvaise de convertir en une centralisation unitaire ce système fédéral, le seul que veuillent reconnaître les peuples. A ce premier grief s'en joint aujourd'hui un autre : le refus, par le Conseil aulique, d'accorder des réformes. Sous ce rapport, il importe de ne pas confondre le mouvement national, conduit en Hongrie par les Magyars, avec le mouvement libéral, auquel se rallient de toutes parts la bourgeoisie et le peuple.

Il résulte de tout cela que le véritable antagoniste de la puissance impériale, l'infracteur du droit des gens, le destructeur de la force publique, ce n'est point la Hongrie, ni la Bohême, c'est l'empereur. Que l'empereur prétende concentrer, absorber en sa personne les forces de son empire, aussitôt la Hongrie fait scission, la Bohême l'imite, les Allemands eux-mêmes applaudissent ; et l'empereur se trouve isolé. Pour absorber la vie de trente-sept millions d'âmes, réparties en dix ou douze nationalités distinctes, divisées en noblesse, bourgeoisie et plèbe, il n'y a que sa personne. N'est-ce pas folie ? Et s'il n'a pu réussir dans les temps anciens, lorsque l'empire germanique jouissait de tout son prestige, comment réussirait-il aujourd'hui, qu'il est devenu l'empire d'Autriche, et que les idées des nations se sont accrues de l'expérience de trois siècles et des principes de la Révolution?

En deux mots, tandis que le droit public de la France est fondé sur la conquête, c'est-à-dire sur la prépondérance d'une force centrale, qui s'est assimilé successivement par le droit de guerre toutes les forces ambiantes, le droit public autrichien est fondé sur la mutuelle reconnaissance des forces diverses, qui, devançant la conquête, se sont fédérées pour former l'empire, et conserver le plus qu'elles pourraient de leur autonomie. Au désir de conserver ces antiques priviléges, se joint en ce moment, dans toutes les parties de l'empire, le désir non moins vif d'un régime libéral. Or, il est évident qu'autant, sous le premier point de vue, l'opposition au gouvernement viennois est conservatrice, autant sous le second elle est révolutionnaire (1).

Question allemande. — Elle est absolument la même que la question autrichienne. En Allemagne, comme en Autriche, les peuples demandent tout à la fois, d'un côté,

---

(1) Ces pages allaient être imprimées, lorsque m'est parvenue la nouvelle du statut impérial qui dote l'Autriche d'une constitution. Autant qu'il est possible d'en juger d'après un extrait de journal, le gouvernement autrichien pourrait se dire aujourd'hui le plus libéral du continent. Il réunit le double avantage du système parlementaire et des libertés provinciales, ou pour mieux dire nationales, revendiquées avec tant d'énergie par les Hongrois. Et je ne serais point étonné qu'un effet de cette constitution fût de donner à l'empire cette force d'unité qu'ambitionnait l'ancien gouvernement. Ce que ne pouvait faire un Conseil aulique, organe du pouvoir absolu, les Chambres l'accompliront sans difficulté. Mais ce qu'il importe de remarquer ici, c'est que la nouvelle constitution de l'Autriche se présente comme un produit du droit des gens, un pacte entre nations volontairement groupées : ce qui la place, à mon avis, au-dessus de toutes les constitutions existantes.

par la mutuelle reconnaissance de leurs forces, et sans passer par l'épreuve de la guerre et de la conquête, à se grouper en un grand État fédératif, jouissant des avantages de l'unité, sans aucun des risques de la centralisation; de l'autre, à jouir de toutes les libertés politiques promises lors de la grande coalition contre Napoléon, en 1813. Et comme en Autriche, ce sont les princes, c'est le roi de Prusse, qui résistent aux vœux des populations, qui repoussent ce principe salutaire, juridique, de la collectivité des forces libres, pour lui substituer celui de l'assimilation de ces mêmes forces en une puissance unique, qui serait dans la main du prince comme la foudre dans celle de Jupiter.

Cette tendance des États de l'Allemagne, comme de ceux de l'Autriche, à se fédérer, en dehors de l'impulsion des armes et de la juridiction guerrière, et sans se résoudre dans une unité artificielle, me paraît être, en ce qui touche le droit de la guerre et le droit des gens, le fait le plus considérable de l'histoire; elle marque, au moment où j'écris, le point le plus avancé du progrès. C'est encore contre cette tendance, aussi loyale qu'énergique, des populations, que se débattent les rois et les nobles, toujours unis contre le tiers état, et toujours divisés entre eux dès qu'ils n'ont plus à le craindre.

Question italienne. — L'Italie, remontant le cours de ses révolutions antérieures, deviendra-t-elle, après avoir aboli son gouvernement pontifical et chassé son empereur germanique, royaume unitaire, à l'instar de la France, ou restera-t-elle fédérale? Question évidemment qui est du ressort du droit des gens, puisque l'Italie se composait, hier encore, de plusieurs États indépendants; question, par conséquent, qui relève directement du droit de la force.

Depuis deux ans que les différentes populations de l'Ita-

lie ont été appelées à prononcer sur leur propre sort, la
solution a peu avancé. On a fait appel, tout à la fois, au
suffrage universel et à la guerre. Le résultat a été identique : la guerre et le scrutin ont rendu le même jugement. Malheureusement, par la manière dont la question
a été posée, ce jugement peut paraître équivoque ; par conséquent on ne peut dire qu'il soit sans appel. La question
d'unité a été confondue avec celles de nationalité et de
liberté ; il est permis de croire qu'elle reparaîtra, tôt ou
tard, à l'ordre du jour. Ce sera donc une guerre civile. Si
le roi Victor-Emmanuel est vainqueur, c'est l'Italie haute
qui absorbe l'Italie du sud, et nous avons une monarchie
centralisée comme la France ; si l'esprit de localité l'emporte, comme en Autriche et en Allemagne, nous avons
un État fédératif, qui, appuyé sur la liberté politique, peut
faire de l'Italie un des pays les plus libres de l'Europe.
Ces deux résultats, très-différents, découlent originairement du même principe, le droit de la force, modifié dans
le premier cas par le droit de guerre, dans le second par le
principe de collectivité, qui appartient au droit des gens,
et se rapproche davantage des formes constitutionnelles.
MM. de Cavour, Mazzini et Garibaldi ne paraissent pas
avoir fait cette distinction dont les conséquences peuvent
être si graves pour l'Italie. Tous trois, au contraire, s'accordent à pousser, de vive force, leur pays dans un
système de concentration et de militarisme qui pourra bien
quelque jour faire regretter aux paysans, sinon aux bourgeois, l'empereur et le pape.

A la question italienne se rattache celle de la Vénétie.
J'ai dit quelque part qu'en aucun cas l'empire d'Autriche
ne pouvait perdre la côte orientale de l'Adriatique. Quand
même la Hongrie et l'Autriche tout entière auraient
accompli leur révolution par le fait d'une alliance entre
Klapka et Garibaldi, il n'aurait pas été au pouvoir des

deux chefs de disposer de cette partie du territoire autrichien réclamée par l'Italie. Il faut à un grand État une
issue sur la mer. Ici le droit des masses primerait les considérations de nationalité et de langue, et, s'il le fallait, la
guerre trancherait de nouveau la question en faveur de
la force.

Question américaine. — Les États du Nord et les États
du Sud, depuis longtemps divisés sur le sujet de l'esclavage, finissent par se séparer. Dans un État fortement
constitué, entouré de puissances prêtes à profiter de son
affaiblissement, une semblable séparation serait fort péril-
leuse ; elle ne serait pas supportée : il y aurait guerre. En
Amérique, grâce à la sécurité qui entoure le territoire, il
est possible que les choses se passent autrement. C'est
Israël qui se séparerait de Juda : l'Éternel ferait connaître
quel est le peuple selon son cœur. Mais il est possible aussi
que l'on se batte : dans ce cas, deux questions sont à vider.
D'un côté, on demande si les méridionaux ont ainsi le droit
de se séparer, si ceux du Nord n'ont pas le droit de les ramener et de trancher la question de l'esclavage par la
force ; de l'autre, ce qu'il faut penser de l'esclavage en
lui-même et abstraction faite de la question politique. ·

Et d'abord, y a-t-il ici cas de guerre ? A cette première
question je répondrai comme je l'ai fait précédemment à
propos des guerres de religion : La bataille, quel qu'en soit
l'événement, ne prouvera absolument rien ni pour ni
contre le fait même de l'esclavage. Le droit de la guerre
ne connaît pas du droit civil ni du droit des gens. Voici ce
que fera la guerre. On ne saurait contester, d'un côté,
qu'une majorité puritaine n'ait le droit d'abolir, au sein de
la nation qu'elle représente, un usage qui blesse ses sentiments religieux et humanitaires ; d'autre part, que la minorité, considérant les choses à un tout autre point de vue

et à qui d'ailleurs il n'est offert ni indemnités ni travailleurs en remplacement de ses esclaves, n'ait aussi le droit
de combattre l'inopportunité de l'émancipation et de défendre ses intérêts. Je dirai tout à l'heure ce que cette
minorité peut alléguer pour cette défense. La guerre, ame-
née par l'incompatibilité des principes, et rendue inévitable par le danger ou l'injure d'un scission, serait donc
régulière, légale de part et d'autre ; et sa décision, en tant
qu'elle aurait pour but de faire prévaloir l'idée de la fraction la plus considérable du pays, serait juste. Reste donc
à examiner en elle-même cette question d'esclavage, que
tôt ou tard il faudra résoudre, soit par le droit de la force,
soit par d'autres considérations encore que la force.

Sur ce point, et bien qu'en principe je repousse, autant
qu'homme du monde, l'esclavage, je suis loin cependant de
donner aussi complétement tort qu'on a coutume de le faire
en Europe aux exploiteurs des États du Sud. Ce n'est pas
avec des citations bibliques et des romans sentimentaux
qu'une pareille question de morale pratique, d'économie
humanitaire et de civilisation générale peut être jugée.
L'humanité est respectable en toutes ses races, je le sais ;
la justice, à mes yeux, n'a pas d'autre fondement que ce
respect. C'est pourquoi, selon l'Évangile, toutes les nations
ont été appelées au *salut :* nous disons, nous autres philosophes positifs, à la civilisation, à la liberté. Je confesse
cette vocation universelle des peuples et des races à la liberté comme le premier article du droit des gens. Mais qui
veut la fin veut les moyens ; et puis, à chaque chose sa sai-
son, *tempus laborandi, et tempus liberandi*, comme dit
l'Ecclésiaste. Or, si les Américains du Sud peuvent être à
bon droit soupçonnés d'avarice, ceux du Nord seraient-ils
à l'abri du reproche d'imprévoyance, voire même de pha-
risaïsme ?

Nous raisonnons des noirs comme s'ils étaient nos pairs,

comme auraient pu faire le Romain ou le Grec du Gaulois, du Juif, leur égal en tant qu'homme, mais devenu, par le sort de la guerre, leur esclave. Mais un fait qui doit frapper tous les esprits, et dont il est impossible à tout ami sérieux de l'humanité de ne pas tenir grandement compte, c'est l'inégalité qui existe entre les races humaines, et qui rend si difficile le problème de l'équilibre social et politique. Ce n'est pas seulement par la beauté du visage et l'élégance de la taille que le Caucasien se distingue entre tous; c'est par la supériorité de la force physique, intellectuelle et morale. Et cette supériorité de nature est décuplée par l'état social; ce qui fait qu'aucune race ne tient devant nous. Quelques régiments anglais contiennent et gouvernent cent vingt millions d'Indiens, et nous venons de voir qu'il suffisait d'une petite armée d'Européens pour conquérir la Chine. Quelle comparaison établir entre l'Anglo-Saxon et le Peau-Rouge, qui se laisse mourir plutôt que de se civiliser, ou le nègre importé du Soudan? Les races du nouveau monde s'effacent devant le progrès des blancs: les massacres des Espagnols ont été moins meurtriers pour elles que le contact des civilisés. Oublie-t-on enfin que, depuis l'abolition du système féodal, la liberté, dans notre société industrialiste, c'est, pour l'individu faible de corps et d'entendement, à qui sa famille n'a pas assuré de revenu, quelque chose de pis que l'esclavage, le prolétariat? Ainsi le veut la force, tant qu'elle reste la loi dominante de la société; et je dis que le droit qui nous domine encore aujourd'hui, ce n'est pas le droit du travail, non encore reconnu, ni le droit de l'intelligence, source de tant de déceptions, c'est encore, et quoi qu'on dise, le pur droit de la force.

Certes, je n'ai garde de renier ici ma propre thèse et de combattre précisément ce que je me suis proposé de réhabiliter, quand je m'élève, en faveur des noirs, contre la pensée hypocrite qui, sous prétexte de les émanciper, ne tend à rien de moins qu'à les rejeter sous le pur régime de la force, et à en faire une boue prolétarienne plus immonde cent fois que celle de nos capitales. C'est au contraire parce que je tiens à remettre en honneur ce droit si longtemps méconnu de la force, que je proteste, à propos de l'esclavage, contre l'application inintelligente, odieuse, qui en serait faite. Eh! quoi, le travailleur de race anglaise, la race forte par excellence, meurt de faim dans les rues de Londres; que sera-ce du nègre, un jour, dans les rues de Washington et de Baltimore?

L'abolition de l'esclavage est une question du ressort du droit des gens, disons mieux, du droit des races, puisque ici nous devons faire la distinction marquée par ces deux termes; elle relève donc primitivement du droit de la force, duquel dérivent, comme nous l'avons vu, toutes les relations internationales, toutes les formations d'États, incorporations, centralisations et fédérations.

Mais, dans le cas dont il s'agit, le droit de la force, applicable dans sa rigueur, tant qu'il s'agit seulement d'États, ne peut plus être suivi, et pourquoi? C'est qu'il tend à l'extermination des individus, et que, comme il a été expliqué dans la définition du droit des gens, si le sacrifice d'un État peut être requis, au nom du droit de la force et dans l'intérêt de la civilisation générale, la personne humaine reste sacrée, et que tout ce que nous avons à faire, nous, race supérieure, vis-à-vis des inférieurs, c'est de les élever jusqu'à nous, c'est d'essayer de les améliorer, de les fortifier, de les instruire, de les ennoblir.

Quels sont ici les vrais ennemis des noirs? Ceux qui, le sachant ou ne le sachant pas, il n'importe, méditent de les faire périr dans la désolation du prolétariat. Quels sont, au contraire, les vrais négrophiles? Ceux qui, les tenant en servitude, les exploitant, il est vrai, leur assurent la subsistance, les améliorent insensiblement par le travail, et les multiplient par le mariage (1).

Ce qu'il y a à faire, ce n'est donc pas une pure et simple émancipation de l'esclave : autant vaudrait presque l'envoyer aux gémonies. C'est, par une intervention habile de l'État, par une responsabilité sérieuse imposée au maître, de faire de celui-ci un éducateur, un tuteur, un *patron* pour l'esclave, de consommateur de l'esclave que l'avait fait le droit de la force, la propriété.

Toute race est appelée au travail. S'il en était une qui pût ou ne voulût travailler, par cela seul elle serait condamnée, et, livrée à la misère, bientôt elle disparaîtrait. Tôt ou tard les Européens s'établiront au centre du Soudan, comme ils se sont établis au cœur des deux Amériques ; alors il faudra bien que les nègres travaillent. Qu'ils travaillent dès maintenant : c'est notre droit de les y contraindre. A cet égard je préfèrerais, je l'avoue, qu'au lieu d'abolir la traite, on l'eût placée sous l'inspection des gouvernements.

Toute race doit s'améliorer, se moraliser et s'instruire. Que la loi protectrice des faibles comme des forts veille donc sur les ouvriers de race inférieure que l'agriculture et l'industrie emploient, comme sur ses propres prolétaires. Là est la vraie solution du problème de l'esclavage...

Ces quelques exemples suffiront, je l'espère, pour faire

---

(1) Depuis que la scission est commencée entre le Nord et le Sud de l'Amérique, à propos de l'esclavage, des excitations à la révolte et au meurtre des maîtres ne cessent de partir des États du Nord et de l'Angleterre elle-même. Le ministère anglais les appuie ; certains libéraux français les répètent. Ces provocations sont contraires au droit des gens. Ce n'est pas l'amour du nègre qui les inspire : elles sont plutôt l'effet d'un complot qui, n'osant, comme les Espagnols du seizième siècle, employer le massacre, tend à exterminer les races inférieures par la dépossession, les maladies et la misère.

comprendre au lecteur ce que j'entends par droit des gens, et application aux rapports internationaux du droit de la force.

Aux questions générales indiquées plus haut, p. 200, comme formant l'objet général et le corps du droit des gens, je joindrai donc, en fin de chapitre, et comme sujet d'étude proposé au lecteur, les questions suivantes, toutes d'intérêt actuel.

Quelles sont, d'après le droit des gens ainsi rétabli, et démontré par les témoignages de l'histoire, les frontières naturelles de la France?

Quid de la réunion de l'Irlande et de l'Angleterre?

Quid de la séparation de la Hollande et de la Belgique, de la réunion des Flamands et des Wallons, des rapports entre la France et les Pays-Bas?

Quid du rétablissement de la Pologne?

Quid de l'opposition de la Hongrie aux projets de centralisation de la cour de Vienne?

Quid du fédéralisme germanique?

Quid de l'unité italienne?

Quid du panslavisme et du scandinavisme?

Quid du partage de l'empire ottoman?

Quid de la restauration d'un empire grec?

Quid de l'équilibre européen, et de la réformation de la carte politique de l'Europe?

Quid d'une Sainte-Alliance des États, représentée par un congrès où se décideraient toutes les questions internationales?

Quid des soi-disant guerres de principes?

Quid de l'extradition?

Quid des traités de 1815 comparés à ceux de 1648? Ces traités sont-ils, comme on le prétend, déchirés, ou subsistent-ils encore (1)?

_____

(1) Dans un ouvrage sur le droit des gens, imprimé à Turin, en 1859,

sous ce titre : *D'un nuovo diritto europeo*, ouvrage publié pour le besoin
de la cause italienne et dont il a été rendu compte par la presse française, l'auteur, M. MAMIANI, ministre du roi Victor-Emmanuel, résume
en un petit nombre de propositions ce qu'il appelle le droit public (droit
des gens) ancien, et le droit public moderne. Par droit public ancien,
M. Mamiani désigne les maximes professées, selon lui, ou sous-enten-
dues au Congrès de Vienne, maximes naturellement peu favorables à la
liberté des peuples; par droit public nouveau, il entend les maximes
diamétralement opposées, telles que les suggère le patriotisme ou plutôt
le jacobinisme italien. Cette simple observation avertit le lecteur qu'il
n'a pas plus de vérité à attendre d'un côté que de l'autre, attendu que,
si les puissances absolutistes ne se sont jamais fait faute de calomnier la
Révolution, les soi-disant libéraux se gênent encore moins pour calomnier
le Congrès de Vienne. Cette citation m'a paru utile, en présence des données positives que vient de nous fournir l'analyse. Elle peut servir à
donner une idée de l'état moyen des idées en Italie.

I. *Droit public ancien*, selon M. MAMIANI.

« 1. Le pouvoir des monarques est absolu. Le peuple n'a point de
« droits supérieurs aux leurs ni même égaux; il ne peut en aucun cas
« les detrôner et transporter la couronne d'une tête sur une autre.

« 2. Dans la personne du monarque est compris tout l'État. Il envoie
« aux cours et aux congrès des ambassadeurs qui le représentent lui
« seul. Tout ce qu'il traite, tout ce qu'il conclut, par lui-même ou par
« ses ministres, est conclu pour l'État, soit que ses sujets le veuillent ou
« non.

« 3. Tout prince a la faculté d'appeler et employer légitimement le
« secours des armes étrangères contre ses propres sujets.

« 4. Toute liberté dont jouit le peuple est une largesse du prince, que
« la révolte peut toujours faire révoquer et annuler.

« 5. Les provinces s'échangent et se répartissent entre rois, soit par le
« droit de la guerre et de la conquête, soit par accords et pactes conclus
« entre eux, sans que les habitants aient besoin d'être consultés ni d'ad-
« hérer au partage.

« 6. Le principe de la spontanéité et de la nationalité pour former ou
« pour changer les États est vain.

« 7. Plusieurs couronnes peuvent être portées par une seule tête; plu-
« sieurs nations diverses peuvent dépendre l'une de l'autre, suivant divers
« modes de subordination et de sujétion.

« 8. La légalité d'un traité doit prévaloir contre l'évidence même d'un
« principe de droit qui lui serait contraire.

« 9. Les affaires européennes sont réglées par la pentarchie. Les puis-
« sances moindres adhèrent l'une après l'autre à ce règlement; et si elles
« ne le font pas, peu importe.

« 10. Les peuples qui ne sont pas officiellement représentés dans les

« cours ne peuvent adresser aucune réclamation à la diplomatie contre
« leurs oppresseurs; la diplomatie les doit tenir au contraire pour turbu-
« lents et rebelles.

« 11. Les princes protestants gouvernent comme ils l'entendent les
« Églises réformées. Les princes catholiques font des concordats avec
« Rome, calculés de façon à soumettre, autant que faire se peut, l'Église
« à l'État, à moins qu'ils n'accordent plus à Rome, afin de mieux gêner
« et réprimer la liberté de leurs peuples. »

II. *Droit public nouveau*, selon le même.

« 1. La souveraineté absolue, c'est la souveraineté de la justice. Ni les
« princes ni les peuples ne la possèdent. Seuls, les plus savants et les
« plus vertueux d'entre les hommes ont le droit de l'exercer dans une
« certaine mesure.

« 2. Le gouvernement, pour être légitime, doit être consenti par les
« gouvernés, et accomplir la fin des sociétés, qui est le progrès. Tout
« gouvernement qui manque à l'une ou à l'autre de ces conditions devient
« illégitime, et dès lors doit être changé.

« 3. L'État n'est point dans la personne du monarque ni d'aucun
« homme; et ceux qui, dans les cours ou dans les congrès, représentent
« l'État, représentent la nation elle-même, les intérêts, les idées, les
« sentiments du peuple.

« 4. La liberté ou l'autonomie intérieure d'un peuple n'a point d'autre
« limite que celle qu'elle trouve dans la raison, et le principe de la non-
« intervention est absolu.

« 6. Les rapports civils se forment et s'élargissent, ou au contraire se
« resserrent, selon que la spontanéité et la nationalité y poussent.

« 7. Les conquêtes perpétuelles ne sont point fondées en droit; mais
« beaucoup d'anciennes se sont faites légitimes par l'union des vaincus et
« des vainqueurs en une seule patrie. Pour toute permutation ou cession
« d'un territoire, il faut l'assentiment de ceux qui l'habitent.

« 8. Une seule tête ne peut porter plusieurs couronnes; un peuple ne
« peut dépendre d'un autre; une telle dépendance, quel qu'en soit le
« mode et quel qu'en soit le degré, est toujours illégitime.

« 9. La foi aux traités est pleine et irrévocable, pourvu qu'ils ne con-
« tredisent pas les principes éternels de la justice.

« 10. Aux traités généraux concourent tous les États qui les ac-
« ceptent et les observent ; aux traités spéciaux, de plein droit, tous
« les États intéressés. Le suffrage de chacun d'eux est libre, égal,
« absolu.

« 11. Les peuples non reconnus ne possèdent pas moins un droit incon-
« testable à faire entendre leurs justes réclamations.

« 12. L'Église et l'État sont séparés quant à leur autorité et à leurs
« charges, unis dans un même sentiment et dans un même zèle. Les

« concordats doivent devenir un jour inutiles. Le droit ecclésiastique ne
« peut franchir les bornes du droit privé. »

On comprend, sans que je le dise, que ces articles, dont les uns sont
rendus odieux à dessein, les autres renouvelés des lieux communs du
Contrat social, sont dirigés surtout contre l'Autriche et contre le pape. On
a ici un spécimen du génie italien, consommé dans l'art de travestir les
idées et de tuer par la calomnie et le ridicule. J'aurais du reste trop beau
jeu si je demandais à M. Mamiani en vertu de quel droit, de l'*ancien* ou du
nouveau, le gouvernement dont il fait partie réunit sur la tête de Victor-
Emmanuel les couronnes de Piémont, de Lombardie, de Toscane et de
Naples; en vertu de quel droit, de l'*ancien* ou du *nouveau*, ce même gouvernement a transporté à l'empereur des Français la Savoie et Nice; en
vertu de quel droit, de l'*ancien* ou du *nouveau*, il opposait aux interpella-
tions de Garibaldi, relativement à cette cession, la raison d'État. Je
pourrais encore prier M. Mamiani de s'expliquer un peu plus clairement
sur ces propositions équivoques dont il 'est si aisé d'abuser : Que *ni les
peuples ni les princes ne possèdent la justice*, et que *seuls, les plus savants et
les plus vertueux ont le droit de l'exercer;* que *les rapports civils s'élargissent ou se resserrent, selon que la nationalité y pousse;* qu'on *peut toujours
appeler des traités aux principes éternels de la justice*, etc. Je passe sur
ces misères : nous sommes trop accoutumés aux déclamations, réticences
et palinodies jacobiniques pour que rien en ce genre nous étonne.

Ce que je tiens à relever dans l'abrégé en partie double de M. Mamiani, c'est que le droit de la guerre, par suite l'histoire tout entière, y
sont entièrement méconnus; c'est que le droit des gens, tel qu'il l'expose,
ne reposant plus sur le respect et le droit de la force, sur rien de réel, se
réduit à un pur arbitraire; c'est enfin que, grâce à ce néant de doctrine,
il ne s'aperçoit pas qu'il fait le procès à toutes les puissances de l'Europe, en rapportant leur formation à une cause vaine, et qu'il compromet sa propre cause.

L'Italie, qui au moyen âge conduisait le chœur européen, a perdu le
sens du mouvement; elle est pendue à la queue de Robespierre. Elle ne
se doute pas que, si Victor-Emmanuel est fondé dans ces annexions qu'il
se permet coup sur coup, il ne l'est et ne le peut être qu'en vertu
de ce vieux droit européen dénoncé par M. Mamiani, c'est-à-dire en
vertu des éternelles lois de la guerre, des principes du gouvernement
constitutionnel dont les traités de Vienne ont commencé l'ère, et de l'équilibre européen, dont il est tant de mode de se moquer.

CHAPITRE XI

Recueillons-nous quelques instants.

Le DROIT, en général, est la reconnaissance de la dignité humaine dans toutes ses facultés, attributs et prérogatives. Il y a donc autant de droits spéciaux que l'homme peut élever de prétentions différentes, en raison de la diversité de ses facultés et de leur exercice. La généalogie des droits suivra en conséquence celle des facultés humaines et de leurs manifestations.

Le *droit de la force* est le plus simple de tous et le plus élémentaire : c'est l'hommage rendu à l'homme pour sa force. Comme tout autre droit, il n'existe que sous condition de réciprocité. De même que la reconnaissance de la force supérieure n'implique aucunement la négation de l'inférieure, le droit qui appartient à la première ne détruit pas celui de la seconde. Si la terre est attirée par le soleil, le soleil à son tour est attiré par la terre et les autres planètes : en vertu de cette double attraction, le centre du tourbillon n'est point au centre du soleil, mais à une distance proportionnelle à la puissance d'attraction réciproque du soleil et des planètes.

Ainsi, quoi qu'en ait dit le fabuliste, le droit du plus fort est un droit positif, et sa raison une vraie raison ; le tort, en tout ceci, vient ou de l'exagération du droit de la force, ou de la fausseté de son application. La *part du lion*, en elle-même, est légitime. Ce qui fait la moralité de la fable du *Lion* et de ses trois associés, la *Vache*, la *Chèvre* et la *Biche*, et qui constitue la friponnerie du premier, ce n'est pas qu'il s'arroge une part plus forte en raison de sa force et de son courage, c'est que, par une chicane de procureur, faisant de sa qualité de lion, puis de sa force, puis encore de son courage, trois termes identiques, autant de titres à s'adjuger une part du produit, et menaçant de sa griffe l'associé qui oserait élever des prétentions sur le reste, il se paye quatre fois de ce qui doit ne lui être compté qu'une seule.

Le *droit de la guerre* dérive immédiatement du droit de la force. Il a pour objet de réglementer le combat et d'en déterminer les effets, lorsque la force étant niée, ou son droit méconnu, il devient nécessaire, pour vider le différend, de procéder au conflit. C'est pourquoi, avons-nous dit, la guerre est une forme de procédure qui par elle-même n'engendre aucun droit, pas même celui de la force, mais qui le constate, le met en évidence, le sanctionne par la victoire, et lui adjuge ses conclusions en faisant cesser, par la suprême raison de la force, l'antagonisme.

Autant il est vrai, cependant, que l'antagonisme est la loi de la vie sociale, disons même de la vie universelle, autant on peut dire que la guerre sanglante répugne au sentiment social de l'homme. Si belliqueuse que soit une nation, son premier mouvement, en cas de difficulté, est toujours d'éviter, s'il se peut, le combat. De là la notion du *droit des gens*.

Le droit des gens a son principe dans cette considération que, d'État à État, et dans certaines conjonctures, la force faisant positivement le droit, il est possible, en cas de litige entre deux Etats, de déterminer *à priori*, par l'évaluation des forces, à laquelle des deux parties doit appartenir la prépondérance ; conséquemment de prévenir, par une transaction amiable, la décision de la guerre, à tout le moins de définir les effets de la victoire et de rendre plus équitable le traité de paix.

Si le litige est de nature et de gravité telles, que la solution exige le sacrifice de l'une des souverainetés belligérantes, le droit des gens nous enseigne, et c'est là ce qui le distingue éminemment de tout autre droit, ce qui fait de lui une des catégories les mieux tranchées de la science de la justice, que ce sacrifice peut être requis par celle des puissances qui se croit la plus forte, et exécuté par les armes. Tout ce qui, dans les rapports internationaux, peut se ramener à une question de vie ou de mort pour l'État à décider par la force, fait partie du droit des gens.

Venons maintenant au *droit public* ou *droit politique*.

Le droit politique a pour but de prévenir toute espèce d'agression de l'individu contre la communauté ou contre les individus, en définissant, autant que possible, les droits et devoirs des citoyens les uns envers les autres et envers l'État, et les plaçant tous sous la protection et l'autorité d'une force publique qui est le gouvernement.

Mais il y a cette différence entre le droit international et le droit politique, que le premier implique essentiellement l'éventualité de l'absorption des États les uns par les autres, et par conséquent, en cas de conflit, la légitimité de leur immolation, tandis qu'en droit politique ni la souveraineté de l'État, ni la liberté du citoyen, ne peuvent périr ; loin de là, le chef-d'œuvre de la constitution est de faire qu'elles croissent sans cesse l'une à côté de l'autre

et l'une par l'autre. Dans le droit international, si l'équilibre des puissances ne peut être amiablement obtenu, il
y aura suppression, par la guerre, d'un ou de plusieurs des
États antagoniques; dans le droit politique, au contraire,
l'ordre est impérieusement exigé sans qu'il en coûte le sacrifice d'une seule liberté ni d'une seule vie : la proscrip-
tion, qui est, pour ainsi dire, l'âme du droit des gens, devient ici contradictoire.

Ainsi la notion du droit de la force est toujours présente à la pensée du législateur éternel. Elle le suit dans
toutes ses créations, soit qu'il fonde l'État, soit qu'il coor-
donne des nations indépendantes; et toujours on la retrouve, sauf la différence des applications, dans chacune
des métamorphoses de la loi.

Mais il faut entrer plus avant dans l'esprit des constitutions, et montrer, par les faits, cette ubiquité du droit et
de la force. Assurément tout ne se rapporte pas, dans le
droit public, à la force ; mais tout la suppose, non-seulement comme moyen d'action et organe de l'autorité,
instrumentum regni, mais comme principe et source du
droit, ce qui est fort différent.

On a vu plus haut, chapitre II, le patriarcat ou patriciat se former spontanément par la juste reconnaissance
du droit de la force. Une conséquence de ce principe a été
la formation de l'aristocratie ou des castes. L'idée que la
force engendre la force, que les forts naissent des forts,
produisant l'institution de la noblesse héréditaire, voilà
bien, comme je le disais tout à l'heure, le droit se subjec-
tivant dans l'homme au nom de sa qualité la plus appa-
rente, la force. C'est donc toujours, au fond, la force qui
décide de la justice, sauf l'introduction d'un nouvel élément, la famille.

Mais la noblesse abuse de ses priviléges : d'un côté, elle
se corrompt par le pouvoir et la richesse; de l'autre, elle

exploite la plèbe bien au delà de ce que permet le droit de la force. Bientôt même la supériorité de force, qui dans l'origine avait constitué l'aristocratie, passe du côté du peuple ; et l'on voit les nobles, sans intelligence de leur privilége, revendiquer le bénéfice de la force quand déjà la réalité leur manque; parler de leurs droits seigneuriaux quand ils n'ont plus rien, ni comme individus, ni comme caste, de ce qui fait la seigneurie.

Il y a donc révolution, et révolution au nom de la force.

La brochure de Sieyès, *Qu'est-ce que le tiers État?* n'a pas d'autre sens. De même que tout despotisme se résout, en vertu de la force et du droit qui lui appartient, en aristocratie, de même toute aristocratie finit à son tour en bourgeoisie et roture. C'est fatal, et c'est juste.

Ici une nouvelle modification au droit de la force se produit. Par l'institution nobiliaire le droit de la force s'était combiné avec celui de la famille; il était devenu droit de naissance : par l'avénement de la démocratie, il devient droit du nombre ou de la majorité. La *force* de collectivité, voilà le point de départ et la base du *contrat social*.

En vertu de ce contrat, d'ailleurs purement fictif et tacite, chaque citoyen est censé faire volontairement abandon d'une partie de sa force, de sa liberté et de sa propriété, afin de créer une force publique, capable de vaincre toutes les résistances particulières, et qui assure à tous justice et protection (1).

---

(1) Cette manière d'interpréter le contrat social est très-différente de celle de Rousseau.

D'après le philosophe de Genève, la souveraineté du peuple procède de la réunion des volontés individuelles, librement exprimées; d'où il suit que le droit de l'homme, origine du droit de la nation, a son siége dans la volonté de l'homme.

Or, cette force publique, à qui sera-t-elle confiée ? A un magistrat, à un élu, représentant de la collectivité, ou de la majeure partie de la collectivité, c'est-à-dire toujours de la force. Le suffrage universel n'est, à tous les points de vue, qu'une constatation pacifique de la force, et le système représentatif, avec sa loi des majorités, une application raisonnée du droit du plus fort. La noblesse polonaise ne put jamais comprendre cette transformation du droit de la force, admise par tous les peuples. A chaque élection du prince, la diète votait à cheval ; la minorité

Mais il est évident que la réunion de 100,000 électeurs ne peut pas juridiquement infirmer la volonté d'un seul, ni par conséquent fonder, malgré sa protestation, une souveraineté régulière. Mon droit, expression de ma volonté, est indestructible et inaliénable; et si je me refuse, il n'y a positivement rien, dans l'accord de mes 100,000 contradicteurs, qui couvre mon refus. Un seul homme pourrait ainsi, opposant son *veto* à la volonté de la majorité, empêcher la loi de passer, paralyser l'action du gouvernement, et rendre le souverain impossible. L'exemple des Polonais, cité plus bas, le démontre. L'absurdité de ce résultat prouve la fausseté de la théorie, purement métaphysique, de Rousseau.

Je sais bien que pour en finir on déclarera le droit de la majorité supérieur à celui de la minorité, ce qui signifie simplement qu'on fera appel à la force. Mais, à moins que la force n'ait droit par elle-même, on n'aura fait qu'exercer une violence; ce sera une usurpation, non un acte de justice. Donc c'est le droit de la force, c'est la respectabilité inhérente à la force, en tant que faculté humaine, qui forme la première assise du droit, le premier échelon de l'ordre légal et politique.

On objectera que ce qui a la force, le peuple, peut très-bien n'avoir pas en même temps la raison : dans ce cas, faudra-il toujours dire qu'il est souverain ?

A cela je réponds, toujours en vertu du même principe, que la force n'a droit qu'autant qu'elle est humaine; qu'une force dépourvue d'intelligence n'est rien de plus que la bestialité, un instrument à la disposition de la puissance intelligente qui saura s'en emparer, et avec lequel celle-ci contiendra et asservira le peuple. C'est ce que l'on a vu dans tous les temps, c'est ce qui est arrivé en 1848, lorsque le peuple, convoqué en assemblées électorales, a nommé des assemblées réactionnaires, et ce qui s'est manifesté d'une manière plus sensible encore depuis le coup d'État. La force, je le répète, n'a droit que si elle est humaine, c'est-à-dire intelligente, morale et libre, Du moment qu'elle se réduit à l'état brut, elle appartient à la pensée qui s'en empare, et elle compte à son profit.

opposant son *veto*, il y avait bataille, et la fraction la plus nombreuse était forcée de maintenir la validité de l'élection par la défaite des dissidents.

Assurément, dans la loi de majorité il y a autre chose encore que la force numérique. Il y a ce principe de prudence vulgaire que, dans les choses douteuses, l'opinion du grand nombre est plus probable que l'opinion de quelques-uns, la conscience de la nation plus sûre que celle d'une secte. Mais la majorité des opinions serait, il faut l'avouer, bien peu respectable, si elle n'exprimait en même temps la majorité. Or, les intérêts sont des forces, et, en supposant l'opinion de la majorité et celle de la minorité d'égale valeur, il resterait toujours, en faveur de la première, que, dans le doute, l'intérêt le plus considérable doit être préféré.

Qu'est-ce donc qui, dans une république ou dans une monarchie représentative, peut motiver l'insurrection? Ce n'est certes pas la considération, fort soutenable en elle-même, qu'en fait de droit ou de science le nombre ne signifie rien, et que vingt-cinq peuvent avoir raison contre cinq cents. Je ne crois pas que jamais insurrection se soit appuyée sur un pareil grief. On n'a jamais reproché, que je sache, au nom du peuple, à un gouvernement qui avait pour lui la multitude, d'avoir usé du droit qu'il tenait de cette multitude, du droit de la force. On s'insurge, lorsque le gouvernement, comme celui de Charles X, après avoir perdu la majorité, veut agir contre la majorité, avoir raison contre la force; ou bien lorsque ayant la majorité il viole la loi, ment à la constitution, et réclame plus, par conséquent, qu'il ne lui est accordé par le droit de la force.

Une observation à consigner ici est celle relative au choix du prince, surtout à l'accroissement que manque rarement de prendre son pouvoir, malgré la résistance des amis de la liberté. De tout temps le rêve des sages a été de placer un sage à la tête des affaires et de régler si bien ses attributions que, suffisamment armé pour maintenir l'ordre, il ne pût agir contre les droits et les libertés des citoyens. On sait combien rarement cette espérance a été remplie. Si le pouvoir est électif et que l'élection soit laissée à la multitude, ce sera le plus souvent un militaire, un général illustré par ses faits d'armes, qui enlèvera les suffrages. Supposons que le prince appartienne à l'ordre civil, comme dans le cas d'hérédité : il suffira que le prince, faisant la guerre par ses généraux, triomphe dans quelques campagnes, pour que la victoire lui soit comptée comme s'il l'avait remportée en personne. Alors, et dans ce cas comme dans le premier, le chef victorieux ne manque pas de s'arroger des pouvoirs plus étendus, de plus hautes prérogatives, que personne ne songe à lui disputer, et qu'on lui disputerait en vain.

Tel est le prestige de la force, que, là où elle existe, le vulgaire est enclin à admettre qu'il y a autorité, et par conséquent droit.

On conçoit maintenant comment la guerre, qui exerce une si grande action sur les idées, en exerce une non moins forte sur les libertés publiques et la constitution de l'État. Une nation en guerre est une nation ramassée sur elle-même, formée en bataillons, et qui n'obéit plus qu'au chef militaire, ne vit plus que de la vie gouvernementale et centrale. L'homme qui mène la guerre est un être si haut placé que tous involontairement lui obéissent; il devient juge des autres, représentant du droit comme de la force, à la fois législateur, juge et général. Qu'il batte l'ennemi, tout le monde l'adore ; la puissance qui lui fut donnée pour le combat lui reste : le voilà maître.

Que de précautions prises, à Rome, pour prévenir l'usurpation du dictateur. souverain de quinze jours, d'un an

tout au plus! Et pourtant Marius, Sylla surent se rendrent
maîtres; César le devint à son tour : il y en eut pour six
cents ans. De nos jours, on échappe au despotisme militaire par la monarchie constitutionnelle et héréditaire;
mais c'est à la condition, en outre, de réserver à la bourgeoisie l'exercice des droits politiques. Dès que la plèbe
entre dans l'arène, elle se fait un chef selon son génie,
c'est-à-dire selon sa force. Après un interrègne républicain, Cromwel succède, de par la démocratie puritaine, à
Charles Ier; Bonaparte, de par la plèbe jacobinique, à
Louis XVI.

Sous les empereurs romains, l'hérédité, quelque favorables qu'y fussent les soldats et le peuple, ne parvint pas
à s'établir. La raison en était qu'à Rome ce n'était pas la
qualité d'héritier qui servait à faire reconnaître l'empereur, c'était, au contraire, le titre d'empereur, mérité ou
déjà obtenu, qui venait consacrer la filiation. Titus et
Marc-Aurèle succédèrent sans difficulté, l'un à son père
Vespasien, l'autre à son beau-père Antonin le Pieux. Mais
Titus et Marc-Aurèle, avant d'être associés à l'empire, s'é-
taient illustrés par leurs services; la filiation ne servait
qu'à donner à leur titre militaire une illustration de plus.
Tout général victorieux, chez les Romains, était de fait et
de droit *imperator;* si l'Auguste n'avait pour lui que sa
naissance, il était rare qu'il ne succombât pas tôt ou tard
devant un *imperator* plus réel. C'est ce qui arriva à Cali-
gula, Néron, Commode, Élagabal, Alexande-Sévère, Gor-
dien jeune et autres.

Il n'y a véritablement pour un pays que deux manières
de soustraire les libertés publiques aux empiétements de la
force et de conjurer le despotisme. C'est d'organiser,
comme en Angleterre, une monarchie héréditaire, agissant par des ministres responsables devant un Parlement,
et de réserver le privilége électoral à la bourgeoisie; ou

bien, si la constitution du pays est établie sur le suffrage universel, de conférer à la multitude, avec la jouissance des droits politiques, celle des droits économiques, ce qui veut dire l'égalité d'éducation et de fortune.

S'il était permis de conjecturer l'avenir d'après les analogies du passé, je dirais que Napoléon III ayant été fait empereur, non par la fortune militaire, mais par l'hérédité, et la nation française repoussant le prétorianisme, il semble inévitable, pour cette double raison, que l'empire actuel redevienne une monarchie parlementaire. Mais, d'un autre côté, ce même chef d'État tirant son droit du suffrage universel, et son gouvernement ayant eu jusqu'ici pour objet principal de refouler la révolution économique, il paraît également impossible, pour cette double raison, que la monarchie parlementaire se rétablisse; et c'est justement ce qui fait l'originalité de la situation. *Fata viam invenient.*

De même que la constitution politique repose, en dernière analyse, sur la force, elle a aussi pour sanction la force : en quoi le droit public vient se confondre avec le droit international. Toute nation, en effet, incapable de s'organiser politiquement, et dans laquelle le pouvoir est instable, est une nation destinée à la consommation de ses voisins. Comme celle qui ne saurait ou ne voudrait faire la guerre, ou qui serait trop faible pour se défendre, elle n'a pas le droit d'occuper une place sur la carte des États; elle gêne, il faut qu'elle subisse une suzeraineté. Ni la religion, ni la langue, ni la race, ne sont ici de rien; la prépondérance des intérêts domine tout et fait loi. Droit de la force, droit de la guerre, droit des gens, droit politique, deviennent alors synonymes : là où manque la force, le gouvernement ne tient pas, et la nationalité encore moins. Droit terrible, direz-vous, droit régnicide, dans lequel on hésite à reconnaître une forme de la justice. Eh! non; pas

de vaine sensibilité. Souvenez-vous que la mort de l'État
n'entraîne pas celle des citoyens, et qu'il n'y a pas de
pire condition pour ceux-ci que celle d'un État décrépit et
déchiré par les factions Quand la patrie est réfractaire à
la liberté, quand la souveraineté publique est en contradiction avec celle du citoyen, la nationalité devient un op-
probre, et la régénération par la force étrangère une nécessité.

Quelques mots seulement du droit civil et du droit économique.

Le droit civil se compose de l'ensemble des droits de
l'homme et du citoyen : droit de famille, droits de propriété, de succession, de travail, d'échange, d'habitation,
etc., qui tous sont placés sous la garde de l'autorité publique, subordonnés à l'intérêt public, et ont leur sanction
dans le droit de la force.

La propriété, par exemple, bien qu'elle tende de plus
en plus à se légitimer par le travail et par le juste rapport
entre la rente foncière, l'intérêt des capitaux et les sa-
laires, n'en relève pas moins évidemment du droit de la
force, fondée qu'elle est originairement sur le droit de première occupation ou de conquête, et subordonnée à la condition, par le propriétaire, d'exploiter en bon père de famille, au mieux des intérêts de sa famille et de l'État. Si
un propriétaire, disait Napoléon Ier, ne pouvait cultiver ou
faire cultiver ses terres, s'il les laissait en friche et les
abandonnait, je les lui reprendrais d'autorité et les donne-
rais à de plus capables et de mieux méritants. Qui ne peut
exploiter, pensait le conquérant, n'est pas digne de posséder; en d'autres termes, qui n'a pas la force n'a pas le
droit. Tel est, en fait de propriété foncière, le principe.
Aussi n'est-ce que par une convention subséquente, sorte
e fiction légale, appuyée par l'État, que le propriétaire

peut posséder nominalement et exploiter par l'intermédiaire d'un fermier. La nature du droit, de même que celle des choses, n'admet pas cette propriété abstraite ; la société fait effort contre elle ; et tous les jours nous voyons la propriété retomber des mains du rentier dans celles du cultivateur.

Ainsi, de citoyen à citoyen, de famille à famille, de corporation à corporation, de société à société, se transforme, par la mutualité des garanties, le droit de la force. Il faut, en quelque sorte, le devêtir pour le faire reparaître. Il ne se fait plus sentir que de loin en loin, d'une manière indirecte, dans le contrat de louage d'ouvrage, dans la commandite, etc., où la supériorité de force, de travail, de capital, d'industrie, entraîne la supériorité du salaire. Comme si la force, chose animale, faisait honte à l'humanité intelligente et libre, le législateur la déguise le plus qu'il lui est possible ; on dirait que, parvenu à cette hauteur, il juge le droit de la force aussi peu digne de l'homme bien élevé que la lutte et le pugilat. C'est la fleur de lis qui renie l'oignon d'où elle est sortie. Mais ce qui semble messéant au citoyen est glorieux au prince. Le droit de la force est l'apanage de la souveraineté, le symbole de la justice. A ce titre, défendu à quiconque de le revendiquer et de s'en prévaloir : *Gare à qui y touche!* Sous le régime féodal, le droit de la force n'avait été confisqué qu'en partie ; partie était laissée au baron, qui, en vertu de ce droit de la force, jouissait aussi du droit de guerre et du droit de justice. La Révolution a complété l'œuvre commencée par les rois en imposant un éternel silence aux querelles féodales, et en mettant, sous le rapport du droit de la force, les grands feudataires de niveau avec leurs serfs.

Au surplus, dans l'ordre civil même, le droit de la force est loin d'avoir dit son dernier mot. Lui seul peut terminer le débat soulevé depuis une trentaine d'années entre la classe dite bourgeoise qui s'en va, et la classe ouvrière et salariée qui vient tous les jours. Que ce soit par une bataille ou par une constitution consentie, peu importe : il faut que le régime du travail, du crédit et du commerce, change ; que le salaire et la valeur, ce qu'il y a de plus libre au monde, arrivent à se policer. Certes, on ne niera pas que la force musculaire ne soit meilleure et plus digne devant la justice que le métal qui sert d'intermédiaire aux échanges ; le travail plus honorable que le trafic, le prêt et l'agio ; les masses ouvrières, conservées par le labeur et la frugalité, plus morales que le parasitisme qui les exploite. La force, et le droit avec elle, sont aux bras, au travail, aux masses : or, ni les bras, ni le travail, ni les masses, n'ont leur compte.

C'est quand les citoyens, faisant le bilan de leurs intérêts de travailleurs, et les comparant avec leurs intérêts de privilégiés, d'entrepreneurs et de capitalistes, auront reconnu la supériorité des premiers sur les seconds ; quand le petit bourgeois, le petit propriétaire, le petit industriel, de même que le paysan, le commis et l'ouvrier, auront trouvé qu'ils ont plus à gagner par le travail que par la rente et l'agio ; c'est alors que le peuple, la démocratie industrielle, brisera, au nom du droit de la force, synonyme du droit du travail, synonyme du droit de l'intelligence, la suzeraineté de l'argent, fera la balance de la rente et de l'impôt, ramènera à sa juste limite la propriété, changera le rapport du travail et du capital, et constituera, comme le couronnement de l'édifice, le droit économique. Et ce sera justice ; la force, une fois de plus, aura fait droit.

Si, maintenant, de ce point de vue de la force, si nouveau en jurisprudence, nous considérons le développement du droit dans ses principales catégories, nous y découvrons une série ou gamme qui eût comblé d'allégresse le cœur de Fourier :

1. *Droit de la force;*
2. Droit de la guerre;
3. Droit des gens;
4. Droit politique;
5. Droit civil ou domestique;
6. Droit économique : il se subdivise en deux branches, comme les choses qui le représentent, le travail et l'échange;
7. Droit philosophique, ou de la pensée libre;
8. DROIT DE LA LIBERTÉ, où l'humanité, formée par la guerre, par la politique, par les institutions, par le travail et le commerce, par les sciences et les arts, n'est plus régie que par la liberté pure, sous la loi unique de la raison.

Dans cette gamme des droits, la force fait la basse, la liberté est l'octave. La dominante varie selon le caractère de la race et le degré de civilisation : droit de famille ou patriarcal, chez les nomades; droit de propriété, ou patriciat foncier, chez les anciens Romains; droit du travail, dans les villes industrieuses du moyen âge, en Italie et en Flandre; droit mercantile à Tyr, Carthage, Athènes, Corinthe, Marseille, et dans la moderne Angleterre.

La tendance est à la liberté pure devenue synonyme du droit pur : c'est l'idéal de la civilisation, l'expression la plus élevée de la force.

CONCLUSION

—

Nous avons dit au livre premier :

La guerre anime la société. Sa pensée, son influence, y sont partout présentes. C'est elle qui a donné l'impulsion et la forme à toutes nos puissances, à la religion, à la justice, à la philosophie, aux arts libéraux et aux arts utiles. La guerre a fait la société ce qu'elle est, à telles enseignes que, si l'on fait abstraction de la guerre, de son idée et de son œuvre, on n'imagine plus ce que pourrait être la civilisation, ce que serait le genre humain.

Ces propositions, largement présentées, quoique en un petit nombre de pages, ont acquis, dans ce livre deuxième, une signification bien autrement grave. En découvrant que la guerre contient un élément moral ; qu'elle implique, dans sa notion, dans ses motifs et dans son but, une idée de droit ; qu'ainsi elle se résout en un véritable mandat judiciaire ; que telle est l'opinion de tous les peuples, la foi intime du genre humain ; nous avons compris que nous tenions là clef de ce mystérieux et gigantesque phénomène; et plus cette apparition formidable nous avait semblé jusqu'alors ravaler notre espèce, plus nous avons senti tout à coup qu'elle nous relevait.

Tous nos efforts ont donc tendu à déterminer, d'une manière précise, cet élément moral. Pour cela, nous avons eu à triompher de l'universelle réprobation des auteurs, aux yeux de qui la guerre est purement et simplement un mal, pour ne pas dire le mal, et le droit de la force la négation de tout droit et de toute justice. Nous avons constaté que sur cette hypothèse, inhérente à l'idée' de guerre, de la réalité d'un droit et de la légitimité d'une juridiction de la force, tous les auteurs, juristes et publicistes, philosophes et poëtes, se séparent radicalement, et à l'unanimité, de la foi des nations. Ceux qui recourent à la force, comme à une sanction nécessaire du droit, ne le font qu'à contre-cœur, en invoquant un principe étranger au droit, le principe d'utilité, ou sous-entendant que la justice n'ayant sa sanction, comme son principe, qu'en Dieu, l'humanité étant déchue, la sanction de la force est le signe de notre méchanceté et l'instrument de notre supplice. Le droit de la force, disent-ils tous, n'est pas un droit; c'est la négation du droit. D'où il résulte, si les auteurs disent vrai, que la guerre n'aurait à son tour rien de juridique, ce dont volontiers ils conviennent; bien plus, mais ce dont ils ne se sont pas aperçus, que le droit des gens serait un vain mot, le droit politique une fiction, finalement le droit civil et le droit économique des conventions sans garanties comme sans principes.

Une opposition aussi tranchée entre le sentiment universel et l'autorité de l'école, les conséquences désastreuses qu'entraînerait la théorie des juristes, tant pour la certitude des principes que pour la conduite des sociétés, nous commandaient de reprendre à fond l'examen du problème.

Or, le résultat de cet examen a été, contrairement au dire de l'école, mais d'accord ayec la croyance des nations, d'accord avec les espérances qu'avait fait naître en nons cette phénoménologie grandiose de la guerre, qu'autant il est certain que la justice est une faculté réelle et une idée positive de l'homme, autant il est vrai qu'il existe un droit réel et positif de la force; que ce droit est soumis aux mêmes conditions de réciprocité que les autres; qu'il a, comme tout autre, sa spécialité, et par conséquent ses limites, sa compétence et son incompétence; que son application la plus ordinaire, depuis la formation des premières sociétés, a lieu entre États, soit qu'il s'agisse de leur formation et de leur agrandissement, ou bien de leur division et de leur équilibre; enfin, que la guerre est la forme d'action du droit de la force, attendu qu'elle a uniquement pour but, dans les cas déterminés, de poursuivre la revendication des prérogatives de la force, en rendant, par le combat, la force elle-même manifeste. Comme le droit de propriété et le droit du travail, comme le droit de l'intelligence et celui de l'amour, le droit de la force est un des droits de l'homme et du citoyen, le premier de tous dans l'ordre de manifestation; seulement, par l'effet du pacte social, le citoyen s'en dessaisit entre les mains du prince, qui seul se trouve investi, au nom de tous, du droit de guerre et du droit de justice.

Le droit de la force, partant celui de la guerre, une fois reconnus comme droits réels, rétablis dans la législation et dans la science, la déduction des autres droits n'éprouve plus la moindre difficulté. Le droit des gens a pour but de légaliser, pour ainsi dire, la guerre; d'en prévoir et d'en régulariser les effets, au besoin de la prévenir, en définissant par avance les rapports des puissances et leurs prérogatives. Le droit politique naît de la substitution d'une force publique, agissant pour tous, à la force éparpillée des

individus. Le droit civil et le droit économique ont pour
point de départ l'égalité des personnes devant la loi, et la
reconnaissance mutuelle de tous les droits qui peuvent résulter de leurs attributs respectifs et du libre exercice de
leurs facultés, en tant que ces attributs et ces facultés servent au déploiement de leurs forces.

Tout est donc désormais parfaitement coordonné; tout
se suit, se tient, s'enchaîne et fait corps. Nous avons un
principe, une base d'opérations, une perspective, un but,
une méthode. Plus de scission ni dans l'homme ni dans la
société; la force et le droit, l'esprit et la matière, la guerre
et la paix, se fondent dans une pensée homogène et indissoluble.

Nous savons maintenant ce qui cause l'enthousiasme des
nations pour les batailles. Nous pouvons dire par quel mystère la religion et la guerre sont deux expressions, l'une
dans le réel, l'autre dans l'idéal, d'une même nature et
d'une même loi; pourquoi la pensée de la guerre respire
en tout poésie et en tout amour, de même qu'en toute
politique et en toute justice; comment il se fait que l'idéal
viril, chez tous les peuples, soit un composé du magistrat,
du prêtre et du guerrier; d'où vient enfin, lorsque les sociétés se sont corrompues par une longue jouissance,
qu'elles se régénèrent par la guerre. C'est que, comme
nous l'avions pressenti dès le commencement du livre premier, il existe dans la guerre un élément moral; c'est que
la guerre est justicière, et de toutes les formes de la justice la plus sublime, la plus incorruptible, la plus solennelle.

Reste à voir à présent de quelle manière la guerre, qui
nous apparaît si normale, si glorieuse, si féconde, remplit
son mandat; comment elle se comporte dans ses réquisitions, dans ses exécutions, disons le mot, dans sa procédure; jusqu'où s'étendent ses attributions, sa compétence;

quelle est la valeur de ses jugements ; quelle garantie elle offre aux nations de sa justice ; dans quels abus elle peut tomber par l'usage immodéré de la force, et quelles conséquences peuvent résulter, pour l'ordre universel, de ses prévarications. Car nous ne possédons encore que la moitié de la vérité ; après avoir trouvé le principe des sublimités de la guerre, il nous reste à découvrir la raison de ses horreurs.

C'est ce que nous nous proposons de rechercher dans le livre suivant.

LIVRE TROISIÈME

LA GUERRE DANS LES FORMES

Furor impius... Sæva arma.
VIRGILE.

SOMMAIRE

La guerre est, d'États à États, une forme d'action judiciaire pour leur fusion, leur disjonction ou leur équilibre. Cette action est *juste ;* elle repose sur un droit positif : nous l'avons démontré au livre précédent. Elle est de plus *efficace* : toute l'histoire en fournira la preuve. Par conséquent les jugements de la guerre, justes dans leur principe et dans leur forme, efficaces dans leur action, peuvent être considérés judiciairement comme *valides ;* en sorte que, dans les décisions de la force, efficacité et validité sont synonymes. Causes qui rendent, en certains cas, la victoire incertaine, inefficace, partant le jugement de guerre nul ; exemples.

De ces considérations nouvelles, jointes à celles developpées au livre deuxième, il résulte que l'action guerrière, de même que le duel, et à bien plus forte raison que le duel, doit être soumise à des règles rigoureuses, et que ces règles sont indiquées *à priori* par la définition de la guerre et de son objet. Sur ce point, le consentement universel, la conscience des militaires et la raison des légistes sont à peu près d'accord.

Mais quelles sont ces règles? La pratique y est-elle conforme? Telle est la question que nous avons maintenant à débattre.

Quelle est.donc, en l'état présent· des choses, et depuis l'origine des sociétés, la législation de la guerre? Quels sont ses us et coutumes? Que doivent-ils être? La guerre répond-elle par ses actes à ce que font espérer d'elle son principe et son but ? Voilà ce qu'il importe d'examiner scrupuleusement. Critique des opérations militaires : contradiction perpétuelle entre la théorie du droit de la force et son application. Sublime et sainte en son idée, la guerre est horrible dans ses exécutions : autant sa théorie élève l'homme, autant sa pratique le déshonore.

CHAPITRE PREMIER

DE L'ACTION GUERRIÈRE ET DE SA VALIDITÉ

On a vu, au livre précédent, chapitres VIII et IX, comment s'introduit entre deux nations l'action guerrière. Rappelons-le en quelques mots.

Considérée dans son unité politique, la nation est souveraine et indépendante. Son autonomie ne connaît aucune autorité, aucun tribunal. De peuple à peuple, les mots : Autorité, Souveraineté, Suzeraineté, Gouvernement, Conseil suprême, Diète, Prince, Majesté, Commandement, Loi, etc., n'ont point lieu. C'est tout un ordre d'idées et de faits qui n'existe plus. Qu'on essaye, dans un traité ou dans un congrès, d'introduire rien de semblable, il y aura protestation, et, si l'expression n'est retirée, rupture.

Il est de l'essence de tout État comme de sa dignité de repousser tout ce qui, de près ou de loin, peut porter atteinte à son indépendance : alliance intime, fusion d'intérêts, importations de mœurs, de lois, de langage, d'idées, voire même, en certains cas, de marchandises ; tout ce qui pourrait, en un mot, créer entre lui et l'étranger la moindre apparence de communauté et de solidarité. Sans doute, les nations sont trop denses aujourd'hui, elles ont trop de points de contact, trop de relations nécessaires, pour qu'elles puissent réaliser, comme elles le voudraient, cet idéal de l'indépendance politique. Mais le principe existe, et les gouvernements s'en écartent le moins qu'ils peuvent. Ni l'Angleterre, ni l'Allemagne, malgré leurs innombrables rapports avec la France, n'ont accepté son système de poids et mesures. La Russie, que son étendue et sa situation excentrique mettent suffisamment à l'abri de toute absorption, persiste à conserver le calendrier Julien, en retard aujourd'hui de douze jours sur le soleil.

Mais, quoi que fassent les chefs d'États pour maintenir leur indépendance respective, vient un moment où cette indépendance est menacée. La faute n'en est originairement à personne. L'accroissement des populations, leur contiguïté, leurs points de ressemblance, leurs échanges, les relations de voisinage, les liens d'hospitalité, de mariage, d'association, la gêne des barrières, sont autant de causes qui menacent, de çà et de là, la diversité, l'autonomie, la nationalité des gouvernements. Le pêle-mêle commençant peu à peu à s'opérer, la situation devenant toujours plus urgente, le moyen d'en sortir se présente d'abord à tous les esprits : c'est de fondre les nations sous une même autorité, et de rendre communs et uniformes gouvernement, dynastie, culte, législation, en un mot, de ne former tous ensemble qu'un même État.

Or, ainsi que nous l'avons fait observer, une telle fusion pour les États arrivés à l'antagonisme, est chose d'une excessive gravité. Elle implique l'abdication de la plupart, sinon la transformation de tous. Mais abdiquer, pour une nation, c'est renoncer à tout ce qui a fait jusque-là sa gloire sa vie, la félicité et l'orgueil de ses citoyens; c'est la mort morale, le suicide. Une nation ne peut pas dire à sa voisine, comme Ruth à sa belle-mère : Laisse-moi demeurer avec toi; *ton peuple sera mon peuple, ton Dieu sera mon Dieu*. Une nation ne se sacrifie pas, elle proteste contre l'absorption; à tout le moins elle réclame des compensations, des priviléges, des garanties qu'il est dangereux, souvent impossible d'accorder.

La guerre est donc forcée : que signifie-t-elle ?

Tâchons pour un moment de nous élever au-dessus de nos instincts casaniers, aussi peu vertueux au fond que peu patriotiques. L'homme moderne, perdu dans de vastes États, n'ayant de rapport avec le gouvernement que par l'impôt, ne connaissant de la patrie que le nom ou plutôt le mythe, raisonne volontiers comme l'âne de la fable : *Que m'importe le maître, pourvu que je ne porte que mon bât?* Avoir le râtelier plein, se soustraire aux coups, rendre au maître le moins de service possible, le voler si l'occasion se présente, c'est à peu près à cela que se réduit, pour beaucoup de gens, le droit et le devoir civiques. Nous avons cent façons d'exprimer ces beaux sentiments : *Le véritable Amphitryon est l'Amphitryon où l'on dîne, Celui qui sera mon curé, je serai son paroissien.* Ou bien encore: *Le gouvernement légitime est celui qui nous fait gagner le plus et qui nous demande le moins.* Je ne sais qui a dit en latin : *Ubi bene, ibi patria;* Là où l'on se trouve bien, là est la patrie. Mais je ne reconnais pas là l'esprit antique. Ce scepticisme à l'endroit de la patrie est de notre siècle.

L'homme de la cité primitive pensait tout autrement. Sans doute le risque de ses biens, la perte de ses honneurs, entraient pour quelque chose dans son horreur de la domination étrangère. Mais il faut reconnaître aussi que les choses du spirituel : la religion des dieux, le souvenir des ancêtres, les institutions du pays, l'honneur de la race, lui tenaient singulièrement au cœur. Cet effacement des lois, des mœurs, de tout ce qui fait l'originalité, le caractère et la vie d'un peuple, effet de l'incorporation, semblait à

l'homme antique pire que la mort. Nous n'en sommes plus
là; avec la vie de province, nous avons perdu le vrai sens
du pays, de la nationalité, de la patrie. Il est inutile d'en
rechercher les causes. Aussi la guerre est-elle aujourd'hui
plutôt gouvernementale que nationale, ce qui ne contribue
pas peu à nous en faire méconnaître le spiritualisme, la
haute moralité. La guerre, avec ses armes sanglantes et
ses monceaux de cadavres, nous semble, à tous les points
de vue, atroce. Est-ce une preuve de notre progrès? En
tout cas, ce n'est pas une preuve de notre intelligence, encore moins de notre vertu.

La guerre avait donc, pour l'homme des premiers âges,
cette signification qu'elle conserve toujours de gouvernement à gouvernement :

Que, par le cours inévitable des choses, — par un arrêt
du destin, — un État, parmi ceux existants, était condamné à périr;

Qu'en vertu du droit de la force la condamnation tom-
bait sur le plus faible;

Qu'en conséquence, mourir pour mourir, le mieux était,
pour les citoyens de cet État, d'embrasser avec courage la
dernière planche de salut, en affirmant, les armes à la
main, l'inviolabilité de leur patrie. La guerre est le jugement de la force : c'est ce qu'exprime le mythe de Jupiter,
pesant dans une balance les destinées d'Achille et d'Hec-
tor, les deux champions de la Grèce et de Troie.

Nos moralistes appellent cette justice une justice de can-
nibales. Ils voudraient apparemment que les puissances
belligérantes nommassent des commissaires, chargés de
dresser une statistique des deux pays; cela fait, qu'on pro-
cédât à la constitution d'un nouvel État, où les intérêts de
chaque peuple seraient ménagés, équilibrés, de manière à
satisfaire tous les amours-propres. Ils n'oublient qu'une
chose, ces excellents pacificateurs, c'est que la religion, la

patrie, la liberté, les institutions, ne sont pas des choses
sur lesquelles on transige; que la pensée seule d'une transaction est déjà une apostasie, un signe de défaillance, dont
aucun ne peut vouloir prendre l'initiative. Là est la raison
des impuissances et des vanités de la diplomatie. Ou bien,
s'il ne s'agissait que de faire droit à la force, la transaction
serait aisée, honorable, obligatoire. J'ose dire que, réduite
à cette expression, la guerre ne serait faite jamais. Mais il
y va de l'existence morale, de l'honneur de la cité, de cette
personnalité collective qui a nom la patrie, qui se reflète
en chacun de nous, hors de laquelle nous retombons à l'é-
tat de nature, et dont on nous demande le sacrifice. Or, le
sacrifice de la patrie par les citoyens ne se consent pas.
Que le destin l'ait condamnée, à la bonne heure! Nous subi-
rons l'arrêt du destin. Mais c'est au bénéficiaire à exécuter,
à ses risques et périls, la volonté des dieux. « *Rends tes
armes*, dit Xerxès à Léonidas. — *Viens les prendre*, » répond le Spartiate. Et, depuis vingt-quatre siècles, les applaudissements du genre humain couvrent la voix de Léonidas.

Allons, *avocats*, — je ne puis m'empêcher ici d'appliquer
à mes auteurs l'épithète que donnaient aux représentants
de la nation les soldats de la République, — avocats, re-
mettez-vous. L'effusion du sang n'est rien; c'est la cause
qui le fait répandre qu'il faut considérer. Souvenez-vous de
cette Romaine qui, s'essayant au suicide, disait à son mari
menacé par le tyran : *Pœte, non dolet ;* Pœtus, cela ne fait
pas mal.

Qu'est-ce que la vie, quand il s'agit du droit? Le droit
n'est-il pas tout l'homme, et la justice n'est-elle pas plus à
elle seule que la vie, l'amour, la richesse et la liberté?

Deux plaideurs, par cela même qu'ils plaident l'un contre l'autre, engagent plus que leur fortune et leur vie : ils
engagent leur droit, leur parole, leur serment, leur hon-

neur enfin, puisque droit et dignité ou honneur sont synonymes, et que le plaideur de mauvaise foi est réputé in-
fâme. Or, si le droit peut se découvrir par le combat, par
le témoignage de la force, du courage et du génie; si le cas
est tel, en un mot, que le plus fort, le plus brave, le plus
industrieux, le plus prompt à la vertu et au sacrifice, doive
être en même temps et pour cela réputé avoir droit, avec
quelle ardeur n'accepteront-ils pas le combat? Est-ce que
les armes ne seront pas alors saintes et sacrées?

C'est justement ce qui a lieu dans la guerre, avec cette
différence qu'il ne s'agit plus ici de deux particuliers, mais
de deux peuples; que l'objet du litige n'est pas un vain intérêt, mais leur souveraineté, et que la mauvaise foi d'aucune des parties n'est présumable. Que sont, devant de pareilles assises, ces vains débats, où un avocat bavard, assisté d'un procureur retors, paraît devant le juge fatigué,
pour affirmer, de la langue et de la plume, le droit de son
client; où l'on bataille sur des *textes*; où la bravoure, le
talent, le travail, ne servent de rien; où le plus honnête
homme est chaque jour mystifié, berné par le plus fripon?
N'est-ce pas en dérision de la justice? Vous parlez de l'effusion du sang. Mais ne voyez-vous pas que la justice, de
même que l'amour et la liberté, est dans la mort; que ceux-
là seuls sont dignes de vivre et de commander qui savent
mourir; que tout le reste est servile, *ad servitutem nati?*...

Justice de la force, instituée pour vider les différends
entre les puissances, la guerre est inévitable; il ne reste
qu'à en régler les conditions. Nous entrons en plein dans
le droit, ou pour mieux dire, dans la procédure guerrière.

Cependant, avant d'en venir aux mains, un dernier scrupule nous arrête. Ce jugement de la force, si bien motivé
en théorie, et que la destinée impose aux nations à peine
de honte, avons-nous du moins la certitude qu'il n'aura pas
été rendu en pure perte? Pouvons-nous y avoir confiance,

l'accepter, l'affirmer, comme bon, efficace, valide et véritable? Il est beau de savoir mourir pour une grande cause; mais le sacrifice de tant de vies généreuses serait monstrueux, si la civilisation, si l'humanité n'en devait recueillir le fruit. Que nous dit, à cet égard, l'expérience?

L'étude philosophique de l'histoire démontre que les agitations humaines, quant à ce qui est de la formation, de la fusion, de la décadence, de la décomposition et de la recomposition des États, obéissent à une direction générale, dont le but est de créer peu à peu l'harmonie et la liberté sur le globe. L'agent ou ministre de cette haute pensée est la guerre.

Les jugements de la guerre sont-ils conformes au plan providentiel, ils deviennent définitifs, et nulle puissance ne les peut abroger. Au contraire, ces jugements sont-ils entachés de fraude, de hasard, de surprise, d'incompétence ou d'abus, ils ne tiennent pas : la raison historique les casse. Il n'y a pas de victoire valable en dehors du plan tracé par cette raison supérieure et des conditions de combat qu'elle prescrit.

C'est pourquoi la justice guerrière, comme la justice civile et la justice criminelle, est entourée de formes qui en assurent la compétence, l'intégrité et la validité. Il ne suffit pas, à la guerre, qu'on soit le plus fort, si la guerre est faite sans motifs; il ne suffit pas davantage, en supposant la légitimité du conflit, que l'on ait battu l'ennemi, si l'on n'a pas véritablement la supériorité de force. Le droit de la guerre violé, la victoire devient stérile et nulle ; car, comme la guerre a sa compétence et ses formes, comme elle a ses prévarications et ses erreurs, elle a aussi sa sanction, sanction incorruptible, je dirais presque divine, en quoi elle l'emporte sur tous les tribunaux.

Dès la plus haute antiquité, on voit de vastes groupes politiques se former aux dépens de groupes plus petits,

sans qu'aucune résistance, aucun héroïsme, puisse faire
obstacle à l'incorporation. Puis, après une existence plus
ou moins longue, on voit ces groupes se dissoudre, sans
qu'aucune force puisse arrêter la dissolution. Que veut dire
ce double fait? C'est d'abord que dans le plan de la civilisation, l'État, expression d'une collectivité, organe du
droit, exige une certaine étendue, en deçà de laquelle il
reste insuffisant, au delà de laquelle il devient écrasant
pour les peuples, dans l'un et l'autre cas incapable de
remplir convenablement son mandat. C'est ensuite que, la
conquête terminée, l'assimilation des peuples vaincus dans
un même État doit s'opérer sous certaines conditions qui,
si elles sont négligées, restituent bientôt les éléments in-
corporés à leurs attractions respectives, créent l'antagonisme au sein de l'État, et en amènent la décomposition.
Ce n'est pas tout d'avoir vaincu, il faut savoir utiliser la
victoire. L'assimilation après la conquête est le premier
devoir du conquérant, je dirai même le droit du peuple
conquis. Sans cette assimilation, la guerre est abusive,
puisqu'elle est inutile ; le jugement de la force devient
frauduleux, tyrannique ; la nature et la Providence sont
trompées : il y a lieu à cassation.

D'autres fois, on voit des États, brusquement formés,
disparaître avec une rapidité non moins grande. Que signifie encore cela? C'est que l'accroissement des États,
comme celui des animaux et des plantes, a besoin de
temps ; que si les incorporations se succèdent trop vite,
elles dépassent la puissance d'assimilation de l'État; que,
par conséquent, les victoires qui les procurent ne sont pas
des victoires de bon aloi, produites par une vraie supériorité de force ; ce qui ôte à la guerre son efficacité et en
annule les décisions.

Les républiques grecques, si jalouses de leur indépendance, si hostiles à l'unité, pourquoi, en définitive, se

font-elles la guerre? Toujours, et malgré qu'elles en aient, en vertu du même principe, la nécessité de donner à l'État une étendue en rapport avec les lois de l'organisme politique, avec le plan de la civilisation générale, et, dans le cas particulier, avec la mission de la Grèce. C'est à la Grèce qu'échoit, au quinzième siècle avant Jésus-Christ, la direction du mouvement humanitaire : mais qu'arrive-t-il? L'étroitesse d'esprit de ces petites républiques, l'égoïsme féroce qui les anime, ne leur permet pas d'accomplir préalablement leur propre fusion, par suite les rend incapables de fonder l'État universel, expression de l'universalité du droit. La Grèce ne parvient à un semblant d'unité qu'en la personne du Macédonien Alexandre. Mais la Grèce ainsi unifiée, même en y comprenant la côte d'Ionie, n'est pas de taille à digérer l'empire des Perses, à plus forte raison à imposer la loi au monde. A la mort du conquérant, ses généraux se partagent son empire ; des États d'une dimension moyenne se reforment, à l'aide desquels l'Asie, sans cesser d'être elle-même, se pénètre peu à peu de l'esprit grec. Ainsi s'opère, en attendant les Romains, la liquidation des guerres médiques, de la guerre du Péloponèse, de la conquête macédonienne, finalement, des guerres entre les successeurs d'Alexandre.

Les vrais praticiens du droit de la guerre sont les Romains. Cinq siècles sont employés par eux à former le groupe italique : nous sommes loin ici de cette rapidité étourdissante des conquêtes de Sémiramis, de Nabuchodonosor, de Cyrus, de Cambyse et d'Alexandre. Aussi le résultat sera-t-il bien autrement fécond et durable. L'Italie conquise, un mouvement d'un nouveau genre commence à poindre, dans lequel la guerre devra aussi jouer son rôle ; c'est la conversion du polythéisme grec, latin, gaulois, espagnol, égyptien, asiatique, en un monothéisme commun à toutes les races civilisées. L'unité religieuse, prévue par les philosophes, s'établit donc en prenant pour expression, selon l'esprit antique, l'unité politique ; c'est ce que l'on appelle Empire romain. Mais le mouvement qui poussait à l'unité de culte n'impliquait que transitoirement l'unité d'État : à peine la propagande monothéiste est terminée, que le démembrement de l'empire s'opère ; les empereurs y mettent les premiers la main. La conquête latine s'annule d'elle-même, comme si, abstraction faite de l'établissement chrétien, les triomphes de Rome, depuis la descente d'Appius Claudius en Sicile jusqu'à la bataille d'Actium, eussent été de purs effets de tactique, non des produits réguliers de la force.

Les mêmes lois d'incorporation et de délimitation ont présidé à la formation des États modernes, et en gouvernent les mouvements. Il serait difficile de dire à quoi aboutira l'agitation contemporaine : mais on ne saurait méconnaître que l'Europe, depuis quinze siècles, a tendu constamment, invinciblement, à se diviser en un certain nombre de groupes dont l'exacte délimitation est peut-être aujourd'hui, en matière de droit international, la seule question en litige. Parmi ces groupes, les uns semblent arrivés à leur maximum d'étendue, les autres sont en pleine élaboration. Le degré de civilisation étant à peu près le même partout, partout aussi répulsion énergique à se fusionner : ce qui veut dire que l'hypothèse d'une monarchie européenne est anti-européenne. Or, qu'on veuille bien le remarquer, c'est par la guerre, par des luttes sans cesse renouvelées, et pour ainsi dire compensées, que cette formation d'États divers, qu'il est permis de considérer désormais comme irréductible, a eu lieu.

L'invasion des Barbares fut l'instrument dont la justice providentielle s'est servie pour diviser l'empire romain, et de ses fractions former de nouveaux États. Cette division obtenue, on voit d'abord la barbarie partout s'évanouir :

assez forts pour détruire les armées impériales, les conquérants ne le sont plus assez pour s'assimiler les populations conquises, qui les absorbent eux-mêmes. Telle fut la destinée des Ostrogoths, des Visigoths, des Francs, des Lombards, etc., engloutis tour à tour par les indigènes. Ainsi le voulait la loi de la force.

Le même principe préside à la formation des nouveaux États. La raison des forces, les conditions de leur équilibre, décident de l'importance des royaumes, des républiques, des principautés, des villes même. Tout ce que la politique des princes entreprend en conformité des lois de la force, du droit du plus fort, leur réussit; chaque fois, au contraire, que les États en guerre, enivrés par le succès, veulent dépasser la limite que leur assignait la raison des choses, malgré le prestige des victoires ils restent impuissants et n'aboutissent qu'à d'inutiles massacres.

A quoi a servi la guerre de Cent ans entre la France et l'Angleterre ? Quel a été le fruit des victoires de l'Écluse, de Crécy, de Poitiers, d'Azincourt, remportées par les Anglais ? Qu'a produit la trahison des ducs de Bourgogne, se réunissant, pour achever la France, aux rois d'Angleterre ? De tant de gloire et de tant de crimes, le résultat a été néant. C'est au moment où tout semble perdu que tout est sauvé. La voix d'une jeune fille, vrai représentant du peuple, remonte les courages; une manifestation politique, le sacre de Charles VII, donne le signal de l'expulsion définitive de l'étranger. Un roi cauteleux, point guerrier, achève l'œuvre, en démolissant la Bourgogne, après avoir fait périr son dernier prince de honte et de rage.

A quoi ont servi les campagnes d'Italie des rois de France, Charles VIII, Louis XII et François Ier? Que nous ont rapporté les victoires de Fornoue, de Ravenne, de Marignan? Rien qu'un proverbe : *L'Italie est le tombeau des Français.*

A quoi ont servi encore la victoire de Muhlberg, gagnée par Charles-Quint sur les confédérés de Smalkalde, et toutes les boucheries de Tilly et de Wallenstein? Quand la Réforme est écrasée, râlante, un nouvel acteur, un vrai héros, Gustave-Adolphe, tombe du Nord avec une poignée de Suédois, et tous les exploits de ces faux vainqueurs sont mis à néant, comme des actes entachés de fraude.

J'ai cité, au livre précédent, l'exemple de Louis XIV. J'ai dit que jamais guerre ne parut plus injuste et déloyale que celle qu'il fit, de 1666 à 1672, contre l'Espagne, pour la possession de la Franche-Comté et des Pays-Bas. Jamais réprobation plus énergique ne frappa un conquérant. Mais, ai-je ajouté, si les motifs du roi de France, tels que les exposait sa diplomatie, étaient souverainement iniques, devant la justice supérieure des États et d'après le droit de la force qui devait ici recevoir son application, la conquête de Louis XIV était légitime. C'est pourquoi l'incorporation de la Flandre française, de la Franche-Comté, de l'Alsace, des Trois-Évêchés, ne fut jamais contestée sérieusement, et que dans les plus mauvais jours de la monarchie, en 1713 et 1815, l'unité française ne fut pas même mise en question. Les coups répétés de Marlborough et d'Eugène demeurent sans résultat. De même que les guerres de pure ambition entreprises par Louis XIV avaient été sans fruit, celle qu'on poussait contre sa monarchie, normalement constituée, devait aussi demeurer stérile. En une fois, à Denain, les alliés perdent tous leurs avantages ; et cette journée, où Villars sauva la France, comme Masséna, en 1799, la sauva à Zurich, ne fut qu'une démonstration de plus de l'inutilité d'une guerre faite contre un pays que la nature des choses, la loi de l'histoire et la raison de ses rivaux eux-mêmes avaient déclaré indivisible.

Quel a été le résultat des coalitions contre la Révolution? Nul. Réciproquement, qu'ont produit les campagnes et toutes les interminables victoires de Napoléon? Rien. D'un côté, la France, dans les limites que lui avaient données ses rois, devait opérer sa révolution, et nulle puissance n'avait le droit, n'était capable, par conséquent, de l'en empêcher. D'autre part, la France révolutionnée devait servir au continent d'initiatrice, ouvrir aux nations, par son exemple, la carrière des libertés, ce qui excluait de sa part toute conquête. *Vingt succès pour un revers*, s'écrient avec orgueil nos historiens militaires. Sans doute; mais le *revers*, arrivant le dernier, annule tout ce qui l'a précédé, et décide de la partie. Les guerres de l'Empire ont porté coup, en tant qu'elles ont servi la cause de la Révolution et propagé au dehors l'esprit de liberté. Sous ce rapport, les victoires de Napoléon n'ont point été inutiles. Son épée a été la verge dont la justice humanitaire s'est servie pour faire marcher les gouvernements et les rois : *Reges eos in virga ferrea*. Comme moyen de conquête, les batailles impériales n'étaient plus d'aloi.

Voilà pourquoi la France a été à la fin vaincue à Leipzig; pourquoi toutes ses incorporations se sont tournées contre elles; pourquoi de toutes ses conquêtes il ne lui en a été laissé aucune, les peuples qu'elle se flattait d'avoir conquis protestant par leur défection contre la domination française, et revendiquant les armes à la main leur nationalité demeurée intacte. Voilà pourquoi, enfin, depuis 1815, la France, ayant eu à faire la guerre, ne l'a faite que pour autrui; elle n'a rien ou presque rien tiré de ses campagnes d'Espagne, de Grèce, de Belgique, de Crimée, de Rome et de Lombardie. L'adjonction de Nice et de la Savoie a été présentée par le gouvernement impérial comme une *rectification de frontière*, motivée par l'extension subite du Piémont; le silence des puissances témoigne assez qu'on n'y saurait voir autre chose. L'Algérie seule est devenue notre conquête ; mais cette conquête, après trente ans comme après le premier jour, se réduit à une occupation militaire. Rien n'est d'une assimilation aussi difficile pour des civilisés que la barbarie et le désert. La France a dépensé, année moyenne, pour la conservation de ce trophée, cinquante millions et vingt-cinq mille hommes. Le gouvernement impérial s'en plaint comme autrefois le gouvernement de Louis-Philippe : à peine si le sol est entamé, et l'on n'a pas fait le moindre progrès sur l'esprit des indigènes.

On compilerait toutes les histoires, qu'on n'y trouverait pas un seul fait qui contredise cette théorie. Elle porte avec elle sa certitude. La guerre est le jugement de la force ; elle est la revendication par les armes du droit et des prérogatives de la force ; elle devient un contre-sens dès que, par un artifice quelconque, la victoire est obtenue sur la force. C'est pourquoi l'action guerrière ne finit pas au champ de bataille ; la conquête, qui est son objet naturel, n'est définitive que par l'assimilation du vaincu. Si cette condition n'est pas remplie, les victoires ne sont que d'odieuses dragonnades, et les conquérants d'exécrables charlatans tôt ou tard châtiés par la force dont ils abusent.

Le vulgaire, qui ne comprend rien à ces réactions de la force outragée, se paye des explications les plus ridicules. Il dit que la chance tourne, que la fortune inconstante abandonne ses favoris ; qu'à la guerre, comme à la loterie, on ne saurait gagner toujours ; que le hasard malicieux se plait à déjouer les combinaisons du génie, etc. Mêlez à tout cela un peu de fatalité ou de providentialisme, et vous aurez l'idée complète du genre. Les faiseurs de récits de guerre n'ont pas non plus d'autre philosophie. La sagesse, à les en croire, consisterait à s'arrêter à temps, comme le joueur habile qui, satisfait du gain obtenu, se retire au premier signe de déveine. Nous avons lu de longues et volumineuses histoires toutes pleines de ces pauvretés. Faut-il donc un si grand effort de bon sens pour comprendre, les faits sous les yeux, que ce qui détermine la dégringolade des conquérants, c'est tout simplement que lorsqu'ils s'imaginent, en raison des batailles gagnées, être parvenus au comble de la puissance, ils ont atteint en réalité le dernier degré de faiblesse? Pour un pays comme la France, c'était une entreprise qui exigeait la durée de plusieurs générations de s'incorporer et s'assimiler les provinces comprises entre ses frontières de 1790 et le cours du Rhin. Napoléon n'y allait pas avec cette lenteur. Dans la voie où il était entré après Marengo et Hohenlinden, il était condamné à conquérir sans cesse, c'est-à-dire à lutter contre des ennemis toujours plus nombreux, à se donner des sujets toujours plus insoumis, à s'affaiblir en profondeur de tout ce qu'il gagnait en superficie, à s'exposer à des risques toujours plus grands. Quelles que fussent son habileté et la maladresse de ses ennemis, le jour devait venir où, toutes les chances étant contre lui, son empire s'écroulerait comme un château de cartes, et où il serait mystifié par sa propre chimère.

Je reviendrai plus bas, à propos de la tactique, sur les causes de la formation et de la chute si rapides du premier empire. Je n'ai voulu citer ici, à l'appui de la loi, que le fait même.

CHAPITRE II

SUITE DU MÊME SUJET. — LA LÉGALITÉ DE LA RÉVOLU--
TION ITALIENNE DÉMONTRÉE PAR LE JUGEMENT DE LA
FORCE.

Puisque j'ai commencé à parler des affaires contempo-
raines, je ne puis m'empêcher d'en parler encore, et de
montrer, par un éclatant exemple, avec quelle netteté,
quelle sûreté de jugement, la force, appelée par la discorde des États, sait rendre son verdict dans des questions
qui pour les plus habiles diplomates resteraient insolubles.
Le lecteur me pardonnera d'autant mieux cette digression
qu'aucun souverain, aucune nationalité ne pourra se trouver offensée de mes paroles.

L'Italie a vécu depuis quinze siècles sous des principes
et des influences radicalement contraires, qui, dans cet
étrange pays, n'ont pu jusqu'à ce jour ni s'éliminer, ni se
fondre. Ainsi que l'a expliqué J. Ferrari (1), l'Italie est
restée, jusqu'au dix-neuvième siècle, à la fois impériale,
pontificale, fédérale et municipale. Elle a subi tour à tour

(1) *Histoire des Révolutions d'Italie*. Paris, Didier, 1858, 4 vol. in-8°.

et profondément l'influence des barbares, celle de Con-
stantinople, celle des Allemands, des Français, des Espagnols, des Arabes. Elle a été le point de mire d'une foule
d'aventuriers qui y ont laissé une forte trace. C'est après
un travail révolutionnaire de près de mille ans, le plus
grandiose qui se soit jamais vu ; après les corruptions des
quinzième, seizième, dix-septième et dix-huitième siècles,
qui l'ont suivi, que l'Italie, épuisée est tombée dans cette
léthargie qui l'a rendue la fable des nations, et qui a fait
d'elle, selon le mot de M. de Metternich, une *expression
géographique* à la disposition du plus fort. Occupée par les
Français de 1797 à 1814, elle était retombée, en vertu des
traités de 1814-1815, partie sous la domination de l'Autriche, partie sous des princes qui en suivaient la politique et se glorifiaient de sa suzeraineté.

Cette situation de l'Italie, dans l'état de densité, de pé-
nétration mutuelle et de solidarité où vivent les nations
de l'Europe, était inévitable ; elle était juste. Le peuple
qui ne peut parvenir à se constituer politiquement, qui est
incapable de soutenir l'agression des autres, leur crée, par
sa faiblesse même, un droit à la suprématie. Il ne peut
prétendre à l'indépendance ; il serait un danger pour les
autres, un principe de dissolution, s'il n'obéissait.

L'Italie subissait donc la condition réservée aux sociétés
inertes, ambiguës ou contradictoires. N'ayant pas de principes politiques, précisément parce qu'elle suivait des
principes divergents, elle était destituée de vie politique.
Ce qui lui arrivait était logique, et, je le répète, au point
de vue du droit des gens, c'était juste.

Mais voici qu'à partir de 1814 et 1815, sous l'influence
des idées qui avaient fait la Révolution française, un nouvel esprit commence à se développer en Italie. Les plus
intelligents se mettent à étudier les causes de la décadence de leur pays et les moyens de le régénérer. A l'an-

tique droit divin s'opposent les droits de l'homme ; à la foi romaine, la raison philosophique ; à l'idée impériale, le système constitutionnel ; à l'antagonisme des villes, à tout ce que l'Italie tient de l'étranger, la conception d'une patrie, d'une nationalité italienne. Le siècle était éminemment favorable à cette renaissance. Malgré tout ce qu'on a dit des fameux traités, la date de 1814-1815 n'en est pas moins, ainsi que je l'ai montré quelque part, l'ère des gouvernements constitutionnels et de l'équilibre des puissances : à ce double titre, l'Italie pouvait revendiquer sa liberté politique et son autonomie.

Bref, des idées nouvelles se propagent en Italie ; elles s'y propagent, notons ce point, légitimement, en vertu du droit imprescriptible de l'intelligence, autrement dit droit de libre examen ou libre pensée, lequel est indépendant du droit de la force et sort tout à fait de sa compétence. Sous cette action des idées, il devait donc arriver un jour où l'Italie, comme la France de 1789, lèverait la tête, et, secouant la poussière du passé, s'écrierait : « J'ai le droit de vivre, car j'ai l'idée et la vie ; j'ai le droit de vivre, car je me sens la force. Donc je veux vivre, reprendre ma place au soleil des États et devenir, moi aussi, une grande puissance. » Depuis 1848, le Piémont est devenu le foyer de ce mouvement.

On conçoit que ce vœu de l'Italie, tout à fait spontané, en soi légitime, n'ait pas été, dès l'origine, celui de la majorité des Italiens : c'est tout au plus si, à cette heure même, il a conquis la majorité. A plus forte raison ce vœu ne pouvait-il être celui des gouvernements dont il menaçait l'existence.

Les princes avec lesquels la jeune Italie se mettait en opposition étaient :

Le pape, dont le pouvoir temporel est aujourd'hui nié ; l'empereur, c'est-à-dire l'Autriche, substituée aux droits du *Saint-Empire romain*, et garantie dans sa possession par les traités de 1814-1815 ; le roi de Naples, les ducs de Toscane, de Parme et de Modène, ralliés à l'idée pontificale et à la politique autrichienne.

Or, remarquez que, si la jeune Italie avait son droit, les souverains susmentionnés avaient incontestablement aussi le leur ; en sorte que, devant le droit des gens, ici seul applicable, et devant le tribunal de la guerre, seul compétent pour faire cette application, les deux parties doivent être considérées comme également honorables, également de bonne foi, également fondées dans leur revendication. En effet, si l'un a le droit d'être libre penseur et de chercher son développement dans les conditions de la libre pensée, l'autre n'a pas moins le droit de rester catholique et de chercher son salut dans les institutions du catholicisme. Pareillement, si le premier est bien reçu à donner la préférence au système constitutionnel, dernière création du génie politique, on ne peut refuser au second de s'en tenir au régime absolutiste, dont l'antiquité est immémoriale. Mais ces deux tendances, supportables entre deux particuliers soumis à un même gouvernement, sont incompatibles dans le gouvernement. L'État ne peut être à la fois libéral et absolutiste, croyant et philosophe : il faut opter. A qui restera le pouvoir ? Telle est maintenant la question.

Je dis donc, et telle est la théorie que je m'efforce ici de faire prévaloir, qu'une semblable question, descendant des hauteurs de la spéculation intellectuelle, sortant du secret de la conscience. et quittant l'arène philosophique pour se poser sur le terrain de la raison d'État, ne peut être résolue que par la force. Et j'ai pour moi l'opinion des libres penseurs eux-mêmes, partisans du suffrage universel et du principe parlementaire des majorités. La loi du nombre, en effet, qu'est-elle autre chose, ainsi que je l'ai fait voir au livre précédent, qu'une transformation du droit de la force ? Toute la différence est que ce qui, dans la sphère du droit public, se décide par la raison du nombre, se décide, dans la sphère du droit des gens, par la supériorité effective des forces, non-seulement intellectuelles, mais morales et matérielles ; et cette différence n'est certes pas en faveur du droit public.

Voici donc comment, dans cette révolution si compliquée de l'Italie contemporaine, se posent les différents cas de guerre :

1° *Entre le Piémont, foyer révolutionnaire, d'une part, et l'Autriche, puissance conservatrice et absolutiste, d'autre part.* — Si le Piémont, État italien, n'avait affaire qu'à une Autriche purement italienne, le résultat de la guerre ne paraîtrait pas douteux. Le pouvoir impérial serait abandonné par une partie de la population qu'il domine, et par cette défection, la supériorité de force passant au roi Victor-Emmanuel, la question serait décidée. Il n'y manquerait que la sanction, inévitable un jour ou l'autre, de la victoire.

Mais l'Autriche n'est pas seulement puissance italienne ; elle est en même temps puissance germanique et slave. Vis-à-vis du Piémont, qu'elle peut écraser, elle a donc l'avantage ; et le jugement de la force, rendu dans ces conditions, serait manifestement contraire à la cause de l'Italie. Que faire alors ? Compenser par une force étrangère la force étrangère appelée par l'Autriche à l'appui de ses possessions italiennes : c'est ce qui est arrivé par l'intervention des Français. Comment s'explique cette intervention ? C'est que le même antagonisme de principes et d'idées qui depuis 1815 divise l'Italie divise également l'Europe ; que par conséquent toutes les puissances se trouvent intéressées à la lutte, les unes comme puissances absolutistes, les autres comme puissances libérales ; qu'une seconde bataille de Novare, perdue par le roi de Piémont, en même temps qu'elle eût servi les intérêts autrichiens, aurait menacé l'Europe révolutionnaire et en premier lieu la France. Or, la France se joignant à l'Italie contre l'Autriche, celle-ci abandonnée à elle-même et condamnée par le seul fait de l'attitude impassible de l'Europe, la question s'est trouvée ainsi définitivement jugée et bien jugée par le verdict de la force. Les victoires de Montebello, Palestro, Magenta et Solférino, ont parlé comme la souveraine raison ; elles sont légitimes, valides. Permis à l'empereur François-Joseph d'appeler de sa défaite ; permis à l'empereur Napoléon de se déjuger et de délaisser son allié Victor-Emmanuel. Ce qu'une intrigue diplomatique pourrait produire dans la situation ne saurait infirmer la décision rendue dans la dernière campagne. C'est que l'Italie, dans la pensée incorruptible de la France et de l'Europe, doit être libre, et que toute solution en sens contraire serait une désertion du droit de la force.

2° *Entre le Piémont, foyer de propagande philosophique, et la papauté, puissance religieuse et réfractaire.* — L'Église ne tire pas le glaive ; c'est pour elle un article de foi. En raison de ce principe, exclusivement catholique, le jugement par les armes entre le roi Victor-Emmanuel et le saint-père devient impossible, sans compter que les sujets du pape ne se battraient pas contre les Italiens de Victor-Emmanuel. Mais la puissance temporelle du pape intéresse la catholicité tout entière ; le pape a reçu de plus la réinvestiture de ses États du traité de Vienne. Il s'agit donc de savoir si les nations catholiques, plus ou moins ralliées aux nouveaux principes, interpréteront le traité de Vienne dans le même sens que le pape, si elles se réuniront pour le maintien de la papauté contre le vœu formel de l'Italie.

Eh bien, cette question encore a été jugée contre le pape à la bataille de Castelfidardo, perdue par le général Lamoricière. L'esprit des populations n'est plus du tout le même aujourd'hui que du temps d'Hildebrand. Alors les peuples prenaient parti pour le chef du spirituel contre les chefs du temporel ; aujourd'hui, il ne se trouve pas, dans tout l'univers catholique, assez de dévouement, assez de foi, assez d'hommes, pour affirmer, contre l'armée piémontaise, la souveraineté temporelle du pape. Qu'il en soit ce qu'il voudra du dogme catholique et romain, la guerre a constaté que le pontife couronné n'était plus viable ; elle a jugé, si j'ose ainsi dire, divinement.

3° *Entre le Piémont, représentant de l'émancipation italienne, et les ducs de Toscane, de Parme et de Modène, alliés ou feudataires de l'empereur.* — Poser la question en ces termes, c'est la résoudre. Si la pétition de la jeune Italie est juste contre l'empereur, elle est juste aussi contre les ducs : pourquoi ne l'ont-ils pas les premiers signée ? Et si le jugement de guerre obtenu contre le premier est valide en toute sa teneur, il est exécutoire contre ses alliés et feudataires, à moins qu'ils ne soient en mesure d'offrir à leur tour le combat. Pourquoi ne se sont-ils pas présentés, en personne et avec leurs armées, soit avec Victor-Emmanuel, soit contre lui ? Dans le premier cas, ils eussent conservé leurs États ; dans le second, ils auraient pu ne les pas perdre. Mais ces Altesses ont résisté au mouvement, et elles se sont trouvées seules ; leurs sujets les ont abandonnées. De tels souverains n'étaient donc pas dignes de vivre ; ils n'avaient pas la force.

4° *Entre le roi de Piémont, devenu par l'acclamation du peuple roi d'Italie, et le roi des Deux-Siciles, ami du pape et de l'empereur, de plus scissionnaire.* — Le public, qui avait d'abord accueilli avec une sympathie si marquée l'élan du peuple italien pour sa régénération, s'est montré quelque peu froissé de l'empressement avec lequel le roi Victor-Emmanuel a profité de cet élan pour s'emparer successivement des États des ducs, du pape et du roi de Naples. On a vu dans cette conduite plus d'ambition que de patriotisme. On savait gré au jeune roi François II de son acquiescement, bien qu'un peu tardif, au désir de ses sujets d'obtenir une constitution ; on lui tenait compte de sa proposition d'alliance avec le nouveau roi d'Italie. Sa belle défense, enfin, lui concilia partout des sympathies. On n'est pas convaincu, d'ailleurs, que l'Italie soit appelée à former une grande puissance unitaire, d'autant moins que sur cette grosse question les chefs intellectuels de l'Italie sont divisés. On est las, enfin, de toutes ces infractions, au moins apparentes, tant au droit coutumier qu'au droit écrit de l'Europe. Que dit maintenant la raison de la force ?

La force est aussi incapable de se tromper que de se déjuger. On peut abuser d'elle; on peut jusqu'à certain point s'y soustraire : par elle-même elle est infaillible.

Remarquez d'abord que, dans l'état actuel de l'Europe, il y a tendance partout à l'unité et à la centralisation du gouvernement. La Grande-Bretagne, en dépit de son génie individualiste, a donné, depuis la fin des grandes guerres, des preuves nombreuses de sa tendance centralisatrice, et ce mouvement ne fera que s'accroître sous l'action de la démocratie sociale, présentement en train de s'organiser. La Belgique, non moins libérale que l'Angleterre, est engagée dans la même voie. L'Allemagne, tant bourgeoise que plébéienne, appelle à grands cris la réunion. L'Autriche n'eût peut-être pas manqué son entreprise d'unification, si elle l'avait fait précéder d'une réforme politique, conçue dans l'esprit de l'époque, je veux dire des traités mêmes de 1815. Un jour viendra, qui peut-être n'est pas éloigné, où ce mouvement de concentration se changera en un mouvement opposé : ce sera lorsque l'expérience du système parlementaire et bourgeois sera devenue générale, et que les grandes questions économiques auront été mises à l'ordre du jour. Alors la révolution sociale, manquée en février 1848, s'accomplira par toute l'Europe.

Pour le moment, il est incontestable que l'opinion, sur tous les points, est en majorité unitaire. Il est donc naturel qu'en Italie elle le soit aussi, et cela en dépit des antécédents fédéralistes de ce pays, antipathique, plus qu'aucun autre peut-être, à l'unité. Il est donc facile de prévoir que, la question d'unité se faisant solidaire de celle d'émancipation, la lutte engagée entre le roi de Piémont et celui de Naples devait, si l'Italie était abandonnée à elle-même, si aucune influence du dehors ne s'y faisait sentir, se terminer à l'avantage du premier.

Cette solution, qui n'est peut-être pas définitive, doit-elle être considérée comme une injustice de la guerre? Non, puisque l'unité de l'Italie apparaît au plus grand nombre, en ce moment, comme la condition de l'indépendance, et que, s'il est permis de suspecter l'efficacité de cette grande fusion, il l'est tout autant de se méfier de la conversion du roi de Naples. La prépotence en Italie, et par conséquent le droit, est donc, jusqu'à nouvel ordre, acquis à l'unité.

Mais l'Italie n'existe pas seule en Europe; elle fait partie d'un vaste système d'États, plus ou moins dépendants les uns des autres, et régis par certains principes. De même que, dans sa lutte contre l'Autriche, elle a bénéficié de l'intervention française et de la passivité des autres États, de même elle doit tenir compte de l'opposition qui lui serait faite, sur sa formation unitaire, par ces mêmes États. Or, ces États, ce n'est pas seulement l'Autriche, vaincue de la veille, mais à qui un nouveau traité a assuré la moitié de ses possessions en Italie ; c'est la France elle-même, qui peut voir à regret tourner contre elle la force qu'elle a si bien servie ; ce sont les catholiques, ennemis de la révolution ; ce seront bientôt les démocrates solialistes, qui de plus en plus se prononcent contre la centralisation politique et le constitutionalisme bourgeois ; ce sont tous les souverains, qui s'indignent de voir traiter avec ce sans-façon un de leurs collègues, et qui en appellent à la pudeur publique, au respect des princes et des États, en attendant qu'ils recourent à la force.

En deux mots, pour que l'idée de l'unité italienne triomphe définitivement, il faut que le roi Victor-Emmanuel se concilie la force, non-seulement en Italie, mais par toute l'Europe. Sans cela, il reste insuffisant, et toutes ses victoires et conquêtes peuvent se changer pour lui en une amère déception. Les Français restent à Rome, les Autrichiens à Vérone ; l'Angleterre, la Russie, l'Allemagne, lui retirent leurs sympathies. Qu'il tente un mouvement, il est perdu, et la pauvre Italie le suit dans sa chute. Tout ce que le gouvernement de Turin a à faire, en supposant qu'il vienne à bout de s'assimiler les Deux-Siciles, c'est d'abord d'organiser les forces italiennes, afin de prévenir tout retour de l'étranger, puis de conquérir au système de l'unification de la Péninsule et des îles adjacentes des suffrages partout. Ceci est l'affaire de M. de Cavour, beaucoup plus épineuse que celle de Garibaldi (1).

---

(1) A propos de la guerre entre les rois de Piémont et de Naples, il s'est passé une chose honteuse dans la presse soi-disant démocratique et patriotique de France. La manie d'unité y est poussée si loin, et la haine contre la maison de Bourbon si aveugle, qu'on a affecté de donner le nom de *Bourboniens* aux défenseurs de François II. On n'a pas voulu voir que ces Bourboniens étaient les seuls *patriotes* qui restassent dans le royaume de Naples ; que tout le reste, en trahissant François II, s'était vendu et avait vendu son pays à l'étranger. Que dirait-on à Paris d'une

Redisons-le donc en nous résumant. La force, par elle-même, ne connaît pas de doctrines. Mais dès que les doctrines, plus ou moins plausibles, admises par un certain nombre d'esprits, appuyées par certaines masses d'intérêts, tendent à passer de la théorie à l'application, et conséquemment à évincer d'autres doctrines, d'autres intérêts, la question se trouve naturellement portée, pour ce qui concerne les États, au tribunal de la force. Et cette juridiction ne saurait être déclinée. Des idées qui ne savent combattre, qui répugnent à la guerre, et que fait fuir l'éclat de la baïonnette, ne sont pas faites pour diriger les sociétés; des hommes qui ne savent mourir pour leurs idées ne sont pas faits pour le gouvernement; une nation qui refuserait de s'armer, qui, contre ses dominateurs, ne saurait employer que la grimace, serait indigne de l'autonomie. Le droit des nationalités n'existe qu'à ce titre : la force le crée, et la victoire lui donne la sanction. Les chances du roi de Naples se sont relevées de moitié depuis qu'il a fait acte de guerre; il s'est sacré lui-même par son courage. Quoi qu'il advienne, l'Italie n'aura pas à rougir de ses rois. Le pape seul est impossible.

Résumons-nous sur ces deux premiers chapitres.

En principe, la formation de l'humanité par États indé-

---

faction qui, sous prétexte de constituer la patrie européenne, non contente d'abandonner Napoléon, livrerait la France au czar? Ce qui se passe à Naples est, sur une moindre échelle, exactement la même chose. Certes, je le répète, la cause de Victor-Emmanuel peut très-bien se défendre contre François II, mais par des Piémontais, des Toscans peut-être, des Romagools encore, non par des Napolitains. Il se peut que le sacrifice de l'État napolitain, de la nationalité napolitaine, soit exigé pour le salut et le progrès de l'Italie entière : mais, puisque le souverain faisait un effort, c'était le cas pour le citoyen de le soutenir, de mourir pour la patrie, à peine d'un éternel déshonneur. Voilà la loi de la guerre, et voilà sa morale. Elle vaut certes bien, cette morale, l'affreux dévergondage dans lequel certains journaux entretiennent le peuple français.

pendants et souverains paraît être une loi de la civilisation et une loi de l'histoire. Il faut le croire, puisque cela est.

L'étendue des États varie : généralement elle dépasse de beaucoup les limites de la tribu et de la cité : toutefois, il ne semble pas qu'elle puisse aller jusqu'à embrasser une partie considérable du globe, à plus forte raison la totalité même du globe.

La guerre est l'*action* par laquelle les agglomérations politiques appelées *États* se constituent, sous certaines conditions de force, de temps, de limite et d'assimilation.

Comme action formatrice des États, la guerre a donc sa légitimité; comme arbitre de leurs différends, elle a sa compétence : son jugement, n'étant à autre fin que de démontrer de quel côté est la force et d'en assurer la prérogative, est véridique. Ce jugement, enfin, est efficace : par conséquent il peut et doit être réputé judiciairement valide, puisque l'incorporation voulue devant s'opérer selon la loi du plus fort, dans les circonstances et sous les conditions prescrites, le différend est régulièrement terminé, et justice faite. Efficacité de l'action et validité du jugement, la première de ces expressions servant à marquer l'effet matériel de la guerre, la seconde, son effet moral, sont ici synonymes.

On appelle *guerre dans les formes* celle où les puissances belligérantes sont censées remplir l'une envers l'autre les conditions qui assurent la loyauté du combat, l'efficacité de la victoire, par conséquent, la légitimité et l'irrévocabilité de l'incorporation.

La violation des formes ou lois de la guerre n'implique pas toujours la nullité de la conquête : c'est ainsi que dans les tribunaux ordinaires un jugement peut être mal motivé, rédigé avec passion, rendu à la suite de débats scandaleux, sans que pour cela il soit injuste en lui-même, et qu'il y ait lieu de l'infirmer. Les taches qui le déshonorent retombent sur les plaideurs, sur les avocats, sur les juges, mais ne l'empêchent pas de sortir son plein et entier effet.

Mais souvent aussi le mépris des lois de la guerre crée des *nullités* qui plus tard se traduisent par des défaites en sens contraire des premières victoires, et qui remettent les choses en leur premier état : nous en avons cité des exemples. Tout cela, le lecteur le comprend de reste, est de la dernière gravité. Les frais de la justice civile sont des infiniment petits en comparaison de ceux de la guerre ; et quand on ne réussirait, par une détermination exacte des principes, qu'à diminuer les incalculables désastres qu'engendrent l'ambition des gouvernements, l'ignorance des masses et la brutalité du soldat, il vaudrait encore que l'on s'en occupât. L'honneur des princes, le bien-être des populations, la moralité de la guerre, y ont un égal intérêt.

CHAPITRE III

DU RÈGLEMENT DES ARMES ET DE LA POLICE DU COMBAT.

Puisque la guerre est une action en revendication du droit de la force, une véritable procédure ; que son jugement, rendu dans des circonstances et pour un objet qui le requièrent, est valide, et que ses exécutions, entourées des conditions voulues, sont aussi justes qu'efficaces, il en résulte que la guerre est soumise à des règles, et que, comme toute procédure, elle a ses *formes*. Le mot est reçu dans la langue des militaires comme dans celle des jurisconsultes.

Ces règles ou *formes* de la procédure guerrière n'ont rien d'arbitraire : elles découlent naturellement de la notion même de la guerre, de sa nature et de son objet. Leur violation constitue pour l'infracteur un crime, susceptible d'un châtiment sévère, s'il est vaincu ; dont le résultat sera d'amoindrir, quelquefois d'annuler la victoire, dans tous les cas d'infecter le nouvel ordre de choses, s'il est vainqueur.

L'observation des lois, règles ou formes de la guerre, est

donc de la plus haute importance. Pour nous en faire une juste idée, rappelons-nous ce qui se passe dans le duel.

Le duel, odieux, absurde même dans la plupart des cas, et pour cette raison justement déconsidéré, le duel a droit à notre suffrage cependant, lorsque nous voyons un homme de cœur, après avoir reçu une mortelle injure, pour laquelle la justice ordinaire est sans réparation, renoncer à la vengeance, et offrir généreusement à son adversaire le combat. Il est des offenses qui tuent moralement leur homme si elles restent impunies, et qui cependant ne peuvent se réparer par la voie des tribunaux. Or, si nous admettons que l'homme possède de son fonds la justice, que par conséquent il tienne de sa dignité le droit de justice, comme le seigneur du moyen-âge, il faut admettre, dans le cas donné, que le moins qu'on puisse lui accorder est le droit de défier son offenseur et de se battre contre lui. La conscience universelle, plus puissante que la police des rois et la sagesse des juristes, le dit; et c'est parce que la conscience universelle le dit, que des règles sont imposées au duel, et que le meurtre commis par le duelliste est excusable.

Dans le duel, on convient du lieu, de l'heure, des armes; on prend des témoins ; on égalise les chances; on interdit aux combattants la perfidie, les surprises, sévices et outrages. Du moment qu'ils sont en présence, ils se deviennent l'un à l'autre respectables : on ne leur laisse à chacun, autant que possible, d'autres avantages que ceux qu'ils tiennent de leur énergie naturelle et de la conscience de leur droit. Puis, ces conditions remplies, sous l'œil vigilant des témoins, le signal est donné... Les choses se sont passées avec loyauté : tout est dit. Le vainqueur ne se permettra pas une réflexion blessante, pas un mot d'invective; il ne touchera pas au vaincu, mort ou blessé ; il regardera comme sacrés pour lui sa personne, son cadavre, sa mémoire, ses armes, et tout ce qui lui appartient. Il n'épousera pas sa veuve; il n'ira pas s'installer dans sa maison ; il n'assistera pas à ses funérailles. Il se peut que ce soit l'offensé qui succombe : du moins il lui restera l'honorabilité, la réputation d'un homme de cœur, qui a préféré la mort à la dérision; il emportera en mourant, avec le regret des honnêtes gens, la satisfaction d'avoir fait naître le remords au cœur de son ennemi au moment du péril, et de lui laisser l'odieux de sa mort. Voilà ce qu'a fait pour le duel la conscience des duellistes; ce qui ne l'empêche pas, à raison des énormes abus qui en sont inséparables, d'être poursuivi, flétri par les lois, et, dans le plus grand nombre des cas, médiocrement accueilli par l'opinion.

Or, la guerre, considérée dans sa nature et dans son objet, a sur le duel, au point de vue de la moralité, tous les avantages. Elle exclut, de la part des belligérants, toute idée d'injure et de haine, à telles enseignes que si, entre deux puissances belligérantes, l'une avait offensé l'autre, la première devrait, en bonne justice militaire, réparation à la seconde avant d'en venir au combat : ce qui ne saurait avoir lieu dans le duel, puisque, si réparation était faite, le duel deviendrait impossible.

La guerre a un but positif, réel, soit la fusion de deux peuples et la formation d'un plus grand État; soit la séparation de deux races, de deux populations jusque-là politiquement unies, mais que la religion ou d'autres causes ont irrévocablement divisées; soit enfin la délimitation et l'équilibre des souverainetés, tandis que le seul résultat possible du duel, l'unique satisfation exigée, bien que sous-entendue, par celui qui envoie le cartel, est le sang et la mort.

Enfin la guerre loyalement conduite, aboutissant à une victoire de bon aloi, emporte justice. Elle prouve quelque chose, la force supérieure du vainqueur; par conséquent

elle établit son droit, tandis que le duel n'a de valeur que
par la cause qui le détermine : en lui-même, il ne prouve
rien ; ce n'est que par hasard qu'il fait justice, l'issue du
combat pouvant être indifféremment favorable à l'offenseur comme à l'offensé.

Telle qu'elle se pose, comparativement au duel, la guerre
nous apparaît donc comme le sommet de l'humaine vertu,
une justice divine, évoquée par la conscience des nations
pour le plus grand et le plus solennel jugement. Le champ
de bataille est la véritable assise des peuples ; c'est la
communion et le paradis des braves. Comment donc, à ce
tribunal suprême, n'y aurait-il pas des règles ? Comment
la guerre, la souveraineté justicière, serait-elle dépourvue
de formes ?

Que le lecteur daigne, en ce moment. redoubler d'attention, et se défaire, en me lisant, de tout préjugé. Les erreurs de l'humanité ne sont si opiniâtres que parce qu'elles
tiennent à des causes profondes, consacrées par l'usage et
le temps, et dont la raison publique a peine à se rendre
compte. Ce n'était pas un médiocre paradoxe que d'affirmer la réalité d'un droit de la force ; c'en est un autre
peut-être encore plus énorme, de soutenir que, la guerre
étant une sorte d'action judiciaire, les moyens de contrainte
ne lui conviennent pas tous indifféremment, et qu'une
manière de combattre qui aurait pour résultat de donner
la victoire au plus faible et d'annihiler le bénéfice de la
force serait un attentat au droit des gens et une véritable
félonie.

Rappelons une dernière fois comment se pose entre
deux nations le cas de guerre, c'est-à-dire d'un litige qui
ne se peut vider, selon l'expression de Cicéron, que par les
voies de la force.

Voici des familles, des tribus, qui, nées à distance les
unes des autres, sur un vaste plateau, au sein de forêts

immenses, dans une longue vallée, vivent et se multiplient pendant quelque temps dans une entière indépendance. A mesure qu'elles prennent de l'accroissement, elles se forment en petits États, qui bientôt, obéissant à la loi de leur expansion, finissent par arriver au contact. D'abord, une question de bornage s'élève : elle se décide par le droit ordinaire ; du moins elle en est susceptible. Mais cette situation ne saurait être de longue durée. La pression des tribus les unes contre les autres rend leurs mouvements difficiles ; des difficultés de toute sorte surgissent pour les passages, les servitudes ; des croisements s'opèrent, des alliances se contractent, sans compter les embarras de la subsistance. Bref, il devient nécessaire que ces hordes, tribus, cités, clans, se résolvent en un petit nombre d'États, en une république ou royaume : ce qui entraîne, pour la plupart de ces États microscopiques, la perte de l'individualité et de l'indépendance. Le litige, qui d'abord semblait devoir se réduire à une question de propriété ou de commerce, devient tout autre ; il y va de l'existence, non des personnes, mais des communautés politiques. Y a-t-il lieu, oui ou non, à une incorporation ? C'est en ces termes que se pose le débat. En cas d'affirmative, qui obtiendra la prépotence ? Quel État donnera aux autres son nom, sa loi, sa langue, ses dieux ? Où sera le foyer d'absorption ? Telle est la question qui préside à toute guerre, et dont la jurisprudence de l'école ne tient aucun compte ; question qui ne se peut évidemment décider que par la force ; dont la solution par conséquent exige une lutte dans laquelle il y aura nécessairement du sang répandu, des richesses englouties, une nationalité sacrifiée ; mais qui, en définitive, du point de vue élevé du droit international et du progrès, n'est rien de plus qu'un acte judiciaire.

Notre mollesse ne peut se faire à l'idée d'une semblable tragédie. Cette justice sanglante nous répugne : c'est pour-

tant, au fond, la seule rationnelle, la seule honorable,
la seule légitime. Au peuple le plus fort, au plus vivace, à
celui qui, par le travail, le génie, l'organisation du pouvoir, la pratique du droit, possède à un degré supérieur la
capacité politique, à celui-là le commandement. Car la
force, dans un peuple, ne s'entend pas seulement du nombre des hommes et de la vigueur de leurs muscles ; elle
comprend aussi les facultés de l'âme, le courage, la vertu,
la discipline, la richesse acquise, la puissance de production. La formation des grands États, inévitable à un
moment donné de l'histoire, l'honneur de les nommer,
d'en fournir les éléments constitutifs, tout cela est le privilége de la force. Adjuger l'autorité au plus faible serait
plus qu'une injustice, ce serait une folie. Or, comment
distinguer le fort du plus faible, si ce n'est par un combat
dans lequel les parties contendantes auront à déployer
tout ce qu'elles posèdent d'énergie physique et morale,
d'intelligence, de vertu civique, de patriotisme, de science
acquise, de génie industriel, de poésie même ? Car c'est de
toutes ces choses, encore une fois, que se compose la force
des nations, et la guerre en est la montre.

C'est ainsi, et nous ne saurions assez le redire, que dans
la question la plus grave qui puisse agiter une âme
d'homme, celle de savoir lequel, de deux peuples que la
nécessité condamne à se fondre, obtiendra le commandement, *la raison du plus fort*, tant décriée depuis Ésope,
EST positivement LA MEILLEURE. La guerre est un jugement ; comme telle, elle doit procéder avec toute la cir-
conspection, toutes les formalités et garanties de la justice.
La logique le veut, l'instinct des nations le déclare. Tous
les hommes de guerre et les hommes d'État, tous les historiens et jurisconsultes en conviennent, quand ils reconnaissent, à l'unanimité, que la guerre doit être précédée,
de la part de l'agresseur, d'un exposé de motifs et d'une

dénonciation ; quand ils parlent des *formes* et des *lois*·de
la guerre ; quand il livrent à l'infamie le barbare qui les
viole. Le chef d'armée en campagne est vis-à-vis du chef
ennemi, comme le plaideur en face de son adversaire devant le tribunal : tous les deux à ce moment sont la per-
sonnification de leurs peuples ; ils en représentent la puissance, l'honneur et toutes les facultés.

C'est pour cela que le consul romain était à la fois général et magistrat, qu'il réunissait en sa personne tous les
pouvoirs, et que les Romains, qui se qualifiaient eux-
mêmes, à la ville, de *quirites*, porte-lances (bourgeois),
prenaient le nom de *milites* (troupiers?) en campagne. Le
premier, dérivé de *quir*, pique ou javelot, nom du Dieu de
la guerre, distinguait l'homme libre de l'esclave et de
l'affranchi, lesquels n'avaient pas le droit de porter les armes : c'était l'insigne du droit, l'insigne de la propriété. Le
second désignait la solidarité politique, dont le *corps* d'armée était l'image. La guerre, qui mettait en jeu toutes les
forces de la nation, n'était donc qu'une variété de la justice, une variété de la religion. On l'appelait pieuse, juste,
sainte, sacrée; elle s'accompagnait de toutes sortes de formalités, de purifications, de cérémonies; en sorte que le
plus religieux et le plus juriste des peuples en fut en même
temps le plus guerrier.

Tout ici nous prouve donc que la conduite de la guerre
ne peut être laissée au hasard, abandonnée à la férocité
du soldat pas plus qu'à l'arbitraire des généraux. En premier lieu, chaque nation ayant droit, soit pour attaquer,
soit pour se défendre, de faire usage de ses moyens naturels, de tirer avantage de sa position et de toutes les circonstances favorables, il en résulte que la guerre peut
varier dans ses opérations. Elle peut se réduire au choc
des armées en rase campagne, ou bien embrasser une
série de mouvements sur terre et sur mer, des siéges, etc.

Car il ne s'agit pas seulement pour le demandeur d'être le plus fort, il faut qu'il soit en état de forcer l'ennemi chez lui, dans son fort, dans la plénitude de ses ressources : ce qui exige un effort bien supérieur à celui d'une simple bataille. Dans tous les cas, et quelle que soit l'arme choisie, le terrain adopté, le mode du combat, il est de toute évidence que des règles d'honneur doivent être imposées, faute de quoi la guerre ne serait plus un acte juridique ; elle dégénérerait en brigandage. Ce ne serait plus de valeur que les parties feraient assaut, se serait de lâcheté. Dans de telles conditions, la guerre deviendrait nulle ; elle se réduirait à une extermination. La victoire déshonorée n'aurait de garantie que dans le massacre ; le vainqueur, condamné à la destruction totale du vaincu, n'aurait accompli qu'une œuvre d'infamie et d'impuissance.

Toute infraction aux lois de la procédure guerrière sera punie, soit par la réaction de la force, soit par la déchéance qui tôt ou tard frappe le coupable. La destruction des royaumes du Pérou et du Mexique par les Espagnols, de même que l'expulsion des Juifs et des Maures, ces immenses assassinats suivis de si odieuses spoliations, hâtant la corruption du peuple espagnol, furent certainement la cause la plus active de sa décadence. Depuis trois siècles, l'Espagne, tombant d'un cran à chaque règne, expie l'horreur de ses guerres et l'irrégularité de ses conquêtes. La Saint-Barthélemy et les dragonnades avaient mis la France sur la même pente et lui auraient fait éprouver le même sort, si elle ne s'était relevée à la fin par la philosophie du dix-huitième siècle et par la Révolution. Après la révolution de février, la guerre s'allume, pour le travail et le salaire, entre les deux grandes fractions du peuple, la bourgeoisie et le salariat. La force décide que la question sociale n'est pas mûre, que la classe travailleuse est encore trop brute, bref, qu'il n'y a lieu, pour le moment, de faire droit à la pétition socialiste. Mais la réaction de juin 1848 et de décembre 1851 voulut davantage. On prétendit étouffer une demande qui ne pouvait être qu'ajournée, faire rendre à la victoire plus qu'elle ne pouvait donner. Dites-moi maintenant où en est cette France réactionnaire, et s'il n'eût pas mieux valu pour elle respecter le droit du vaincu que de porter atteinte, en exagérant ses prétentions, à sa propre liberté ?

La guerre, pour me résumer en quelques lignes, étant la mesure des forces, ayant pour conséquence le couronnement du plus fort, la subordination du plus faible, par cela seul sa législation est déterminée. Tout ce qui peut assurer la sincérité et l'honorabilité de la lutte, le triomphe légal de la force, est d'obligation à la guerre; tout ce qui peut y porter atteinte, fausser la victoire, soulever les protestations de la défaite, envenimer les ressentiments, est défendu. Tel est le principe dont le code de la guerre a pour but de régulariser dans le détail l'application.

A la guerre, comme aux jeux olympiques, comme aux tournois du moyen âge, il est des choses que l'honneur et la justice commandent aux combattants de s'interdire. Celui qui mord le bras de son adversaire afin de lui faire lâcher prise est chassé de l'arène ; le duelliste qui frappe son ennemi par derrière avant que celui-ci se soit mis en garde est réputé assassin. Il en est de même à la guerre. Si la guerre n'était qu'une chasse aux malfaiteurs et aux pirates, on conçoit que la gendarmerie envoyée contre eux employât tous les moyens pour les réduire, le fer et le feu, la violence et la ruse. Mais c'est une population laborieuse, paisible, soumise à justice, qu'il s'agit de révolutionner ; c'est une puissance politique, qu'une autre puissance peut avoir le droit, dans un cas donné, de soumettre à sa loi, mais qui n'en a pas moins aussi le droit de décliner cette subordination et d'opposer la force à la force. Soutenir que,

dans un semblable conflit, tous les moyens sont bons,
pourvu qu'ils réussissent, c'est, encore une fois, méconnaître la nature des choses et mentir à la conscience du
genre humain.

Oui, la guerre, comme toute poursuite ou action judiciaire, est soumise à des règles : elle a ses formalités, en
dehors desquelles tout ce qui se produit entre les combattants peut être argué de nullité ; en un mot, elle a son
droit. Toute la pratique militaire des nations en témoigne;
il n'y a pas d'idée qui nous soit plus familière que celle
d'une *guerre dans les formes*, pas d'expression qui, parmi
les publicistes, revienne plus souvent. En sorte que la véritable question n'est plus de savoir si l'action guerrière
doit être ou non gouvernée par des règles, mais si les règles généralement admises, et que les peuples civilisés se
flattent unaniment de respecter, sont ce qu'elles doivent
être, c'est-à-dire si elles répondent au principe de la
guerre et à sa fin.

Ici, je ne puis m'empêcher de relever avec un surcroît
d'énergie la déraison des publicistes. Comment, puisqu'ils
nient en principe le droit de la force, que par conséquent
ils regardent tous les actes de guerre comme radicalement
nuls au point de vue de la justice, comment en acceptent-
ils le code? Comment souscrivent-ils à de telles lois ? Comment leur accordent-ils leur suffrage? Grotius, réprouvant
l'ordalie ou combat judiciaire, ne perd pas le temps à en
discuter les règles : la même condamnation qui frappe le
procédé en enveloppe les formes. Comment n'en use-t-il
pas de même avec la guerre? Par quelle complaisance,
après avoir déploré la guerre comme antijuridique de sa
de sa nature, en admet-il, au nom du droit, les pratiques
soi-disant légales, des pratiques qui le plus souvent sont ce
que la fureur et la barbarie peuvent suggérer le plus
odieux?

A la guerre, selon Grotius et tous les auteurs, il est
permis, non-seulement de blesser et tuer, ce qui est la conséquence inévitable du combat, mais d'*assassiner ;* permis
d'*empoisonner ;* permis de *passer au fil de l'épée* des populations entières, sans distinction d'âge ni de sexe ; permis
de les *transporter ;* permis de *saccager, brûler, dévaster ;*
permis de *violer ;* permis de *réduire en esclavage ;* permis
de *massacrer les prisonniers :* permis de *piller, rançonner,
déposséder, confisquer ;* permis de *dépouiller les sépultures...*
Tout cela, selon les auteurs, et nous en produirons les témoignages, fait, à l'occasion, partie du droit de la guerre.
Aucune armée ne s'en est jamais fait faute ; c'est jusqu'à
ce jour, on le verra, ce qu'on appelle la guerre dans les
formes.

Je sais que les auteurs recommandent de toute leur force
aux chefs d'armée la clémence ; que le progrès des mœurs a
jusqu'à certain point adouci, dans l'éxcution, cette rigueur
des prétendues *lois* de la guerre, et qu'il est passé dans les
habitudes militaires de s'abstenir de tout sévice et dégât
inutiles. Mais reste le cas d'UTILITÉ, dont chacun à la
guerre, depuis le simple soldat jusqu'au général en chef,
dans la limite de son action, est seul appréciateur. On devine, sans qu'il soit besoin de le dire, ce que peut être
l'appréciation d'un homme armé, exalté par le combat, à
qui la vie de ses semblables est devenue chose légère, et
qui voit partout des dangers. Pour peu qu'il se croie menacé,
il tuera, brûlera, saccagera ; il y aura utilité, nécessité
même.

La guerre alors n'est plus, selon l'expression de Virgile, qu'un assaut de fureurs et de haines, une lutte de
dévastations et de rapines, où tout ce que la justice ordinaire réprouve devient licite .

Tum certare odiis, tum res rapuisse licebit.

La guerre, dis-je, qui nous est apparue jusqu'ici comme la manifestation la plus grandiose du droit, devient le monstre décrit par les poëtes, la furie de la destruction et du carnage.

Oh! si la guerre n'était que ce qu'elle prétend être, ce que de tout temps, personne plus que moi n'aime à lui rendre ce témoignage, elle aspira à devenir, un appel à la force dans une question de force ; si du moins les légistes, à qui le calme de l'étude permettait de garder plus de sang-froid que l'ardeur du combat n'en peut laisser aux soldats, avaient su distinguer nettement, dans cette lutte des forces, l'emploi de l'abus : si nous pouvions espérer, dans cet exercice redoutable de la puissance armée, une réforme, j'avoue que, bien loin de m'effrayer de l'effusion du sang, je verrais dans ce mystère de la mort et de la justice la consommation de la félicité humaine, j'adorerais la guerre comme la manifestation la plus sublime de la conscience, et je m'inclinerais à la voix du canon comme le peuple d'Israël à la voix de Jéhovah.

Malheureusement, ce n'est pas ainsi que les choses se passent. La guerre n'est point telle, dans son action, que son principe et sa fin la supposent. La théorie dit blanc, la pratique exécute noir ; tandis que la tendance est au droit, la réalité ne sort pas de l'extermination. Entre le fait et l'idée, non-seulement la contradiction est complète, elle paraît irrémédiable. Et ce ne sera pas la moins ardue des questions que nous aurons à résoudre de savoir comment, les principes étant aussi manifestes, la raison des légistes, le point d'honneur des guerriers, la conscience des masses, l'intérêt des vainqueurs autant que celui des vaincus, tout le monde enfin étant d'accord, il a été impossible de purger le duel entre États des horreurs qui le déshonorent.

CHAPITRE IV

CRITIQUE DES OPÉRATIONS MILITAIRES. DE LA TACTIQUE :
EXAMEN DES CAUSES QUI ONT AMENÉ LA CHUTE DU
PREMIER EMPIRE.

Les principes sur lesquels se fonde la critique dans laquelle nous allons entrer sont les suivants :

1. La guerre est le jugement de la force. — Elle n'a lieu qu'entre les États, et pour des causes qui intéressent, directement ou indirectement, l'existence politique des nations.

2. La manière de faire rendre ce jugement consiste à faire lutter les forces, ou puissances, entre elles. Les conclusions sont adjugées au vainqueur.

3. La force n'est pas seulement chose physique et musculaire : c'est surtout chose morale. — A la guerre, disait Napoléon, la force morale est à la force physique comme 3 est à 1. Le courage et toutes les facultés animiques des citoyens, aussi bien que la viguenr de leurs corps, leur industrie et leur richesse, font partie de la puissance de l'État.

4. Si donc, ce dont nous ne saurions maintenant douter,

il existe véritablement un droit de la guerre, ce droit a pour objet surtout de régler le combat, d'assurer la loyauté de la lutte et la légitimité de la victoire, en mettant en jeu la totalité des forces physiques, intellectuelles et morales des parties ; en interdisant la perfidie et la fraude ; en proscrivant, sous des peines redoublées, tous les actes que la morale ordinaire réprouve. L'homme qui marche au combat, pour le salut de la patrie, doit s'élever au-dessus de lui-même, non-seulement par l'énergie et la bravoure, mais par la vertu, et devenir presque un saint.

5. Ajoutons, par forme de scolie, qu'il y a tendance chez tous les peuples à resserrer la lutte en une sorte de champ clos, où la force, le courage et le droit trouvent également leur compte. Dans les différends internationaux que la guerre est appelée à vider, il y a presque toujours une bataille, une journée, qui décide du sort des peuples, des dynasties et des gouvernements : Jemmapes, Zurich, Marengo, Austerlitz, Wagram, Leipzig, Waterloo. Voilà ce qu'on peut appeler les duels des nations. Et c'est afin d'en assurer le succès, en même temps d'en diminuer l'horreur, que d'un commun accord les populations se tiennent en dehors des opérations militaires : le duel a lieu exclusivement entre les armées.

Ces principes établis, la première question qui se présente est celle-ci :

Est-ce une guerre légale, telle que le droit de la force la veut, que d'en faire un problème d'escrime et de combinaison ; d'attaquer l'ennemi par embuscade et stratagème ; de le diviser par des mouvements feints, puis de tomber sur lui à l'improviste et de le détruire en détail ; de paralyser ses moyens en dévastant par des courses son territoire, brûlant ses habitations et ses magasins, capturant ses vaisseaux ; enfin, de substituer, autant que faire se peut, l'adresse à la force, la science des armes au courage, les manœuvres au nombre et à la masse. Chose dont on a droit d'être surpris, qui ne sera pas la moindre des contradictions que nous aurons à relever dans les opérations militaires, la guerre est la revendication et l'exercice du droit de la force, et il semble, par la manière dont on s'y comporte, que l'on n'ait d'autre but que de déjouer la force, d'empêcher son triomphe et de se soustraire à sa raison.

Afin qu'on ne me reproche pas à moi-même d'user de surprise, j'avertis le lecteur que la discussion dans laquelle je veux entrer ne tend à rien de moins qu'à renouveler de fond en comble la stratégie et la tactique, en réclamant, au nom du droit de la force, et pour l'honneur même des armes, une distinction plus exacte des choses qui sont licites à la guerre et de celles qui doivent être réputées illicites, par suite, une détermination législative des mouvements. De telles distinctions et déterminations ne sont pas faciles, je le reconnais : mais en quoi donc les distinctions sont-elles faciles ? Qui distingue définit : or, dit la logique, toute définition est sujette à caution, *omnis definitio periculosa*. La guerre n'est pas en ceci plus maltraitée que le droit, la philosophie, l'histoire naturelle, et toutes les sciences. Bien loin que l'homme de guerre s'impatiente de ces précautions, son amour-propre doit en tirer gloire.

Je reviens donc à ma question : Quelle doit être, d'après le droit de la guerre, la règle générale de la tactique ? Dans quelle mesure est-il permis de suppléer à la force par l'art, et que faut-il penser des surprises et stratagèmes ?

De prime abord, il semble que la guerre étant le jugement de la force, tout ce qui s'éloigne des voies de la force pure doive être écarté. Mais la question est plus complexe qu'il ne paraît. Dans un État, puissance collective, l'in-

telligence compte aussi pour une force ; l'industrie, l'art
sont des forces. A moins qu'on ne les dispense du service
militaire, comme on dispense les ecclésiastiques, les professeurs et les magistrats, ces forces doivent avoir leur part
dans la guerre. Retrancher des moyens légitimes de vaincre,
les facultés morales et intellectuelles, la promptitude et la
sûreté du coup d'œil, le sang-froid, la vigilance, la fertilité de l'esprit, la rapidité des mouvements, l'application
des procédés de l'art et de l'industrie, l'emploi de la
science, ce n'est pas seulement chose impossible, ce serait
chose absurde. Celui qui ne sait ni se garder, ni se mouvoir, tirer parti des choses, se créer des ressources, ou qui
dans un siècle de haute civilisation voudrait en revenir à
la fronde et à la massue, celui-là est indigne de vaincre,
d'autant plus indigne que la victoire a pour but la souveraineté, et que le jugement de là force n'a pas été institué,
apparemment, afin d'assurer le pouvoir aux brutes. La bataille finie, l'intelligence reprend ses droits ; la force règne,
mais l'esprit gouverne.

C'est en ce sens qu'il faut expliquer le cas que faisaient
les anciens des ruses de guerre et des stratagèmes. Placés
comme ils l'étaient, à la naissance des sciences et des arts,
sous l'empire presque exclusif de la force, ils sentaient
d'autant mieux le prix de l'intelligence, et c'était à la
guerre qu'ils exerçaient surtout leur esprit. Dans leur simplicité, ils prenaient pour esprit, science et haute raison,
ce qui n'était que ruse, finesse, tromperie. Il semble même
que les victoires les plus glorieuses pour eux étaient celles
obtenues par stratagème, avec le moins de force possible.
Mais, dans la guerre comme dans la paix, l'humanité a
marché : la tactique et la stratégie, devenues des sciences,
ont abrogé ces *tours de vieille guerre*. Ce n'est plus par
des roueries de sauvage que l'esprit se signale dans les
combats, c'est par le calcul des forces, des temps, des vi-

tesses et des masses; c'est par la prévoyance, l'art de gou-
-verner les hommes, de les animer, de les faire mouvoir,
d'en tirer tout ce qu'ils contiennent d'énergie. Le général
d'armée sourit aujourd'hui des tours de passe-passe des
anciens héros; il se croirait perdu, s'il se savait seulement
capable d'en concevoir l'idée.

D'après ces considérations, on se demande donc dans
quelle mesure et en quelle qualité l'esprit peut intervenir
dans les luttes de la force, si l'adresse et l'habileté, dont
la guerre comporte le déploiement, peuvent aller jusqu'à
ces piéges et traquenards dont on use volontiers avec les
malfaiteurs et les bêtes fauves, mais dont avait horreur
l'ancienne chevalerie, et qu'il répugne de voir employer
vis-à-vis de loyaux ennemis?

Une partie importante de l'art de la guerre, d'après les
auteurs, consiste en ces deux opérations inverses l'une de
l'autre : surprendre l'ennemi, et se dérober. Sous ce rapport, les manœuvres du chef d'armée ne sont pas autre
chose qu'une extension, plus ou moins licite et bien en-
tendue, des procédés de l'escrime. « Les mouvements qui
« réussissent le mieux, disent les professeurs d'art mili-
« taire, ceux qui produisent les résultats les plus grands et
« les plus décisifs, sont ceux dont on a pu dérober la con-
« naissance et surtout le mécanisme à l'ennemi. » C'est ce
que Napoléon Ier appelait *prendre en flagrant délit*.

Flagrant délit de quoi? De halte, de bivac, de marche
de flanc ou dans un défilé, d'agglomération ou d'éparpille-
ment? Certes, la vigilance est de commande à la guerre ;
s'il est pardonnable à un général d'être vaincu, il ne l'est
pas de se laisser surprendre. Mais prenons garde, en accordant trop à la *tactique*, de tomber dans le guet-apens.
Car, comme nous aurons plus d'une occasion de le remarquer, indépendamment de l'irrégularité, les résultats n'en
sont jamais, pour le vainqueur, ni avantageux, ni glorieux.

D'après la loi du duel et la notion de la guerre, le droit strict serait qu'on se prévînt, afin que, chacun étant sur ses gardes, on combattît de part et d'autre avec toutes ses forces. Je n'irai pas jusque-là : ce serait, par excès de courtoisie, tomber dans un autre abus. Dire à l'ennemi, comme firent les Français à Fontenoy: *Tirez les premiers, messieurs les Anglais*, serait une fanfaronnade dont un général rendrait compte aujourd'hui devant un conseil de guerre.

Mais le contraire est-il moins anormal? Attaquer à l'improviste, par derrière, la nuit s'il se peut; égorger l'ennemi dans son sommeil, le brûler dans son camp, l'écraser dans sa dispersion, l'accabler de la supériorité des armes, tout cela, depuis Homère, est réputé de bonne guerre. C'est le grand secret de la victoire. Le triomphe sera d'autant plus beau que le moins fort en hommes et en matériel, peut-être le moins brave, aura réussi, par ruse ou artifice, à se soustraire à une défaite certaine et à détruire un ennemi de tous points supérieur : ce qui renverse toute idée d'une lutte des forces, et conséquemment d'une décision par les armes.

J'entends qu'on se récrie : La guerre n'est pas un tournoi, et ce serait en exagérer la moralité que de l'assimiler à une affaire d'honneur. C'est un engagement entre deux États, dans lequel chacun combat pour son territoire, pour son indépendance ou sa suprématie; où il s'agit, en un mot, de son existence même. *Détruis-moi, ou je te détruirai ;* telle est la maxime de l'homme de guerre. Dans cette situation, la loi du salut public prescrit de ne pas marchander l'ennemi : *Dolus an virtus*, dit le poëte, *quis in hoste requirat?*

Ne retombons pas dans des divagations désormais épuisées. S'agit-il de dénicher une bande de flibustiers, de repousser une incursion de pirates? Je n'ai rien à répondre.

Que la gendarmerie, que les gardes urbaines et toute la population fassent de leur mieux : nous ne sortons pas des prescriptions du code d'instruction criminelle. Mais assimilerez-vous à la répression d'un attentat contre les personnes et les propriétés la guerre née tout à coup, pour cause politique, entre deux puissances souveraines? Toute la question est là.

Si la guerre est autre chose, d'un côté, qu'un acte de brigandage, de l'autre qu'une poursuite de malfaiteurs, — et, après tout ce que nous avons vu, il est impossible de conserver ici le moindre doute, — la guerre a des lois. Ce point doit être une verité définitivement acquise, sur laquelle il serait puéril de revenir. Marchons donc de l'avant.

Si la guerre a des lois, ces lois, d'après la nature et l'objet de la guerre, sont exclusives de tous les actes qui caractérisent soit le brigandage, soit la poursuite des coupables, pour ne pas dire la chasse des bêtes féroces. Ce second point doit être pour nous aussi certain que le premier, et nous devons nous y attacher avec force.

Troisième proposition démontrée par le raisonnement et attestée par l'histoire : Les lois de la guerre ne se laissent pas violer. Si les infractions commises sont trop peu importantes pour déterminer la perte ou le gain de la bataille, elles se compensent mutuellement, et la victoire acquiert la valeur d'un jugement définitif. Si, au contraire, la victoire a été obtenue par fraude ou artifice, je veux dire contrairement à la raison de la force, elle reste inefficace; tôt ou tard une victoire en sens contraire vient l'annuler.

Devant ces considérations, que nous n'avons plus à développer, toute objection tombe. Le seul parti à prendre est de reconnaître de bonne foi que si la licence, la fourberie et toute espèce d'artifice doivent être de quelque part im-

pitoyablement bannis, c'est surtout des opérations militaires. Quelles seront donc, d'après ces règles du droit
guerrier, les règles de la tactique guerrière ? Voilà ce que
je demande.

Pour convaincre le lecteur de la légitimité de la question
que je pose, et surtout de la vérité de ce principe, contraire à l'opinion généralement répandue, qu'à la guerre
c'est surtout la force, physique et morale, qui doit vaincre ;
que l'habileté du tacticien et du stratége ne doit paraître
qu'en seconde ligne, et seulement comme directrice des
forces ; à plus forte raison, que toute espèce d'astuce et de
sophisme doit en être scrupuleusement écartée, à peine
de la nullité de la victoire, je vais citer l'exemple d'un
capitaine auquel on eut rarement à reprocher de félonie
dans ses opérations, mais qui porta la stratégie et la tactique à un si haut degré de précision, leur donna un tel
caractère d'intellectualité, que les forces ennemies per-
daient avec lui la moitié de leur valeur, et que les généraux ennemis étaient vaincus avant même d'avoir tiré un
coup de canon. Ce capitaine est Napoléon.

Le général Jomini, après avoir raconté avec l'admiration d'un soldat la campagne d'Italie de 1796-1797, ra-
mené à la réalité par l'état des choses en présence duquel
il écrivait, laisse échapper cet aveu :

« *Les* CAUSES GÉNÉRALES *décident du destin des em-
« pires, et donnent aux victoires des résultats plus ou moins
« importants.* »

Les *causes générales*, entendez-vous ? dominent la
science du stratége, et donnent à ses victoires leur résultat vrai, en les confirmant ou les annulant. Et quelles sont
ces causes générales contre lesquelles la victoire elle-
même est impuissante ?

Le général historien nous les révèle, en faisant voir par le menu comment cette célèbre campagne ne fut, du commencement à la fin, par la faute des généraux ennemis encore plus que par l'habileté du général Bonaparte, qu'une sorte de dérision de la loi des forces ; — comment les Autrichiens se divisant, par nécessité ou imprévoyance, en une multitude de petits corps, se faisaient détruire en détail, malgré la supériorité de leurs forces, par un ennemi plus agile et toujours concentré ; — comment, lorsque les armées en présence étaient d'égale force, les résultats devenaient nuls, ainsi qu'on le vit à Arcole ; lorsque les Autrichiens se trouvaient en nombre, ils triomphaient à leur tour, comme aux combats de Salo et de la Corona ; — comment en mainte circonstance le salut de Bonaparte et de son armée tint à un hasard, à une méprise de l'ennemi, à la bonhomie autrichienne, à une rouerie, qu'on me passe le mot, du général français ; — comment, à Rivoli, dix minutes de retard auraient fait perdre à celui-ci la plus belle et la plus décisive de ses victoires ; — comment, en résultat, ces victoires merveilleuses, mais où l'habileté, l'adresse du batailleur, avaient plus de part que la force réelle, n'aboutirent qu'à une conquête précaire ; — comment, dès l'année suivante, 1798, l'Italie conquise par une force inférieure nous échappait, ce qui amenait en 1800 une nouvelle campagne d'Italie et une autre sur le Rhin ; — comment, pour consolider une domination douteuse, Napoléon fut entraîné, par des conquêtes du même genre, à s'étendre toujours davantage ; — comment, enfin, ce grand capitaine, méconnaissant de plus en plus les vrais principes de la guerre et la loi des forces, après avoir réuni à son empire, par des incorporations mal entendues, la moitié de l'Europe, succomba sous l'avalanche de ces forces soulevées, et laissa après sa chute la France moindre qu'il ne l'avait prise.

Certainement Bonaparte eut raison de battre comme il fit Beaulieu, Wurmser et Alvinzi, puisqu'ils s'y exposèrent. Je ne fais point un reproche au général français de ses victoires ; je dis que, par la manière dont il les gagna, elles ne pouvaient avoir la portée qu'il leur attribuait.

Je reconnais tout ce qu'il y a de merveilleux, surtout d'héroïque, dans cette première campagne de Bonaparte ; je vais plus loin, je dis que la victoire fut ici pour la bonne cause : à Dieu ne plaise que je nie le droit de la Révolution ! J'ajouterai même, en me renfermant dans les pures considérations de la guerre, que les généraux autrichiens, avec leur lourdeur, leur présomption, leur esprit de routine, ne méritaient pas de vaincre, et que, comme tout lecteur, j'ai constamment éprouvé, au récit de ces batailles, la joie que donne le spectacle de la sottise punie et de l'orgueil confondu. En est-il moins vrai que, dans la première campagne d'Italie, ce n'est pas précisément la force qui a vaincu, qu'en conséquence la conquête n'était pas solide, et que ce brillant début du plus jeune des généraux de la République fut la séduction qui perdit plus tard l'Empereur ?

L'antiquité nous fournit un exemple comparable sous plusieurs rapports à celui de Napoléon : c'est l'exemple d'Annibal.

Qu'on réfléchisse à ce qu'étaient Rome et Carthage au commencement de la seconde guerre punique : ou je me trompe fort, ou l'on reconnaîtra que la supériorité des forces était du côté de Rome. Il y a des capitaux, mais point de soldats, à Carthage. L'armée avec laquelle Annibal envahit l'Italie se compose de Numides, d'Espagnols, de Gaulois, d'alliés défectionnaires des Romains ; il s'y trouve très-peu de Carthaginois. Cela ne dénote assurément pas une grande force nationale. La qualité de ces soldats de toute provenance est aussi d'une infériorité notoire comparativement à la qualité du soldat romain. Enfin, l'avantage du nombre est encore à Rome. Il semble donc qu'Annibal n'entrât en Italie que pour y trouver son tombeau. Cependant, grâce à l'habileté de sa tactique, à son activité merveilleuse, grâce à l'ineptie des généraux romains, d'un Sempronius, d'un Flaminius, d'un Varron, il remporte quatre grandes victoires, sur le Tésin, à la Trébie, auprès du lac Trasimène, à Cannes, et pendant dix-sept ans, sans secours d'hommes ni d'argent, il se soutient en Italie. Rome était ainsi punie de l'incapacité de ses chefs et des mauvaises élections de sa plèbe. Mais la force n'en était pas moins de son côté. Elle le fit voir, d'abord en contenant Annibal pendant un an, après la défaite du Trasimène, sous la conduite du temporiseur Fabius; puis, après le désastre de Cannes, en ce qu'Annibal ne put pas même entreprendre le siége de la ville; plus tard, en ce que Rome, ayant contre elle le monde entier soulevé par Carthage, soutient la guerre en Espagne, en Italie, en Sicile, partout, et finit par la porter en Afrique. On vit alors ce que c'est que la vraie force, pour peu qu'elle soit conduite avec intelligence. Annibal en Italie, escorté de ses quatre grandes victoires, n'avait pu réduire Rome; une seule bataille gagnée par Scipion le Jeune sur Annibal, à Zama, eut raison de Carthage, et décida du sort de l'Afrique entière. Et pourtant, à cette bataille même Annibal s'était, comme l'on dit, surpassé; malheureusement pour sa patrie, il ne pouvait faire que ce ramassis d'étrangers soutînt éternellement le choc des légions de Rome.

Cette observation sur les conditions de la lutte des États et les causes qui déterminèrent la chute du premier empire est d'une telle importance que je ne puis m'empêcher de m'y arrêter encore.

Nous venons de voir le général Jomini nous livrer en quelques lignes, mais sans qu'il se soit rendu compte de la portée de ses paroles, le secret et la philosophie de l'épopée impériale. M. Thiers, comme s'il voulait appeler du jugement de la force rendu en dernier ressort contre Napoléon, repousse cette explication. Il accuse la mauvaise politique de l'Empereur, l'immodération de ses désirs, l'exorbitance de son génie, l'abus qu'il fit des faveurs de la fortune; il met en avant tous ces lieux communs de morale académique renouvelés des Grecs, tandis qu'il n'a que des applaudissements pour les combinaisons stratégiques de son héros.

Vraiment, quand je lis cette *Histoire*, d'ailleurs si intéressante, *du Consulat et de l'Empire*, mais dans laquelle tout est loué et blâmé à contre-sens, je suis tenté d'entreprendre l'apologie du premier Napoléon. Étant donné le système de guerre tel que Bonaparte l'avait reçu de ses devanciers, et qu'il lui fut donné de le perfectionner à son tour, plus une cause générale de guerre comme la Révolution, la politique de l'Empereur s'ensuivait nécessairement. A cet égard, j'ose dire que l'homme d'État a été, en Napoléon, moins reprochable que le général. Devenu l'épée de l'idée moderne, idée à laquelle l'empire du monde était promis, et pouvant, quand il regardait ses adversaires, se croire invincible, Napoléon devait aller toujours de l'avant, bien qu'il ne sût pas où il allait; sa politique devait suivre sa tactique, non sa tactique être subordonnée à sa politique. Deux causes le poussaient, auxquelles il ne pouvait résister : d'un côté l'élan révolutionnaire, de l'autre la supériorité de ses armes. C'est ce qu'il comprit avec une souveraine intelligence, et ce qu'il exécuta, pendant un certain temps, avec un succès inouï. Ses succès le trompaient cependant : il devait à la fin périr, non qu'il raisonnât faux, mais parce que son point de départ, qui était la guerre conçue et faite d'une certaine manière, était erroné, d'autant plus erroné qu'en propageant autour de lui l'idée révolutionnaire, il devait s'attendre à l'avoir un jour sur les bras. .

C'est de la critique à la Sénèque de parler de l'*ambition* de cet homme et de la fougue de son imagination. Napoléon ne fit jamais, dans sa politique, que se mettre au niveau de la situation que lui faisait la guerre; il eût été inébranlable, s'il avait pu aller moins vite dans ses conquêtes, imposer aux vaincus d'autres conditions, ou faire la guerre autrement. C'est ce que M. Thiers n'a pas su voir : il admire les coups de foudre, il se prosterne devant ces victoires qui ne laissent pas plus respirer l'historien et le lecteur que le soldat; il ne comprend pas que la guerre, étant une fonction de l'humanité, ne crée rien en un clin d'œil, et que, comme la végétation et la vie, elle a besoin de temps pour achever ses œuvres.

Je le redirai donc : le véritable piége auquel fut pris Napoléon, ce fut cette tactique où il se montrait si brillant, si heureux; où son génie escamotait, pour ainsi dire, les forces de l'ennemi, bien plus que son bras n'en triomphait; où ses rivaux n'avaient pas le temps de se voir abattus, et ne pouvaient croire à leur défaite. Il s'ensuivait que ne pouvant et n'osant incorporer à l'empire la totalité des États vaincus; forcé, d'autre part, comme vainqueur, d'user de la victoire, à peine de renier son propre triomphe, il essayait, en diminuant un peu la force de l'ennemi, de le subordonner : ce qui était le pire des systèmes. Ici point de milieu : un État est indépendant, ou il n'est pas. Napoléon s'en aperçut à la fin, quand, au retour de Russie, il vit ses prétendus feudataires faire défection les uns après les autres et se tourner contre lui. Mais il n'y avait pas de sa faute, quoi qu'on ait dit : la faute était à la guerre, qui le retenait dans cette politique de juste milieu. Trop souvent et dans une trop large mesure il avait remplacé la masse par la vitesse, la force par le génie, le

temps par l'intensité de son action. Ce fut l'illusion de sa
vie, illusion si forte qu'elle séduisit ses contemporains et
tous ses compagnons d'armes, et qu'elle séduit encore aujourd'hui ses historiens. Mais il est un terme à toute fan-
tasmagorie. Voulez-vous la vérité tout entière sur Napoléon? Il ne s'agit ni d'exagérer l'homme ni de rabaisser le
héros : prenez seulement le contre-pied des appréciations
de son historien et admirateur, M. Thiers.

Comment, en fin de compte, l'empereur est-il tombé? —
C'est, dit le général Jomini, que devant la multitude
croissante de ses ennemis il n'avait pas la force. — Et
comment, ayant vaincu successivement toutes les puissances de l'Europe et grossi son empire de leurs dépouilles,
n'avait-il pas la force? Cela semble contradictoire. —
La raison en est, d'un côté, que les victoires de l'empereur
étaient beaucoup moins dues à la supériorité de ses forces
qu'à celle de sa tactique; qu'en conséquence les conquêtes
de Napoléon, accomplies avec une merveilleuse habileté,
mais, pourquoi ne pas le dire? en dépit du droit de la
force, résistaient ensuite d'autant mieux à l'incorporation.
En sorte que Napoléon, après avoir, croyait-il, vaincu et
conquis l'Europe, se trouvait avoir l'Europe contre lui.
Voilà le mystère, et toutes les considérations de morale
tempérée et de politique juste milieu de M. Tiers ne signifient absolument rien.

On fait tort à Napoléon, quand on parle de son talent de
tacticien et de stratége, et qu'on en prend texte pour dé-
précier sa politique, ajoutons, et son héroïsme. Si jamais
homme parut né pour entraîner des multitudes humaines,
enthousiasmer des soldats et les conduire dans les joutes
de la force, sans nul secours de la ruse et de l'artifice, ce
fut assurément celui-là. Son âme généreuse, vraiment
guerrière, respire dans ses proclamations. Son siècle et ses
études le firent autre; il en fut la victime. Jamais l'art

des batailles ne produisit pareil virtuose ; jamais non plus favori de la victoire ne fut aussi humilié par la force. Étudiée sous ce point de vue, la carrière de Napoléon Ier change d'aspect : en voyant le grand capitaine trompé par une fausse science, on éprouve pour lui plus de sympathie. Quant à sa politique, elle fut ce qu'elle pouvait être, un effort de génie sur un problème que ses données rendaient insoluble.

Le chef-d'œuvre de Napoléon fut la campagne de France en 1814. En soixante et un jours, du 29 janvier au 30 mars, il fut livré, tant par Napoléon en personne que par ses généraux, dix-huit batailles, sans compter les rencontres fortuites qui avaient lieu dans le pêle-mêle. Jamais, au rapport des historiens, Napoléon ne montra plus de génie, d'activité, d'heureuse audace ; jamais en moins de temps il ne cueillit tant et de si sanglants lauriers. Et cette merveilleuse campagne finit par la prise de la capitale, la déchéance de l'empereur et son abdication ! Passez du côté des alliés : jamais ils n'avaient été plus souvent, plus complétement battus ; jamais la fortune des armes n'avait été pour eux si contraire ; jamais, attaqués par des forces si faibles, ils n'avaient tant perdu de monde. Et le résultat de toutes ces défaites fut de les amener vainqueurs au pied de la Colonne, de les rendre arbitres des destinées de la France, de leur permettre d'en changer la dynastie et le gouvernement, et d'en rétablir les limites telles qu'elles étaient avant l'invasion de 92.

La raison de tous ces faits, en apparence contradictoires, et que M. Thiers, à la façon des poëtes tragiques, représente comme un caprice de la destinée, cette raison est simple, accessible à toutes les intelligences, et elle confirme admirablement nos principes. C'est d'abord que, pour réduire une nation chez elle, il faut une force bien supérieure à celle qui serait nécessaire pour vaincre l'armée sur un champ de bataille : et la France était attaquée chez elle. C'est, en second lieu, que si cette force supérieure existe, toutes les ressources de la tactique sont inutiles, tôt ou tard il faudra que la nation envahie affronte la masse des envahisseurs, dont les échecs partiels seront ainsi réparés d'un seul coup. Jusqu'à la prise de Soissons les alliées, arrivant par plusieurs routes, forcés de se diviser, marchant à tâtons dans un pays hostile, semblaient une meute attaquant un tigre dans un fourré. Tous les avantages de la position étaient pour l'empereur, invisible, surprenant à chaque instant ses ennemis séparés, frappant à gauche, à droite, en avant, en arrière, des coups meurtriers. Mais les armées alliées ayant enfin opéré leur jonction, le redoutable chef n'osa plus se mesurer avec elles ; il dut se résigner à prendre position sur leurs derrières, espérant les ramener dans son terrible échiquier, et, par cette manœuvre, leur livra la capitale. Tous ses trophées se trouvaient anéantis ; c'était du sang inutilement versé et du temps perdu.

Devant cette consécration éclatante des lois rationnelles de la guerre, devant cette impuissance de l'art à suppléer entièrement la force, nous sommes donc fondé à soutenir que si l'intelligence, si toutes les facultés morales d'un peuple ont leur rôle à la guerre, ce ne peut être qu'à titre de directrices de la force, et nullement en vue de la remplacer ; qu'il faut par conséquent se défier des victoires rapides, des conquêtes faciles, des incorporations improvisées ; par-dessus tout, que toute violence qui s'écarte du caractère d'une lutte généreuse, tout ce qui tendrait à substituer les horreurs d'une extermination sans combat et les massacres de l'embuscade au duel régulier des forces en conflit, doit être réprouvé.

Quelles sont, en conséquence, les définitions et les règles à imposer, à ce premier point de vue, aux gens de guerre, notamment aux officiers et tacticiens? C'est un travail que j'abandonne à l'expérience des militaires, en les prévenant, dès à présent, que s'ils ne trouvent moyen de réformer la guerre, c'en est fait de la noble profession des armes. Quant à moi, je crois avoir d'autant plus le droit de décliner ici ma compétence, que, comme on le verra plus tard, je ne conclus pas à la réformation, mais à la transformation de la guerre, ce qui est tout autre chose.

CHAPITRE V

CRITIQUE DES OPÉRATIONS MILITAIRES, DE LA DESTRUC-
TION DES RESSOURCES DE L'ENNEMI, DE LA MARAUDE,
DES SAISIES ET CONTRIBUTIONS, ET DE L'EMBAUCHAGE.

La guerre, faute d'une théorie solidement établie en
principes et de définitions précises, a jusqu'à présent été
menée au hasard. De même que le gouvernement, la
famille, la propriété, elle s'est imposée comme une nécessité, sur laquelle on pouvait disputer du pour et du contre,
mais dont personne ne découvrait la raison supérieure ni
la fin. Ce qu'elle a produit de bien et de juste, elle l'a dû
à l'énergie de sa nature ; ce qu'elle a causé de mal est le
fait de l'ignorance des hommes. Ceux qui ont entrepris
d'en tracer les lois ont raisonné de tout en gros, sur des
analogies et par à peu près, tantôt invoquant le droit civil
ou le droit pénal, tantôt se référant à la raison de salut
public ou au droit des gens volontaire, souvent appelant à
leur aide le précepte de charité. Personne n'a réussi ni
seulement songé à lui trouver un principe recteur, un lien
d'ensemble. Aussi la plus extrême divergence règne-t-elle
dans les solutions proposées, et si l'on voulait citer un

exemple du désordre d'idées dont l'entendement humain
est capable, on n'aurait qu'à citer les écrivains qui ont
écrit sur le droit de la guerre.

On est si loin de concevoir la guerre comme un combat
légal, où les forces doivent se mesurer et se vaincre, non
se détruire, qu'au contraire la première et principale pensée des gens de guerre est pour la destruction. Si ce n'est
pas positivement pour détruire qu'ils font la guerre, du
moins il leur semble que détruire est si bien la condition
et le moyen de la guerre, qu'à leurs yeux les actes les plus
épouvantables de dévastation ne souffrent pas la moindre
difficulté. Comme on reprochait à Turenne, en présence
du général Bonaparte, l'incendie du Palatinat : « Turenne,
« répondit le jeune guerrier, était dans son droit, s'il ju-
« geait cette exécution utile à l'accomplissement de ses
« desseins. »

Et, en effet, Turenne agissait en vertu du droit de la
guerre tel qu'il est exposé dans les auteurs. Ce qu'ils
blâment n'est pas la dévastation en elle-même, c'est la
dévastation *inutile*. Mais à quoi se reconnaît l'utilité
d'une pareille rigueur? Quelle est la limite de cette
utilité? Là-dessus, pas un mot. Le général jugera. Donc,
on ravage les terres, on brûle les moissons, on coupe les
vignes et les arbres fruitiers, on détruit les forêts, on em-
brase villes et villages, on n'épargne ni l'âge ni le sexe, on
tue jusqu'aux animaux. Certain colonel d'Afrique fit enfu-
mer un jour 600 Arabes, hommes, femmes, enfants, vieillards, réfugiés avec leur bétail dans une grotte, ni plus ni
moins que s'il se fût agi d'une bande de chacals. — Il en
avait le droit, dites-vous, s'il le jugeait nécessaire pour
l'exemple, et par motif de représailles. — C'est toujours la
même raison, l'utilité. Aussi je n'accuse pas ce colonel,
qui, j'en suis convaincu, agissait en conscience. Je me demande si c'est bien là l'esprit de la guerre.

Imprimer la terreur, dit Grotius, est de droit à la guerre; exterminer une population, c'est chose fort triste, mais qui peut être permise, si elle paraît indispensable à la sûreté de l'armée. Bonaparte usa plus d'une fois de la rigueur de ce vieux code dans sa première expédition d'Italie; et le général Jomini, dont l'humanité se soulève à l'aspect de ces fusillades, les excuse cependant par cette considération que le salut de l'armée est pour un général la loi suprême. Mais, sans rappeler ce qui a été observé au chapitre précédent, que Bonaparte, avec ses 33,000 hommes, n'était pas en force, et que ses victoires, dues surtout à la tactique, ne pouvaient imposer aux Italiens, je répliquerai ici que le salut même de l'armée ne saurait justifier de pareils excès. La guerre, comme le duel, est la lutte du courage et de la force, et ce n'est pas lutter que de se faire une litière d'innocents. Il y a évidemment ici dans les idées du légiste comme dans celles du guerrier une lacune. Ne parlons plus, de grâce, du droit de la guerre; c'est tout simplement une course de sauvages contre sauvages, où ni la politique, ni la justice, ni la force elle-même n'ont rien à voir.

Entre deux armées en présence et qui vont se joindre, je comprends l'abatis de quelques maisons, d'un bouquet d'arbres, le comblement d'un fossé, la suppression des obstacles qui gênent la lutte : la destruction ici est faite en vue de la bataille. C'est la justice même de la guerre qui la commande. Mais la dévastation en grand, sans autre but que de *ruiner* l'ennemi, je ne puis l'admettre, alors même qu'elle serait une représaille. Ce n'est pas de la guerre, c'est de la férocité.

Ici je réclame, et j'en ai le droit, une définition de ce qui est utile à la guerre en fait de destruction, et de ce qui ne l'est pas. J'ai donné le principe, qui est le droit de la force; j'attends la règle. Aussi bien, remarquez, chez ceux dont nous critiquons les pratiques, l'inconséquence.

En vertu du droit de la guerre existant et de certains arrangements, plus ou moins officiels, entre les États, les armées régulières ont la prétention, en entrant dans le pays ennemi, de n'avoir affaire qu'à des corps réguliers comme elles-mêmes. Tout individu qui sans uniforme, sans commandement supérieur, se mêle à la guerre, est fusillé comme brigand. J'applaudis à cette police dont le sens n'est pas douteux, et qui est un pas dans la voie du véritable droit de la guerre. Mais, alors, que les armées elles-mêmes se tiennent en corps; qu'elles respectent les habitations, les personnes et les propriétés : qu'elles subviennent à leurs besoins par leurs propres ressources; qu'on cesse d'ériger en principe qu'à la guerre les armées ont le droit de subsister aux dépens des populations, et qu'on ne souffre plus que des nuées de maraudeurs aillent fourrager à travers champs, pillant et rançonnant pour leur propre compte, exerçant, à l'exemple des généraux, des réquisitions arbitraires.

Dans la guerre d'Espagne, en 1808, les Epagnols, déshabitués du métier des armes, incapables de se tenir en ligne et d'exécuter une manœuvre, tombaient comme des moutons devant les armées françaises. Ne pouvant se défendre en masses contre des masses, ils se formèrent en guérillas et commencèrent cette guerre d'embuscades dans laquelle périrent 500,000 Français. Ceux-ci, honteux du rôle qu'on leur faisait jouer, mais obligés par le serment militaire de faire leur devoir, ne manquèrent pas de trouver cette guerre de partisans aussi féroce que lâche; autant ils attrapaient de guérillas, autant ils en pendaient. Tout ce qui leur devenait suspect était passé par les armes. Droit de *représailles*, disent les auteurs. Mais par qui donc, s'il vous plaît, avait commencé l'infraction? N'est-ce pas par ceux qui, surprenant en *flagrant délit* de désarmement et de confiance la nation espagnole, trahissant l'hospitalité, appelaient ensuite cette nation outragée à des batailles inégales, dérisoires? N'est-ce pas, en un mot, par les soldats d'Austerlitz et de Friedland? Napoléon, à Sainte-Hélène, a rendu justice aux Espagnols. « Ils ne voulurent pas « de moi; je n'ai rien à dire. » Cela ne suffit pas. Les considérations politiques qui déterminèrent la guerre d'Espagne auraient pu être irréfutables, que la manière dont cette guerre fut menée resterait odieuse. Napoléon, après ses trois campagnes de 1805, 1806 et 1807, était-il las de vaincre, qu'il attaquait d'une façon si sournoise une nation amie et désarmée?

A propos de la maraude, les militaires font une objection : « *La guerre*, disent-ils, *doit nourrir la guerre*. C'est un axiome du métier, un article du vieux droit des gens qui n'est contesté par personne. Les Romains, si scrupuleux à l'endroit des stratagèmes, appliquaient sans honte cette maxime, à laquelle la réciprocité enlève d'ailleurs tout caractère d'irrégularité. »

J'observe d'abord que, sur ce chapitre, les écrivains militaires ne sont pas d'accord entre eux,

« Avant les guerres de la Révolution, on était tellement « persuadé de cette vérité (que la maraude est le fléau de « la discipline et la peste des armées), qu'on avait adopté, « pour ainsi dire, d'un commun accord, la méthode de « nourrir les armées de leurs propres magasins; qu'en « conséquence on réglait leur marche sur celle des fours, « et que toute manœuvre rapide était proscrite, parce « que le pain ne pouvait suivre. Les armées françaises, « qui vivaient de réquisitions et se confiaient pour leur « subsistance dans la fertilité du pays où elles portaient la « guerre, obtinrent des succès éclatants sur ces guerriers

« méthodiques. D'où l'on inféra qu'établir des magasins
« était chose surérogatoire, et que *la guerre*, selon la for-
« mule de Napoléon, *devait nourrir la guerre* (1). »

Cette observation aurait pour conséquence, entre autres,
de réduire singulièrement le mérite de certains succès. On
y trouve une des causes principales des défaites essuyées
par le maréchal Wurmser en 1797, par M. de Kray en
1800, etc. Ces malheureux généraux avaient d'autant
moins de chances de vaincre que, combattant sur leur propre territoire, ils devaient ménager leurs nationaux, alliés
ou sujets, dont la spoliation devenait au contraire un
moyen de plus pour l'ennemi.

Mais, ajoute l'écrivain que je cite, ce système est sujet
à de terribles difficultés.

« Appliqué aux contrées stériles de l'Espagne, il coûta
« deux fois autant d'hommes que des batailles rangées aux
« armées françaises, qui, pour subsister, étaient forcées
» de s'éparpiller sur d'immenses surfaces, ce qui ne leur
« permettait plus de se concentrer au besoin, et les livrait
« impuissantes aux bandes ennemies. »

L'observation est bonne à recueillir. A la guerre, dans
la lutte des forces, la maraude est en définitive plus nui-
sible qu'utile. Voilà qui va bien. Mais nous voulons du
droit, et l'auteur que je cite ne dit point que cette considération d'intérêt bien entendu ait fait renoncer les nations de l'Europe à cette odieuse pratique. Elle continue de
faire partie du code en vigueur, dont le principe est que
tout ce qui peut contribuer à la *ruine* de l'ennemi est licite. Elle n'est pas non plus abandonnée par les straté-

(1) Laurillard-Fallot. *Cours d'art militaire*, t. 1er, p. 33.

gistes, qui, tout en s'en méfiant, se réservent de l'employer à l'occasion, attendu que, selon leur détestable maxime, la guerre a pour but, non comme le veut le droit de la force, d'assurer aux moindres frais le droit du plus fort, mais de supplanter, s'il se peut, la force la plus grande par la plus petite. C'est parce qu'il était imbu de cette pensée que Napoléon réduisait l'art de la guerre à cette formule laconique, qui explique ses succès et ses revers : *Se diviser pour vivre, et se concentrer pour combattre.*

Quelle est donc ici la loi, la vraie loi de la guerre? Voilà ce que je demande aux juristes, si les militaires ne le peuvent dire. Afin de faciliter le travail aux définisseurs, posons nous-même quelques jalons.

Le but de toute guerre s'exprime matériellement par la conquête, c'est-à-dire que le pays vaincu, ou une partie de ce pays, passe sous la loi du vainqueur. En ce sens, purement politique, il est vrai de dire que le territoire de l'ennemi, ses villes, ses forteresses, ses magasins, tout ce qui constitue sa force politique et militaire, passe à la puissance que la force a rendue victorieuse. Toutes ces choses sont donc de bonne prise; et, comme la nation est solidaire de son gouvernement, on peut aller jusqu'à dire que le vainqueur a le droit, après la victoire, non-seulement de s'approprier le revenu de l'État envahi, mais d'y ajouter une surcharge, à titre de frais et indemnités. Jusquelà, je ne vois rien que n'autorise le droit de la force.

Mais l'expropriation des particuliers, le pillage des habitations, le dépouillement des églises, des musées, tout cela est-il de bonne guerre? Je comprends la saisie des objets servant à la guerre : cela entraîne-t-il le vol et le sac des effets et hardes appartenant aux personnes? J'admets une tolérance pour le fourrage des chevaux : s'étendrat-elle jusqu'à la nourriture des hommes?

On voit combien la réhabilitation du droit de la force, je dirai même, combien la restauration de la guerre dans son principe et sa dignité, change la face des choses. Ce n'est pas une vaine sensibilité qui me dicte ces critiques, bien moins encore le regret de tant de richesses perdues; c'est le sentiment le mieux senti de l'honneur militaire, c'est l'idée du droit la plus sérieuse et la plus vraie.

Je dis aux militaires :

Vous pouvez enlever à une nation son indépendance, dissoudre sa collectivité, changer ses institutions, déplacer sa capitale, déclarer sa dynastie déchue. Vous pouvez mettre garnison dans ses places, vous établir dans ses ports, incorporer ses soldats dans vos régiments, réunir son budget au budget de votre propre pays, exercer chez elle, en un mot, tous les actes de souveraineté. Vous ne pouvez pas frapper, ailleurs que sur le champ de bataille et pendant la bataille, si ce n'est pour crime de droit commun, un seul de ses citoyens; vous ne pouvez pas vivre aux dépens de ceux dont vous vous êtes rendus maîtres; vous ne pouvez pas en exiger, sans le payer, le moindre service. Tel est le droit de la guerre. Vous êtes les magistrats de la force; prenez garde, si vous abusez de la force, de n'être que des prévaricateurs.

Mais tel est l'esprit dans lequel, depuis un temps immémorial, ont été entretenues les armées, qu'il est à craindre que rien ne les fasse de longtemps revenir de leurs absurdes et déshonorantes routines. En vain dites-vous que le système de la maraude et des réquisitions donne à la guerre un caractère de brigandage incompatible avec la civilisation et la politique, avec la notion même de la guerre, que c'est faire des décisions de la force une course à la pille, où l'avantage est pour le plus lâche et le plus scélérat. On vous répond : Votre remarque est juste; mais *à la guerre comme à la guerre!...* Vous observez que les armées ont le plus grand intérêt à s'abstenir de pratiques qui les détruisent par l'indiscipline. On l'avoue, mais on ajoute que tout dépend des circonstances et surtout du but, qui est la victoire.

Eh bien, non, ce n'est pas ainsi que doit se faire la guerre, car ce n'est pas ainsi que s'obtiennent les victoires, je parle des victoires qui durent, qui scellent leur conquête d'un sceau indestructible. Et s'il vous faut une raison de plus, en voici une que j'emprunte au grand capitaine et à laquelle vous ne répliquerez pas.

En principe, d'après les règles combinées du droit de la force et du droit des gens, l'État qui revendique, soit l'incorporation, soit la subalternisation d'un autre. État son voisin, doit être non-seulement le plus fort, mais assez fort pour soumettre son adversaire chez lui : ce qui implique que l'armée d'invasion, après avoir fait tout le chemin, doit subsister, aussi longtemps que durera la lutte, de ses propres ressources. Napoléon se récriait, et avec justice, contre la prétention des Anglais de mettre un port en état de blocus par une simple déclaration. Il soutenait que selon les principes de la guerre, pour qu'il y eût blocus, il fallait qu'il y eût une armée d'investissement. La même règle doit s'appliquer à la guerre d'invasion. Sans cela il y aurait tout bénéfice à une bande d'aventuriers de se jeter à l'improviste sur une contrée, de rançonner villes et campagnes, quitte à évacuer la place dès qu'elle ne leur paraîtrait plus tenable.

Dans la dernière campagne d'Italie, il est arrivé, par un cas bien rare, que les puissances belligérantes avaient un intérêt égal à ménager la population envahie : l'Autriche, à titre de souveraine ; la France et le Piémont, à titre de libérateurs. Supposons que les Lombards se fussent comportés en sujets fidèles de l'Autriche : sans compter que l'armée alliée eût été alors fort compromise, admettra-t-on que, selon le droit de la guerre, cette armée aurait pu piller et pressurer un territoire qu'elle devait enlever seulement de vive force, c'est-à-dire en faisant usage de ses propres moyens, non en s'emparant de la subsistance des habitants? Le soutenir, ce serait justifier les déprédations des Attila, des Genghis-Khan, de tous les barbares qui prenaient insolemment le titre de *marteaux des nations*, de *fléaux de Dieu*, mais dont les conquêtes éphémères ne fondèrent jamais rien; ce serait absoudre le brigandage et donner à la piraterie un brevet d'encouragement.

Il y a quelque chose de plus condamnable encore que de détruire, par des dévastations, les forces matérielles de l'ennemi ou d'en piller les sujets, c'est de corrompre ses officiers et ses soldats, et d'ébranler la constance de ses citoyens. En 1809, Napoléon, partant pour la campagne de Wagram, adressa une proclamation aux Hongrois, par laquelle il les poussait à la défection, leur promettant en récompense de rétablir leur nationalité. En cela il ne dérogeait point au droit établi, et je ne songe point à lui en faire un grief. Napoléon agit de même, en 1812, avec les Polonais, lors de la campagne de Russie. Les Hongrois ne remuèrent pas, et n'eurent du moins à se plaindre ni de leur imprudence ni de la mauvaise foi du tentateur. Les Polonais n'eurent pas la même réserve; le soulèvement fut général parmi eux et prompt comme la poudre. Puis, quand ils réclamèrent leur liberté, le conquérant répondit qu'il ne les trouvait ni assez mûrs ni assez bien organisés pour faire un peuple libre; en quoi sûrement il ne se trompait pas. Six mois après, lui-même était abattu.

Tout cela est d'une guerre déloyale. Sans doute la fidélité des populations au gouvernement, comme celle du soldat au drapeau, compte parmi les éléments de force des États. Il est donc dans l'ordre que celui qui offre le moins de cohésion cède à l'autre la prépondérance : mais c'est aux populations à se déclarer ; il n'appartient pas à l'agresseur d'en prendre l'initiative (1). Semer la trahison parmi les sujets de l'État ennemi est la même chose qu'expédier à un chef d'État des machines infernales. Pour qu'une sollicitation de cette espèce pût être, en droit, admise, il faudrait qu'elle s'exerçât au grand jour, qu'en vertu de la réciprocité chaque puissance eût la faculté d'agir sur l'opinion du peuple antagoniste, ce qui serait du moins un moyen permanent de consulter les peuples sur l'opportunité de la guerre et la légitimité des conquêtes.

(1) Il a été publié dans les journaux allemands que sur dix prisonniers faits par les Franco-Sardes dans la dernière guerre d'Italie, il y avait neuf Hongrois, Bohêmes, Croates et Italiens. En haine du gouvernement autrichien, ces soldats, travaillés par des émissaires, non pas, il faut le dire, de l'armée alliée, mais de leur propre pays, se couchaient, dit-on, devant l'ennemi au lieu de marcher. Les Allemands seuls tinrent ferme, et soutinrent le choc de l'armée franco-italienne. On sait à combien peu de chose, en apparence du moins, tint le succès des batailles de Magenta et de Solférino. Et l'on prend texte de là pour demander si, tout le monde du côté de François-Joseph ayant fait son devoir, et la victoire s'étant déclarée pour l'Autriche, le résultat devrait être toujours considéré comme normal et juste.

Cette question, que l'on peut renouveler à l'infini à propos de chaque bataille, et que ne manquent pas de faire les calomniateurs du droit de la force, est une de celles qui, par un faux air de simplicité, servent le mieux à entretenir l'erreur. Un rien, se dit-on, pouvait changer la fortune : alors le vaincu devenait vainqueur ; le droit, adjugé par la victoire à B, revenait à A. *È sempre bene !* Cela peut-il s'admettre ?

Ceux qui font cette objection ne songent pas que dans toute bataille quelque peu sérieuse, il y a un moment où la victoire paraît incertaine, sans parler des moments où elle s'égare, comme dans les fameuses batailles de Poitiers, de Crécy et d'Azincourt; mais qu'en général elle tient à des causes profondes, complexes, qui en font un irrécusable arbitrage; que du reste, en toute question de force, le droit est avec la force, de quelque côté que celle-ci se trouve. Le droit de la force ne fait acception ni de partis, ni de doctrines, ni de races; il ne connaît ni Français, ni Anglais, ni Autrichien, ni Lombard, ni Polonais, ni Russe, ni catholique, ni protestant. Il est à la force : voilà tout. Si la force se déplace, il se déplace avec elle; si elle se fixe quelque part, il s'y fixe lui-même, et

Mais ce serait en même temps remettre en question ce que la guerre est censé avoir irrévocablement décidé, à savoir la formation des États par l'incorporation des nationalités ; ce serait, dis-je, créer la contradiction dans le droit des gens, et condamner la politique à faire perpétuellement autant de pas en arrière qu'elle en aurait fait en avant.

Napoléon l'éprouva à son tour, lorsque les alliés, séparant, à son exemple, la cause de l'empereur de celle de la nation, jetèrent la division dans le peuple français, si

s'impose à tout ce qui tombe dans la sphère de sa juridiction. Appliquons à la campagne de Lombardie ces principes.

Supposons que, par un accident de terrain, une maladresse des généraux ou toute autre cause, la fortune se fût déclarée contre les alliés à Magenta ; ils auraient demandé leur revanche à Solférino, comme a fait l'empereur François-Joseph. Alors, de deux choses l'une : ou bien les alliés eussent été vainqueurs, ce qui aurait balancé les avantages et nécessité une troisième bataille ; ou bien ils eussent été défaits, et dans ce cas, la victoire restant à l'Autriche, il eût été prouvé, non pas que l'Italie n'a pas le droit d'aspirer à l'indépendance, mais qu'elle n'a pas, même réunie à la France, la force nécessaire pour l'obtenir ; qu'ainsi l'heure de son émancipation n'est pas arrivée ; en un mot, que Victor-Emmanuel et Napoléon III son allié étaient dans leur tort, puisqu'ils revendiquaient, les armes à la main, contre une possession de quarante-cinq ans et contre la lettre des traités, la prérogative de la force, et qu'ils n'avaient pas la force.

L'événement s'est déclaré en sens contraire. Je reproduis le même argument : les alliés étaient dans leur droit, et la preuve, c'est qu'ils étaient en force. Que l'empereur François-Joseph accuse de son infortune la défection de ses soldats, l'objection est puérile et tourne contre lui. Comment l'Autriche prétendrait-elle à la domination de l'Italie, si elle n'est pas même assurée de ses propres troupes, si elle ne peut compter sur ses propres sujets ?

C'est en vain que, pour réfuter cette raison souveraine de la victoire, vous essayez, à force de *si*, de *mais*, de la faire passer à droite ou à gauche : pourvu qu'elle reste l'expression des forces, elle est infaillible. Que demain les Italiens, par hypothèse, désertent Victor-Emmanuel, rappellent l'empereur et le pape ; qu'en conséquence l'Autrichien revienne en force et écrase le Piémontais, la victoire ne fera que proclamer une fois de plus cette triste vérité : il n'y a point d'Italie, car en Italie il n'y a point de force véritable.

profondément unitaire, et se rendirent ainsi, par deux fois, l'invasion facile. Chacun sait ce que la dignité française y perdit : triste représaille de la honte infligée par nous-mêmes à tant de peuples, qui, contre raison et nationalité, par égoïsme ou par peur, s'étaient ralliés à notre fortune.

Concluons donc que l'appel à l'insurrection, comme machine de guerre, sort du droit de la guerre ; il est immoral.

FIN DU TOME PREMIER

TABLE

DU TOME PREMIER

———

LIVRE TROISIÈME

LA GUERRE DANS LES FORMES

Paris. — Imprimerie L. Poupart-Davyl, rue du Bac, 30.